愛と貨幣の経済学

快楽の社交主義へ

古賀徹

青灯社

愛と貨幣の経済学

——快楽の社交主義へ

［目次］

序　物だけでも、そして心だけでもなく

私たちが住むこの社会は人類の歴史上まれにみる自由な社会であるといえるでしょう。日本をはじめとした豊かな国々は一方で物質的な欠乏や貧困から免れ、人間関係も好きに選択できる有数の社会をかたちづくってきたといわれます。しかしながら他方でそのような国々においても社会的格差は依然として消え去ることなく、その社会の中で貧しい人は苦しみ、豊かであるはずの人たちも独特の生きづらさに苛まれています。お金と愛を得られないひとは砂漠のような日常で渇き切り、幸運にもそれを得ているはずのひとでもえたいの知れない焦燥感に駆り立てられる。ひとびとは正体不明の敵のようなものに包囲され、何かをつねに剥奪されて追い立てられ、わけもわからず日々すり減っているかのようです。これは日本だけに固有のことではなく、工業化を達成し自由な民主主義を享受しているはずのいわば豊かな社会全体にあてはまることではないかと思います。

考えてみればこの自由なはずの社会の中で人びとは自由にものやサービスを売り買いし、自由に人間関係を選択しているはずです。そこにはいうなれば経済と文化、そして愛をめぐる自由な社交があるはずなのです。もし人びとが自分の状態を現状よりもよりよいものにするためにその自由を用いて

いるとするならば、財やサービス、そして愛を交換すればするほど、一人ひとりの状態もそして社会全体の状況もまたより良くなってゆくはずでしょう。なぜならば誰も自分がより不利な立場になるために他者と関係性を取り結んでいるとは考えにくいからです。もし自分が不幸になるやりとりを自らなしてしまうとすれば、そこには何らかの強制があると考えられます。誰もかれもが他者とやりとりする以前の状態よりも以後の状態の方がより自由となり幸福となると思うがゆえに、あえて誰に強制されなくとも自発的に関係を結んでゆくはずなのです。

しかしながら現実を見れば事態は必ずしもそうであるとはかぎりません。人々は自由に関係を取り結んでいるのに、なぜかそこには自由や幸福、物質や精神において大きな格差が広がっていくのです。富める者はますます富み、貧しい者はますます貧しくなる。これはたんに物質的なことにとどまらず、その人を取り巻く人間関係の質、そこで培われる精神と文化の質についても言えることです。本書はそうした格差、とりわけ社交すなわちコミュニケーションにおける格差が何ゆえに生じるのか、その原理的な問題について考えようとするものです。しかしながら本書にはもう一つのテーマがあります。それは精神の豊かさと物質の豊かさの問題を統一して考えたいというものです。心と身体、精神と物質とは多くの人々が気づいているように切り離すことができないものです。にもかかわらず従来の社会理論はこれを区別して考えるのが常でした。というのも心と物質、愛と貨幣は、全く別の論理によってやりとりされるのであり、したがって両者は異なる方法論によって考察されるべきだと考えられたからです。すなわちそれが科学における専門性を保証するというわけなのです。

そうした考え方が完全に間違っているというわけではありません。従来の経済学は自由なはずの人々の交換のうちに一つの法則性を見出そうとしました。市場において人びとがどれほど自分のことを自分で決めていると考えていたとしても、そうした個々人の思惑とは無関係に需要と供給と価格のあいだには冷厳なる法則が貫かれていることを経済学は見出そうとしました。個々人には自由だと思いなされている社会関係のうちには客観的に見ればある種の法則性が貫かれており、それを見いだすのが社会科学なのです。また心理学は自分の心のうちにある法則性を明らかにしようとします。自分の心というのはまさに自分の自由の最も根源となるべき領域であり、それゆえに法則性などからは無縁なものだと考えがちです。だが心理学はそうした人々の能動性、つまり主体性そのものがある種の法則に貫かれていることを明らかにしようとするのです。人間の主体性についての科学、それが人間科学としての心理学なのです。経済学の対象は社会現象であり、心理学の対象は人間の心理現象です。両者はその対象の性質を異にしている以上、その方法論もまた当然のごとくに別であるはず。したがって両者を安易に混同して論ずるべきでないことはたしかなのです。

しかしながら同様に、心と物質、愛と貨幣の両者を区別して考えるあり方が一つの限界に陥っているのも、もはや否定しがたいといえるでしょう。近代の経済学は、人びとの関係のあり方において経済的な豊かさが人々に実現されるにはいかなる手段が適切かを考えてきました。たとえば伝統的に社会問題といえばなによりもまず貧困や労働の問題でした。なぜ人々が必死に働いているにもかかわらず貧しいままなのか、「はたらけどはたらけど猶《なほ》わが生活《くらし》楽にならざりぢっと手を見る」（『一握の砂』）という石川啄木の有名な歌は現実に直面して自らを省みる学問や思想の基本的なありかたをよく表現しています。社会の近代化も、戦後の高度経済成長も、社会的格差を是正するための社会システムや官僚制も、抑圧や欠乏から人間を解放するためだったということができるでしょう。科学技術と社会政策が発展することによって、それ以前に人々を苦しめた苛烈な欠乏は相当に和らぎました。

その結果、いわゆる先進的で自由な社会においては、基本的人権や経済的な豊かさの点から見ればそれ以前の時代に比べて比較にならないほどの「進歩」が見られるに至っています。しかしながらここでいう「経済的な豊かさ」とは何のことでしょうか。物質やサービスという点でその利用可能性がはるかに進んだとしても、その物質やサービスの「意味」、人生に対してそれが果たす役割が不明なままであれば、それを経済的な「豊かさ」と呼ぶことができるでしょうか。それを「豊か」だというためにはそれが人間の心のあり方と深く結びついていなければなりません。

私が目の前にある巨大な鉄鋼を所有していたとしても、それだけで「豊か」だということはできません。なぜなら私にとってのその鉄鋼の意味が不明だからです。私がそれを市場で売って、その代金で何か別のものを購入し、それを私の心のあり方と結びつけてはじめて私にとってのその鉄鋼の「意味」というものが明瞭になり、その豊かさを実感できることになります。法や経済の制度が整えられ正義が実現されて財やサービスが溢れていても、それが心のあり方と結びついていなければ無意味なのです。社会に問題があることを分析しそれを指摘しても、それが心の問題とリンクしていなければその社会問題の解決は人々の幸せをもたらすことはないでしょう。

物質的に豊かになったはずの社会の中で多くの人の心が苦しんでいます。豊かになったはずの社会のなかでふたたび人々は深い焦燥感や摩滅感にとらわれて、そこから逃れようとして心のセミナーやスピリチュアルな教えが隆盛を極めています。たしかにそうした本や教えに学ぶことは数多くあります。私も自分の人生を見つめ直す上でずいぶんとそうした教えには助けられてきました。

しかしながら私が物足りないと思うのは、心に関わるそうした教えの多くが一人一人の心の持ち方や身近な生活でのさまざまなノウハウを指南してくれるとしても、現実の社会がどういう根本的な論理で動いていて、それがいかにして人々を生きづらくさせているかという分析を欠いている点です。たとえば多くのスピリチュアル本の思想的背景となっている仏教は、人生が「苦」であること、つまり避けようもなく「生きづらい」ことを教えます。なぜ人生は例外なく生きづらいのかというと、ひとや世の中は諸行無常に変化するのに、心は自分や世のありさまをいつまでも自分を変わらないものだと思い込みたがるからです。人間はいつかは老いて死ぬのに、心はいつまでも自分を若く保ちたいと願う。諸行無常であることをひとの思考は受け入れられない。自分を恒常的に保とうとするこうした思考のありさまを仏教では「我」と呼びます。諸行無常の現実と「我」のギャップが苦しみを生むのです。この人生の苦しみに対して技術や科学は、人間の思考が願うとおりに現実の方をコントロールしようとします。科学は自然や社会や人間の秘密を暴き、そうすることで自然や社会や人間をコントロールします。つまり思考する「我」の力によって、その我を強化することによって、人生の苦しみを和らげようとするのです。しかしいかに技術や科学が発展したところで、すべてのものを「我」の思い通りにすることはできません。医学がいかに進歩しても人間はいずれ死にます。

これに対して仏教は、そして仏教に影響を受けたスピリチュアルな教えは「我」のありかたを変えることで苦しみを軽くしようとします。つまり自分が考えるとおりにいつまでも自分を保とうとする心のあり方を変えることができれば、老いと死に向かっていく自分をありのままに受け止め、それを自然の流れとして肯定して苦しみから抜け出ることができるというのです。自分が制御できない他者、社会、自然をありのままに認める。禅、瞑想、ヨガ、そしてそれと結びついた様々なセラピー、そうしたいわば心の技法は、知と技術に限界がある以上、人類普遍の知恵であり、尊重すべき真理だといえるでしょう。

しかし諸行無常の現実と「我」のギャップという「真理」に気づいた人はどうすればよいのでしょう。初期の仏教はその真理を自分のものにするためにすべてを捨てて俗世間を離脱するよう教えています。自然がいかに苛酷であれ、社会がいかに酷薄であれ、不平等と不正に満ちていても、それを自分の思うとおりに改造しようとはせず、ただそこを離れてそれに巻き込まれないようにしてすべてを受け入れるのです。

これに対して世に流行するスピリチュアルな教えのなかには、心と経済をより一体化して捉える強烈な思想もあります。それを一言で表現すれば〈本当の自分の心を取り戻すことができればすべての外界の問題は解決する〉という主張です。もし問題や苦しみが目の前に残っているとすれば、それは偽の自分を生きているせいなのです。だからそういう人は本当の自分を見つけてそれを取り戻すよう繰り返し迫られることになります。もしお金に困っているとしたらそれは自分が自分を偽っているせいなので、本当の自分を取り戻すことができればいくらでもお金は入ってくることになる。会社を辞め、無理な努力を止め、何かに耐えることもやめ、地域や家族とともに生活することもやめ、どこか別のところで本当の自分らしさを取り戻して「宇宙」や「大いなる存在」とつながれば生活のことを考える必要はない。それでもなお、お金に困っているとしたら、まだどこか偽の自分から抜け出しておらず、宇宙とまだ十分につながれていないからなのです。

こうした教えをたんに荒唐無稽なものと退けることはできません。なぜならそれは聖書に根拠をもつキリスト教の霊性主義（スピリチュアリズム）のヴァリエーションだからです。それは人類の文化に深く刻まれた、古くて同時に聖なる教えなのです。マタイ福音書によれば、イエスは次のように説教しています。

「何を食べようか、何を飲もうかと、自分の命のことでおもいわずらい、何を着ようかと自分のからだのことで思いわずらうな。いのちは食物にまさり、からだは着物にまさるではないか。空の鳥を見るがよい。まくことも、刈ることもせず、倉に取りいれることもしない。それだのに、あなたがたの天の父は彼らを養っていて下さる。」（マタイ6）だからそうした「おもいわずらい」をやめて「まず神の国と神の義を求めなさい」とイエスはいいます。

ここでいう「神の国」を「ほんとうの自分」、「神の義」を「宇宙」や「より大きな存在」などといいかえればスピリチュアルな教えそのものになるでしょう。真の自己のなかに神や宇宙を見るこうしたスピリチュアリズムは西洋の思想のなかに古い歴史を持っています。この教えは、会社のなかで不本意な仕事を不本意な条件で強いられたり、家庭や地域などのプライベートな人間関係のなかで自分をすり減らしたりしている人にとっては自分の魂（イエスが言うところの「いのち」）を取り戻して自分の根底からの生命力を復活させるためにとても救いになるものです。しかしここでも自分を取り戻すことと、その自分を「おもいわずらら」わせている人間や社会の具体的なありさまとは切り離されたままです。「偽の自分」から離脱してどれほど「自分らしく」生きる「気づき」を個人的に得て「空の鳥」のように生きたとしても、この社会のありかたは不変なままです。そして私たちの社会が変わらないのであれば、「気づき」を得た人はこの社会から離脱するか、社会に留まって今までと変わらない社会に甘んじて生きるほかはないでしょう。

このように考えてくれば、政治や社会政策がたんに経済を刺激して貧困を緩和する「だけ」でも、また宗教や心の教えが人の心がけのあり方を教える「だけ」でも、問題は解決しないということができます。現代はもはや物質ではなく心なのだ、宗教と哲学の時代なのだと言われます。でもそのように心と物質の二つの領域を切り離して考えてよいのだろうかというのが本書の問題意識なのです。

考えてみるならば社会というのはソサエティーという言葉を翻訳したものです。そしてこのソサエティーという言葉はソーシャルという言葉を名詞化したものです。ソーシャルとは社交的とも訳されます。つまり社会の問題はもともと社交、身近な人たちとのコミュニケーションの問題でもあるのです。そしてこのコミュニケーションを実現しているのは、一方では物質やサービス、つまり貨幣への要求であると同時に、他方では承認や愛の要求でもあります。つまりコミュニケーションは物質と心の両面の問題なのです。魂と制度、精神と物質、愛と貨幣は、この「社会」において相互に浸透しあっています。本書はそのどちらもが相互に浸透しながら動いているメカニズムを解明するものです。そのメカニズムを具体的に記述することによって、この社会のなにが問題なのか、ひとやものとのコミュニケーションのありかたを具体的にどのように変えてゆけばよいのか、そうすることで自分の心をどのように整えていけばよいのかがもう少しはっきりとするかもしれません。

第一章ではこの問題を論じるに当たって必要となる基礎概念を構築し、第二章ではコミュニケーションの格差がなぜ生じるのかを解明し、第三章ではその格差の解消とあるべき経済のあり方について提案します。そういうわけで、まずは多くの人々の最大の関心事、つまり愛の問題から論じてみることにしましょう。

第一章　愛の経済とはなにか

伝統的な愛の概念

愛とは何でしょうか。人類の偉大な思想はこの問題と正面から取り組んできました。こうした伝統的な思想が前提とするのはいわば愛の二元論とでもいうべきものです。つまり愛には高次な愛と低次な愛があり、高次なものは精神的で自己犠牲的であり、低次なものは肉体的で経済的だという区別です。

たとえば純愛という言葉が示すとおり経済から独立した愛こそが純粋であり、経済に従属する愛は不純だとひとは考えがちではないでしょうか。ステイタスや金銭への期待を伴った愛は不純であるばかりか、愛人契約や援助交際、売春などの名で呼ばれ、けっして美しいものとは評価されません。これに対して名誉や金銭を考えない、むしろ自己犠牲にもとづく愛こそが真の愛であると呼び習わされます。「本当にその人のことが好きなの？」と聞くときのその「本当」という言葉は、それが経済的利益や世間的評価、つまり生物的・社会的な自己保存から切り離されているかどうかを吟味しようとしているのです。

これは西洋の伝統においては古い文化的、宗教的な起源を持っています。精神的なものに対する高い愛と社会的・生物的なものに対する低い思い煩いを対立させる考え方は、古代ギリシャ思想やユダヤ・キリスト教の伝統の中で培われてきたものです。

古代にギリシャにおいて、ソクラテスは自分が正しい真理を摑んでいる賢い人間であるという思い込みを否定し、自分はじつは何も知らないということを自覚し、それゆえにあえて自分を捨てて真理へと赴くありかたを愛知、すなわち哲学と呼びました。哲学者は自分の評判や金銭のためではなく、むしろそれを離脱するときにこそ、知恵に対する真の愛を手にいれる。ソクラテスの弟子のプラトンもまた肉体への愛を否定して、そのひとの人格にあらわれる理念的なもの、理想的な何かを目指してそれを追求するありかたをエロースと呼びました。美しい人が美しいのはそのひとの肉体の姿かたちというよりは、そこに宿っている美のイデアのゆえであり、対話を通じてそのイデアを探求する理知的なありかたこそをプラトンは真の愛と考えたわけです[1]。

ユダヤ・キリスト教を特徴付ける旧約聖書の伝統においては、家族や親戚、友人たちとのいわばしがらみの愛に対して、神への愛こそが「義しい」愛だと考えられてきました。身近な人々との相互の情愛の次元を乗り越え、自分の肉体の安楽をも乗り越えて、それに囚われている自分を犠牲に捧げることで神への愛を示すヨブこそが、「義しい」とされるのです[2]。

教会の創設者とされるパウロは、キリスト教に改宗する以前は戒律にしたがうがゆえに自分は「正しい」と主張し、戒律に従えない人々を裁き、殺すことを当然だと考えていました。しかしパウロはあるとき改心してこう考えるようになりました。そうした傲慢な「自分」をキリストは十字架上にひきとって下さった。それゆえに「自分」もまたそこで死に、なんらの正しさももたないがゆえにただひたすらに神を求める存在へと「自分」は生まれ変わったと。「自分」を解消して神をただひたすら求める運動をパウロは神への愛と呼びました。パウロによればこれこそが宗教的な意味での「義しさ」なのです。[3]

神は私を含めて万人を創造し、それゆえに人びとすべてをひとしく愛しているはずである。したがって神を求めるのであればその神の愛をまねて、たとえ自分に敵対し自分を迫害する者であったとしてもその人を愛さなければならない。これがパウロにとっての無私の愛、隣人への愛です。地上の愛は自分の好き好みによって愛の対象を選別します。地上の愛は選ぶ愛、条件付きの愛です。しかし神を媒介とした隣人愛は相手を選ぶことがない無条件の愛です。[4]ちなみにカトリックにとって結婚とは愛する二人が条件付きの地上の愛から離脱して無条件の愛へと移行することを意味します。だからこそ結婚式は神の前での永遠の愛の誓いというかたちをとるわけです。こうした無条件の愛への移行を宣言した以上、むろん離婚は認められません。

東洋においても仏教や儒教という主要な教説もまた精神的真理と身体的欲望というこの愛の二元論から自由であったとは言えないでしょう。仏教においてはもちろん我の拡張と慈悲は対立します。自分を含む万物が思い通りになること、自分が考えるありかたから逸脱しないことを我は欲望します。これが我執であり渇愛です。だから二人の仲がいつまでも思い通りに続くこと、子どもが元気に成長してくれるよう願うこと、自分の愛する両親がいつまでも元気でいてくれるように望むこと、これもみな我執と渇愛に属するのです。「私」というものが「あり」、その向こう側になにかが「ある」、この二つの「ある」を持続させる愛、つまり「ある」ものが恒常不変であることへの欲望はすべて渇愛になってしまうのです。事実仏陀はそうしたすべてを捨てて出家しました。

これに対してすべては諸行無常であることを受け入れたときには、我＝自己もまた変化しゆく現象の一部であり、恒常不変な存在ではないことになります。私も、それに向かい合う事物や人物もすべて実体としての存在ではない。こう思い切ったとき、いまこのときに自分も含めて目に現れるものすべては悲しくもはかないものとなる。しかしこのはかなさゆえにその一瞬一瞬にそれを慈しみ愛する。こうした哀しみを含んだ刹那の愛、これが仏教のいう慈悲なのです。こうした刹那の感覚は「もののあわれ」や「一期一会」という日本的な概念と深くむすびついており、私たちに身近なものだといえるでしょう。[5]

儒教もまた愛を中心とした思想です。儒教の中興の祖といわれる孔子は君子と小人を区別しました。小人とは自分が認められたいといういわば自己愛を満たすために行動する人です。これに対して君子とはそうした狭小な自分から抜け出て、よりおおきな天の道理に自分をひらき、その中で生きようとする人です。その過程のなかで公明正大な「仁」の心によって人々を愛し、自然や社会や人間、つまり地上の存在を繁栄に導くのです。孟子によれば、権力者が力や処罰によって自分の意志を他者に強制するのが覇道政治であり、これに対して指導者が小さな自分から抜け出て天に通じる振る舞いをすることで、そうした明るい君子のありかたに人々が自発的に惹かれ従うのが王道政治です。小人の愛が狭い自分の利益にかなうかぎりの愛であるのに対して、君子の仁愛は克己の運動のなかで自分をひらき、その運動へとひとびとを導くのです。孔子以後の儒教の伝統のなかでも君子は流動する素材的要素である気に惑わされることなく道を探求し、ものごとをその固有のありかたにおいて成り立たせている根本的な理に従うとされます。そしてそのためには物や自分を形づくっている本性を自覚し、そこに作り込められた理を見いださねばなりません。[6]

以上見てきたように伝統的な愛の概念はいつも狭小な自己を克服することとセットになっていることがわかります。狭い自己を守ることが否定され、それをより大きな普遍的精神へと開き、それと一体になろうと努力すること、そこにおいて狭い自己を犠牲に捧げることが真の愛のあり方なのです。狭い自己を構成するものが自分の肉体に起源を持つ個別的で物質的な欲望であり、この欲望には、そうした物質的な身体を維持し拡張しようとする心のあり方も含まれます。これに対してより高次な精神がそのあり方を克服し「愛」の運動を開始するのです。こうした霊肉の二元論が伝統的な愛の概念を規定しているということができるでしょう。

生理学・経済学・心理学

それでは現代の科学は愛の問題をどのように扱っているのでしょうか。その問いに答えるためにもまずは科学が精神と身体、そして物体をどのように取り扱っているのかを概観しておきましょう。

ひとはとくに何もしなくても人体に蓄えられた様々な物質を基礎代謝として消費していきます。すると渇きや空腹、つまり欠乏を感じ、食物や資源を外部から調達しようとします。そしてその調達が上手くいって欠乏を満たすことができれば、とりあえず満足するというわけです。これが生物学・生理学的な「いのち」の活動です。生体は外界の変動に対して一定の恒常性を維持します。こうした自己保存のメカニズムを生理学はホメオスタシスと呼びます。生物は知覚したり呼吸したり食事したりして外界から情報や物質を取り込み、老廃物を排出して、体温などの体内環境を一定に保ちます。生物学や生理学は生体が行うこの情報的・物質的な代謝過程を研究し、その法則性を見出そうとします。生これらの学問は、生物がどのような関係の中に置かれようとも変わることのない、自然が備え付けた生得的な過程を研究するがゆえに自然科学なのです。

この生理学の延長線上にあるのが経済学です。そもそも経済活動とは人間が生体としての恒常性を維持するために外部（自然）に働きかけ、そこから生きていくための資源を調達する代謝過程を基礎としています。ただし高度に文明化した社会においては労働は分業というかたちをとっているので、人間は直接に自然に働きかけるだけではなく他の人が提供する資源や製品、情報や知識、もしくは人間そのものに働きかけます。そうすることで人間は社会のなかで自分が生きていくための資源を確保し、自己を維持しようとするわけです。生理学と経済学は生体が行うこの情報的・物質的な代謝過程を研究し、その法則性を見出そうとする点では同じですが、前者が生体内部の生物的な現象を対象とするのに対して、後者が生体外部の社会的な現象を対象とするという点が異なります。経済学は、社会（社交）におけるこの資源のやりとりを研究の対象とし、その法則性を見出そうとするがゆえに社会科学なのです。

そして他方で生理学とやはり密接な関係にあるのが心理学です。生理学と心理学は、どちらも生体が自己保存するメカニズムを対象とし、その法則性を見出そうとするという点では同じです。しかし生理学は生体の客体的な生命過程を対象とするのに対して、心理学は生体の主体的な行動過程、つまり生体にとっての行為の「意味」を主要な問題とするという点が異なります。たとえばイヌにベルの音を聞かせて餌を与えるパブロフの実験を考えてみましょう。この過程を何度か反復するとイヌはベルの音を聞いただけで唾液を分泌するようになります。こうした「レスポンデント条件付け」はたんに刺激とそれに対する自律的な生体反応の関係に過ぎず、そこにイヌの意思、意味、主体性は全く関与しません。それゆえこれはどちらかといえば生理的な現象だということができます。

　これに対して棒を押すとパイプから食物が出てくるような実験装置を考えてみましょう。イヌに何度か棒を押させていわば蜜の味を覚えさせると、イヌは今度は自分から棒を押すようになるとしましょう。一見すると二つの実験装置は似ているように思いますが、しかし決定的な違いがあります。前者のパブロフ実験ではイヌの自律神経系の作用が問題になっていたのに対し、後者の条件付けにおいてはイヌの意思、つまりその自発的な主体性がそこに関与しているのです。後者においては主体性がどのように発揮されるか、その法則性が問われているのです。そこで棒を押すことはイヌにとって一つの「意味」を持っています。したがってそれはたんなる生理現象ではなく一つの行動です。条件付けはもはや刺激と反応のそれではありません。ある行動を取ったらある結果が得られるということを認知し、それを解釈して、次の行動を組織するフィードバック的な行動の条件付けなのです。これは「オペラント条件づけ」と呼ばれ、高度に心理的な現象です。[7] 動物心理学のような例外もありますが、心理学はおもに人間の心理現象を対象とするがゆえに基本的に人間科学に分類されます。

　このように三つの学問は相互に隣接して密接な関係を持ちながらも、それぞれに対象を異にしています。ここで科学はその専門化の要請によって愛の問題を生理学や経済学から排除して、それをもっぱら心の問題に還元してしまったのです。愛はもっぱら主体性の科学、つまり心理学が取り扱うべき「領域」に属するということになりました。しかしながら三つの学問はそもそもは隣接しつつ密接な関係のうちにあったはずなのです。なぜなら経済学は生理学を社会関係の領域へと拡張したものだし、心理学は生理学を主体性の領域へと拡張したものだったからです。そして生理学と心理学と経済学は外界との物質や情報のやりとりを通じて身体を維持・発展させる方法、つまり根源的な意味での経済現象を研究するという点では同じなのです。もし愛が心理学の問題であるとすれば、それは同時に根源的な意味での経済の問題であるはずなのです。

愛の経済とはなにか

人間はただ生存しているだけで自分の人体の組織を消費しやがて欠乏に陥ります。だからその消耗分に相当するものを外部から調達しなければなりません。これは生理学的・経済学的な事実です。じつはこれと同じ論理が「愛」についてもいえるのではないかと考えます。つまりひとは、ただ生存しているだけで愛に相当する心のエネルギーを消費しているのではないか、そうすることでつねに欠乏にさらされるのではないか、そうであるがゆえにどこからか愛を調達してその欠乏を埋め、とりあえず満たされるということを繰り返す必要があるのではないかと考えるのです。ひとはたとえ衣食住を十分に確保したとしても、だれからも気にかけられず、だれからも必要とされず、だれからも話しかけられない世界で健全に生きていくことはできません。愛の欠乏は物質の欠乏と同じように人間存在を毀損してしまいます。だとすればひとは自然やもの、そして他者に働きかけることによって愛を取り込み続ける必要があるということになる。これはまさしく愛の経済活動とでもいうべき事態です。このように考えれば愛は経済と対立するものでないばかりか、それ自体が経済的なものだといえるでしょう。

生理学が描き出す人間はホメオスタシスを維持するために外界から物質やエネルギー、そして情報を取り込み、外部に老廃物を排出します。つまり物質や情報を代謝して自己を維持しているわけです。だとすればそうした代謝過程の社会的な延長物が経済活動であり、主体的な延長物が心の活動だということができるでしょう。経済活動においてひとは他者と社会的な関係を取り結びます。そうした社交的関係性（コミュニケーション）のうちで自然や他者と物質や情報のやりとりをするわけです。同様に、心の活動においてひとは他者と社交的な関係を取り結びます。こうした社交的関係性のうちで自然や他者と心の栄養素、心のエネルギーをやりとりしていると考えても不思議ではないでしょう。

しかしこのように論ずるとすれば、愛は所詮自己保存の戦略でしかなく、人類の伝統的な思想が力説してきたような自己犠牲と普遍性を度外視してしまうのではないかという疑問が生じます。科学的に愛を論じることは愛の最も高貴で価値ある部分を取り逃がしてしまうのではないかと。だが果たしてそうでしょうか。

たしかに生理学が描く生体のあり方は自己を保存するホメオスタシスとしての生物です。しかしながらそれは同時に生物としての普遍的なあり方を示しているということもできるでしょう。生物は生殖を通じて子孫を残します。つまり生物は自己を滅亡させることを通じて種の保存に貢献し、それと同時に生物世界全体（エコシステム）の繁栄と維持に貢献しているともいえるのです。また近代経済学が描き出す自己利益を最大化させる存在としての人間は、そうした自己の保存を通じて自己と同時に社会全体を豊かなものに導く存在でもあります。個々人の経済活動のうちには他者を自己利益のために利用するというエゴイスティックな面だけでなく、他者や社会が豊かにならなければ自分もまた豊かになることができないという相互性や普遍性の論理もまた組み込まれているのです。心の活動においても事情は同様です。ひとは愛の活動を通じて自分の心や身体を豊かにすると同時に他者の心も豊かにします。そうした最小限の普遍性の中ではじめて自分の心の豊かさもまた真に実現されるのです。心理学が心の働きを自己保存の戦略や手段として規定するとしても、その延長線上には自己犠牲や自己克服を通じた真の快楽、真の喜びもまた存在するのではないでしょうか。

心と身体の両者の間の深いつながりがいちばんよく現れるのが性愛でしょう。性愛においては心のあり方と身体のあり方が密接に関係しています。伝統的な思想はこうした密着具合のゆえに肉体の欲望によって精神が全面的に圧倒される事態として性愛をみなし、それを否定的に捉えました。しかしながらいわゆる肉欲の中にすら自分だけではなく相手をも心地よくさせようとする相互性や共感の要素が含まれています。こうした相互性を発展させることによって自分もまたより大きな快楽、いうなれば身体と心がともに満たされる精神的な深い快楽を得ることができるのです。

これに対していわゆる高次の愛においてもやはり心と身体は密接につながっているといえるでしょう。というのも高次の精神は、たとえそれが自己犠牲の精神であったとしても、身体をあるしかたで活性化させ、身体に独特の高揚と健康状態をもたらすからです。逆に身体をそうした活性化した状態におくことで精神のあり方を高めていく修養法も西洋の修道院や東洋の寺院の中には根付いています。このように考えれば愛は、それが性愛といったいわゆる「低次」のものであれ、伝統的な思想が擁護するような「高次」のものであれ、ともに心と身体を緊密につないでいる一種のエネルギーのようなものだといえるでしょう。

リビドーとは

愛をこのように経済的なエネルギーだと考えた思想家が、一九世紀末のウィーンでおもに活躍し、精神分析の創始者となったフロイトです。フロイトは身体の内側から発して心を駆動する恒常的な動力を「欲動」と呼びました。そしてこの動力を動かす心のエネルギーを「リビドー」と呼んだのです。[8] 自動車を動かすエンジンの力が欲動だとすれば、そのエンジンを駆動するエネルギーに相当するのがリビドーだと考えてもいいでしょう。ただしリビドーは燃料であるだけでなく心が活動する媒体（容器）でもあります。自動車の例で言えばリビドーは自動車が走り回る道のようなものでもあるのです。自動車としての心はリビドーをエネルギーとして利用しながら、そのエネルギーによって自分が走行する道を自在に作り出すわけです。

人間の心はこのリビドーの貯蔵庫のようなものであり、しかも同時に心はそのリビドーを対象に投射（これを精神分析の専門用語では「備給」といいます）して、その対象を獲得することでリビドーを回収するのだとフロイトは考えました。もしその対象を獲得することが叶わずリビドーの回収に失敗すれば、投射したリビドーは失われて自分の心に貯蔵されたリビドー量は減少してしまいます。そのときに心は哀しみや痛み、寂しさなどの感情を感じて不安定になり、心に空いたその穴を一刻もはやく何かで埋めたいと願うのです。相手が振り向いてくれないときにはある時点で諦めて、投射したエネルギーを撤収する判断も必要でしょう。逆に相手に振り向いてもらえて投射エネルギーを回収できれば心は喜びに満たされて安定します。このようにリビドーの回収を目的としてその投射先やその量、その期間を決め、リビドーの投射を制御する心の司令塔を「エゴ」、つまり自我とフロイトは呼んでいます。[9]自我はリビドーがみずからを増殖するために作り上げた装置であり、したがってリビドーの一部です。この意味で自我はリビドーの一つの審級だということになります。

このリビドーの正体とは一体何でしょうか。それが実在することを科学的に証明することはできるのでしょうか。それはできないとも言えるし、できるともいえます。リビドーの実体をたとえば特殊な装置で撮影してその存在を実証することはおそらく無理でしょう。そういう意味では精神分析が科学的かどうかがずっとむかしから問題になっているように、リビドーもまた科学的な概念ではありません。しかし科学とは複雑な現象を合理的かつ単純な原理によって説明する活動であり、そのために科学はその存在が実証できない概念を導入することがあるのです。それは理論的とか作業的な概念ともいうべきものです。つまりある概念を導入すると様々な現象がより単純にわかりやすく説明できるとき、その概念は科学理論のなかで有効に機能しており、理論内部において実在的なのです。そういう意味ではリビドーの概念は科学的といえるかもしれません。リビドーが有効な概念かどうかはそれが現象の説明にどの程度役に立つかによって計られるのです。

快感原則と現実原則

リビドーの概念を導入する利点は利益を追求する経済活動として愛の現象を記述できるようになることにあります。リビドーの投射と回収によって快楽をもとめる心のありかたをフロイトは「快感原則」と呼んでいます。たとえば目の前にいる好きな人にすぐに抱きつけばその瞬間は快楽を感じるでしょう。そのかぎりで心は快感原則に従っています。しかし短期的な衝動に従ってしまえば相手から嫌われたり社会的制裁を受けたりして、結局のところリビドーの増殖に失敗するでしょう。したがってリビドーは自我の審級を成立させて、直接的な衝動(欲動)の発動をとりあえず延期して確実に回収が可能な対象にターゲットを設定し、会話で楽しませたり、プレゼントを贈ったり、仕事をがんばって社会的評価を得たりしてより安全なかたちで相手の歓心を買おうとするのです。誰を好きになればよいか、そしていま何をどうすればよいかを密かに計算し、長期的に最大の満足を得ようとするのが自我の戦略です。こうした戦略の原則をフロイトは「現実原則」と呼びます。リビドーの感性的な快楽原則はエゴの理性的な現実原則に身を変えてみずからの目的を達成しようとするわけです。現実原則の概念から習慣、法規範や社会制度を説明することもできます。このように理論を展開してゆけばリビドーから理性や知性をすら導出できるのです。

リビドーを制御する自我の働きは市場の経済活動における自我の働きと同じです。経済活動においてひとが目指すのは利益の獲得です。しかし短期的に利益を得ようとして粗悪なものを高価で売ってしまえばその瞬間には大きな利益を得ることができるかもしれませんが、しかしすぐに信用をなくして結局は破滅してしまうでしょう。だから市場における自我は法令を遵守し、最初は利益を度外視して品質の高いものを安価に売り、顧客を満足させて信用を獲得し、そのあとで次第に利益が上がる取引を持ちかけます。こうして自我は現実原則に従って市場において長期的利益を堅実に得ようと考えるのです。[10]

貨幣経済とリビドー経済

経済活動とは労働や社交を通じて自分にとって利益になるものを獲得する活動です。経済活動を通じて獲得される何かを経済的な価値と呼びます。貨幣はこの経済的価値の大きさを数量的に表現しています。貨幣は初めから金属や紙幣だったのではなく、たとえば日本における米のように誰もが必要とし、数量的な分割と持ち運びが可能で、腐敗しにくい特定の商品を起源とすると考えられています。たとえば鍛冶屋が自分の作った鍬を売ろうとしてそれをまず鮮魚と交換することは考えにくいでしょう。というのも鮮魚は腐りやすく持ち運びに不便で、分割も難しく、したがって自分がすぐそれを食べる以外に利用法は存在しないように思われるからです。これに対して米は鮮魚より貨幣としての役に相応しいと思われます。その数量を自由に増減できるし、可搬的で摩滅や消耗が少なく、それを誰もが必要としているので、鍛冶屋がすぐにそれを食べなくとも市場でそれを別の商品と交換できる高い見込みがあるからです。この米の代わりをするのが貴金属であり、のちに中央銀行が発行する紙幣がそれに代わります。たとえば福沢諭吉が印刷されている一万円札は一見するとそれ自体が価値物であるかのように思われるのですが、しかし貨幣はそれ自体が経済的な価値そのものなのではなく、経済的価値をもっとも直接的に表現する記号のようなものです。とはいえ紙幣が経済的価値それ自体であるかのように一般に思われているがゆえに、人びとはまず何よりも自分の手元の商品をその貨幣と交換しようとします。つまり貨幣は価値そのものという姿をとることにより、すべての商品と交換できるという特権的な地位を確保します。そして人びとは貨幣がすべての商品と交換可能であると思うがゆえに、自分の商品を何よりもまず貨幣と交換することを望むのであり、それゆえにますます貨幣はその特権的地位を確実なものとしていくのです。すべての商品は貨幣という特別な商品と交換されることによってはじめてその価値を具体的に実証されます。そしてひとは貨幣を溜め込むことによって経済的価値を増殖させているかのように思うわけです。また貨幣は経済的な価値を直接表現しているかのように思いなされるために、商品の価値を計る物差しであり、商品どおしの交換の比率を測る道具となります。

ところが他方で貨幣はそれ自体の増殖を図ることを目的とする場合もあります。たとえば私の手元にいくばくかのお金があったとします。それを食物と交換して食べてしまえばお金はきれいになくなります。このとき貨幣はたんなる交換の手段です。これに対してそのお金を元手にしてさらにお金を増やしたいと考えたとします。このとき手元にある貨幣は資本と呼ばれます。とはいえ資本をじっと自分で持っていてもそれは一文たりとも増えません。そのお金で何かの商品を購入（投資）して、その何かを使用したり、加工したり、移動させたりして別の商品として誰かに販売し、そうすることで投資した資本を回収しなければそれは増えないのです。場合によっては損失を被ることもありますが、そうしたリスクを冒すことがなければ資本が増殖することはありません。そしてその資本の運動、そしてそれによって表現される価値の増殖運動はその手段として売り買いという社交の回路、コミュニケーションの回路を切り開いていくのです。

このように経済的価値を増殖させることを最高目的とし、その運動をどこまでも追求するありかたを資本主義といいます。資本主義においては価値こそが経済活動の目標であり、かつその価値を用いてさらに大きな価値を追求することから、価値はその経済活動を駆動するエネルギーでもあります。それと同時にその価値はひとびとの生産活動や市場における売り買いといったコミュニケーションの回路を切り開くのです。

先ほどの自動車の例で言えば、経済的価値は経済活動という自動車を駆動するエネルギーであると同時にその駆動の目標であり、しかもその自動車が運動する道、つまりコミュニケーションの回路を作り出すものなのです。この点でリビドーと経済的価値は同じような性質を持っているといえるでしょう。というのも心もまた自分が保有するリビドーを増大させようとしてそれを何かに投射し回収するのであり、コミュニケーションの回路を形成するからです。ここで本書ではとくに貨幣によって表現される価値を基軸に回転する経済を貨幣経済、リビドーによって表現される価値（愛と承認）を基軸に回転する経済をリビドー経済と呼ぶことにしたいと思います。貨幣経済とリビドー経済は、生理学的な意味での生命の維持と拡張の異なる現れ方であり、双方は次元を異にしながらも重なりあって同じような運動の論理に従うというのが本書がまずもって明らかにしたいことなのです。

リビドーと貨幣の経済成長

ひとはなぜ経済活動をするのか、いや経済活動へと駆り立てられるのか。それは何もしなければ自分のうちに蓄えたエネルギーや栄養素を生命が消費し欠乏に陥るからです。それと同じようにリビドー経済においても、ひとは自分のリビドーをたんに心の内に貯蔵しているだけでなく、それを消費していると考えるべきでしょう。なぜならもしコミュニケーションに利用される心のエネルギーが消費されないとしたら、ひとたび愛で心が満たされればもう誰からも愛を得る必要がないからです。これは私たちの生活の実感に明らかに反しています。あるときいくら大きな愛を受け取ったとしても、また次の日にはひとは愛を求めざるを得ないのです。自我はリビドーを投資したり回収したりしますが、そうした心の働きはそれ自体そのリビドーを消費して活動していると考えるべきです。身体を働かせるものが「いのち」と呼ばれるように、心を働かせるのもまた「いのち」なのであり、両者ともにエネルギーを必要とするといえるでしょう。

もうひとつフロイトのリビドー理論に付け加えるべきなのは、リビドーの増殖はいかにして生じるのかという論点です。自分の心に貯蔵されたリビドーを他者に投射してそれを回収してもそれだけではリビドーは増加しません。リビドーが心によって消費されるとすれば、リビドーはどこかで増殖していなければなりません。この増殖はどこで生じるのでしょうか。自分の心もたしかにリビドーを生産しているでしょう。しかし他者との交流なしに心を維持するのが難しいことを考えるならば、リビドーはまずもって他者から供給されると考えるべきでしょう。私の愛する他者が私に愛を差し向けるとき、そこには他者自身の心のエネルギーが加算されていると考えるわけです。私の愛のお相手は、私の愛を受け入れたがゆえに、その愛を超える分の愛をそこに上乗せして私により多くの愛を払い戻したのです。このようないわば「愛のサーキット」が成立するときに、私の心はより豊かになり、リビドー経済力を増して今度はもっと大きな愛を与えることができると考えられます。

実際の貨幣経済もこれと同じ論理で動いています。投資した商品が売れて投資の回収が上手くいったとき、その資本が増殖した分はどこからやってきたのでしょう。資本そのものはそれだけでは増殖しませんから、その増殖分は商品を購入してくれたお客様、つまり他者からやってきたと考えるほかはありません。私が投資した価値以上の価値、つまり剰余価値を他者から私は受け取っているわけです。私が商品に込めた価値を他者が受け取ったがゆえに、その他者はその価値を超える分の価値を上乗せして貨幣という形で私に払い戻したと考えることができます。結局こうした貨幣のサーキットを通じて私の財布はより豊かになり、さらにその経済力を増して今度はもっと大きな投資をすることが可能になるわけです。これは基本的に愛のサーキットと同じです。

しかしここで問題が生じます。リビドーが他者からたんに供給されるだけであれば全体としてのリビドー総量は変わらないままです。どちらがどちらをより多く獲得するかというゼロサムゲームになってしまいます。しかしこれは現実のありようとは異なっています。というのも相互に愛を交換し合う恋人たちは、二人がたんなる他人だったときと比べてあきらかに全体として愛に満ちあふれ幸福そうに見えるからです。ここでリビドー経済は全体として成長しているのです。リビドーの経済成長はどこから生じるのでしょうか。それはリビドーの循環がふたりの生命力を活性化させ、それぞれの心がリビドーを増産したからだと考えるべきでしょう。リビドーの流通回路が閉じることでその生産量が増大したのです。

これは貨幣経済においても同様です。他者から価値が由来したと考えるだけでは全体としての経済価値は増殖しません。経済成長が可能となるには商品の売買の回路の外部から価値が供給されなければなりません。その外部とは人間の労働です。この労働には商品を仕入れて販売する商業の労働もあるでしょう。また資材を加工してあらたな商品を製作する工業の労働もあるでしょう。そして自然に働きかけて商品を生産する農業の労働もあると思われます。とにかく人間の生命の力を支出し、その支出のしかたを工夫して価値を増殖させるわけです。このように考えれば貨幣経済の価値の究極的な起源は労働にあるということになります。これはのちに詳しく論じますが、ロックという哲学者やリカードという経済学者が唱えた労働価値説の基本的な考え方です。人間の生理的な力がなんらかの対象に込められたときにその対象は経済的価値をもつというわけです。

この点でもリビドー経済と貨幣経済は似ています。というのも貨幣経済においては商品が売れなければ生産を持続することはできないからです。リビドー経済においてリビドー流通のサーキットが閉じなければ心はリビドーを増産できないように、貨幣経済においても商品流通のサーキットが閉じることがなければ労働は商品を増産できないのです。二人のあいだでよい言葉がやりとりされることによって心がリビドーを増産するように、売り手と買い手のあいだで商品が売買されることによって工場は製品を増産し、全体としての価値の成長が可能となるというわけです。

このように貨幣経済において生産労働を可能にする鍵が商品の売買、つまり流通にあるとすれば、価値の究極的な源泉は市場にあるということになるでしょう。これについては後に詳しく述べますが、結論を先取りしていえば、労働と市場については、どちらが価値増殖のより究極的な原因なのかを決めることは難しいのです。この両者は相互が相互を可能にしているというしかたで、どちらも同じように根源的なものだというほかありません。リビドー経済においても、リビドーの増殖の究極的な原因が恋のお相手とのコミュニケーション（流通）のうちにあるのか、それによって刺激された自分の心の生命力の上昇のうちにあるのか、それを一つに決めるのは難しいと思われます。とはいえ両者の経済において、コミュニケーションの成立によって生産が可能となること、つまり経済成長が起きることは押さえておきましょう。

エディプス・コンプレックス

市場における経済活動においては取引相手は基本的に誰であっても構いません。そこで問題となるのは相手の信用、つまりは相手に支払い能力があるかどうかです。自分の投資額がきちんと回収できることだけが重要ですから、その相手がどんな体つきをして、年齢はいくつで、どのような習慣や宗教をもっているかは基本的に問題となりません。それと同じようにリビドーの投射（投資）と回収をおこなうリビドー経済活動においても、その投射先は基本的にだれでもいいのです。

このように論じると異論があるかもしれません。たしかに市場経済においてはきちんと支払ってくれさえすれば取引先はだれでもいいでしょう。しかし愛は違う。相手がどのような人であるか、その人柄や外見が決定的な役割を果たすように思われるのです。しかしリビドー経済にとっても重要なのはそれでもその愛が報われるかどうか、つまり投資したリビドーを回収できるかどうかなのです。

リビドーとは基本的に自分の分身です。リビドーを相手に投射するのはいわば相手を自分色に染め上げて自分の一部とする行為です。フロイトによれば生まれたばかりの乳児は自分の生理を養う栄養素と自分の心を養う愛をともに母親から乳房を通じて受け取ります。母は母乳や身体的接触、言葉がけなどの様々な手段によって乳児を自分のリビドーで包摂しています。乳児を生物として養うことによって母の愛で包み込んでいるのです。これに対して乳児もまた自分のリビドーを母に投射して自分色に染め上げています。そのとき乳児は自分と母親を区別していないという点では母親の胎内にいたときとそれほど違いはありません。物理的に母親の内部にいるか外部にいるかの違いだけです。この母子一体の状態は人間にとっての根源的な相思相愛の関係だといえるでしょう。この根源的な愛着関係において世界はすべて自分の一部ですから、乳児は根源的な全能感に満たされています。母子の最初の愛着期におけるこの全能感が、成長したあとの人間の自由の感覚を根源的に形成するといってもいいでしょう。

フロイトによればこうした全能感はやがて父親の存在によって失われてしまいます。乳房や乳首を媒介として一体化した幼児と母親、その不可分の二人のあいだに父親が入り込んできます。そして父は、母親の本来の相手が自分であることを幼児に対して主張するのです。このとき幼児は、自分の全能感を喪失して根源的な不安に駆られます。これをフロイトは去勢不安と呼んでいます。ここで幼児は、一方で自分を保護してくれるはずでありつつ、他方で自らに不安を与える父親に対してアンビバレントな感情（コンプレックス）を抱くことになります。そして同時に母親に対しても一体化したいと願うと同時にそこから距離を取らなければならないという葛藤を感じます。両親に対するこうした複雑な感情の総体をフロイトはエディプス・コンプレックスと名付けました。このコンプレックスは娘と父親の一体感に対して母親が介入するというかたちで現れる場合もあります。子どもは両親の下で保護されて成長するのですが、ある意味では両親から隔てられ追放されて育てられるのです。

全能感に満たされた幼児にとって世界は自己の一部であり、それゆえに自分の思い通りになるべきものです。しかしながらこの全能感を喪失すると世界は幼児から区別された外界となります。そこで外界は幼児にとって疎遠なものであり、自己の存在を脅かす威力、不安を与えてくる異形のものとなるでしょう。そしてその疎遠な外界との関係のなかで幼児は自己の身体や両親の位置を理解し、傷を負いながら自分なりの世界の秩序を形成していくのです。しかしひとは成長したのちこの全能感を何とか取り戻そうと努力し、全能感の痕跡だけでも手に入れることができれば、かりそめながらも不安から離脱し、自由と悦びを感じるのだと思います[11]。

このコンプレックスは人間の健全な社会化にとって決定的な役割を果たします。つまりそれは、一方で両親、とりわけ母親への愛着を形成することにより、主体の自由、その生きる力の根源となります。子どもは成長するにつれてさまざまな困難に直面して自分を脅かされるのですが、その時においても、ものごころつく以前から自分をとりまいていたこの安全地帯の記憶が、つまりは根源的な肯定感が子どもの心の安定を作り出すのです。しかしながら他方で、親が安全地帯のままであっては子どもは親元を離れていくことができません。そこは安全地帯であると同時に安住を許されない場所でなければならない。この矛盾がエディプス・コンプレックスの正体です。幼児はこのコンプレックスを一時的に忘却しますが、それは思春期を迎えてふたたび顕在化します。子どもはかつてのエディプス期のかの不安感にふたたびとらわれ、それを払拭するために別のパートナーを見つけてその人と蜜月関係を維持しようとするのです。ひとはこうしてふたたび家庭をつくり、今度は自分の子どもに同じコンプレックスを与えます。このコンプレックスの連鎖によって核家族というシステムが維持されるとフロイトは考えました。この家族システムにおいてひとは、失われた全能感の痕跡を追い求めると同時にその全能感から隔てられて社会化されていくのです。

このとき私が憧れる相手は、それがかつての母子の全能感を取り戻そうとするかぎりではまずもって母の残像だといえます。しかしながらその相手は同時に母子の蜜月関係に割って入った父の反映でもあります。というのも子どもは、自分の無力感を克服するために、自分に無力感を与えた当の強力な〈父〉に接近してそれと同化しようとするからです。ここでいう〈父〉とは現実の父親というよりは、子どもを社会化させる社会の権力の代表者としての抽象的な〈父〉なるものです。子どもは〈父〉に憧れ、それと同一化し、その力を我がものとすることで、かつて自分が対抗できなかった〈父〉をいわば抹殺し、みずから〈父〉になろうとします。

このとき憧れの対象、つまりリビドー投資の対象はリスクとリターンのバランスによって選択されます。高い利益が見込める投資は同時に回収に失敗するリスクも大きい。征服することにより、多くの喜びを与えてくれそうな相手は競争相手も多いし相手方の条件も厳しいので容易に自分に振り向いてくれるとは思えない。逆に確実に手に入れることができそうな相手からはそれなりの喜びしか得られず、自分が〈父〉となった実感が得られない。そうした（多くの場合無意識の）計算に基づいて自我はリビドー投資の相手先を選択します。そうした計算にかなう相手が相手として選ばれるのであり、そのかぎりで相手は誰でもいいといえます。資本主義体制における貨幣経済にとって投資が回収できさえすれば相手は誰であろうと構わないのと同様に、エディプス体制におけるリビドー経済においても、投射したリビドーが回収できさえすればコミュニケーションの相手は誰でもいい。逆に言えばそうした投資条件にかなう相手に対し、自我は無意識のうちにリビドーを投射し、それゆえにそれを好ましいもの、魅力あるものとみなしているといえるのです。

ナルシシズムとは

以上のようなリビドー経済の議論に従ってなお考えを進めてみれば、自分の心のなかに貯まっているリビドーを外界や他者に投射するとき、私は私ではないものを私の色で染め上げ、自分のものにしているということができるでしょう。自分が好きになる人物や事物とは、じつはかつての母親のように自分を全面的に肯定してくれる存在であり、そういう意味で私にとって理想的な相手なのです。私はそうした相手を自分のものにすることによってふたたび自分を理想化し、全能感を味わおうというわけです。このように〈対象に向かうというしかたであらわれる自己愛〉のことをナルシシズムと呼びます。

ギリシャ神話において十六才の少年ナルキッソスはいわば究極の美青年であり、多くの乙女たちが彼に夢中になっていたと伝えられています。しかし自分の美を知るナルキッソスはそうした少女たちには何の関心も示しません。そんな彼にも恋に落ちるときがやってきます。森の中の清冽な泉のほとりでその水面に映る人物に心を奪われてしまうのです。ナルキッソスは心のかぎりその水面の人物に愛を語りかけます。ナルキッソスに恋する妖精エコーはかれの声を反復して彼自身に聞かせ、その人物が自分の鏡像であることを悟らせようとします。しかしナルキッソスはそうしたエコーの訴えを聞き入れることなくそのまま力尽きて、水面に頭をもたげたまま水仙になってしまうのです。

ナルキッソスは自分がもっとも美しい存在であることを自覚し、あらゆる少女の憧れとなる全能感を享受していました。そうであるがゆえに彼は他の存在に憧れることはなかったのです。しかしながら彼は水面の人物に心を奪われることでその全能感を失います。その人物は湖面に映った自分の姿なのですが、なぜ彼がそれに惹かれたのかといえば、それは彼にとっての初めての外部、疎遠な対象、いうなれば〈父〉のようなものだったからです。その〈父〉とは自分が乗り越えようとしても乗り越えられない憧れの存在、理想的な自分の姿です。つまり自分の似像が〈父〉として彼の前に立ちふさがったのでした。ところが彼はその理想的な存在によって力を奪われ、恋するだけの不安で惨めな存在へと転落してしまいます。そこで彼はその疎遠な〈父〉を抹殺しようとします。自分の理想的なありかたである〈父〉、つまり理想自我としての〈父〉を抹殺して、いまの自分を全面肯定してくれる存在、つまり自我理想へと転換しようとしたといえるでしょう。攻略不能な恋する相手を自分に振り向かせて自分の支配下に置き、ふたたびその相手に自分を肯定させることで、失った全能感を回復しようとしたのです。

このナルキッソスの物語を理解する鍵は次のところにあります。つまりその本質は〈父〉にほかならない自分自身の似像にナルキッソスは恋をしているのですが、しかしそのことは彼には自覚できず、彼は恋の相手を自分とはまったく関係ない偶然出会った他者だと思い込んでいるということです。彼が唯一憧れることができたのは〈父〉という自己の理想像のみでした。〈対象に向かうというしかたであらわれる自己への愛〉、このナルシシズムの構図を自覚することなく、ナルキッソスはそこに囚われていたのです。そうすることでナルキッソスは、いまの自分とは異なる理想的な他者に向かって脱出しようとしながら、まさにその脱出の力によって、かつての〈父〉の呪縛、つまり水辺のほとりという空間に自分で自分を拘禁してしまったのです。

資本主義の運動もまた価値のナルシシズムのうちにとらわれています。資本家は自分が保有する経済的価値を特定の商品に投資します。そのとき資本家は自分とは異なった対象、つまり商品に関心を向けていると思い込んでいます。しかしながら資本家が真に関心を持っているのは自分がその商品に投資した価値であり、その表現としての資本、貨幣なのです。その貨幣というのはいわば自分自身の理想像、なりたい自分の姿、抽象的な〈父〉の投影であるのにほかなりません。しかしその貨幣は容易には手に入りません。それは自分を去勢する〈父〉、つまり社会的現実として資本家の眼前に屹立しています。そこで資本家はそれを手に入れ、〈父〉を自分に振り向かせ、自分を肯定する存在、つまり自我理想へとそれを転換しようとします。そのために資本家は無限に取引を反復します。その姿は水面にリビドーを投資してそれを必死に回収しようとするナルキッソスの姿そのものです。資本家にとっての商品とはナルキッソスにとっての水面であり、資本家が関心を持っているのは商品に映し出される自己の投資額であり、自分から独立した実体としての商品そのものではないのです。

市場における取引相手もまた一見すると自分とは異なる他者であるように見えながらも、しかしその経済的学的本質はたんなる貨幣の担い手、より正確に言えば自分のもとに帰ってくるはずの貨幣のかりそめの所持者です。私は相手と向き合っているようでいてじつはそうではなく、そこに自分の〈父〉を反映させているにすぎません。自分にとっての理想を実際に取り戻そうとしているにすぎないのです。私は価値と貨幣をつうじて相手の他者性を抹消して自分化してそれらに自己を肯定させ、そうすることで自我を拡張しようとします。まさに、〈他者に向かうというしかたであらわれる自己への愛〉、これにとらわれて資本家は生産やビジネスを繰り返すのです。

自然との交渉、他者との交渉はすべて、惨めな現状から離脱し、理想的な遠くに向かうためのものだと当人には感じられています。しかしながらその実相は、失われた全能感を回復しようとして自分を商品との関係のうちに拘禁するものでしかありません。ナルキッソスが水面に映る自分の映像に対して愛の言葉を語り続けて水仙となったように、資本家もまた商品に反映する自分の投資に対して死ぬまで愛の言葉を語り続けます。ナルキッソスが水面に直面しながら水面そのものを見ていなかったように、資本家もまた自然や他者、そして商品に直面しながらそれを見てはいないのです。

だがナルキッソスが拘禁されたのは空間だけではありません。そこに映し出されたのは、いまや恋することによって失われた自分の過去の姿、つまり対象というかたちをとった自分の全能感でした。このときナルキッソスは眼前の人物と結ばれることさえできれば自分はここから抜け出せると思っていたでしょう。それゆえに彼は、かつての過去の自分を取り戻すことで（つまりはかつて自分を阻んだ〈父〉を征服することで）、分裂した自己をもういちど統一し、最初の全能感を回復しようとしたのです。そのとき彼は未来に希望を持つというかたちで過去へと後ずさりしていたといえます。だとすればナルシシズムとは〈未来に向かうというしかたであらわれる過去への愛〉だといえそうです。

ひとは未来において我しらず過去を反復してしまう。こうしてナルキッソスは未来に向かう力それ自体によって過去の反復へと自分を拘禁してしまうことになりました。リビドーの投射は他者を自分化するはたらきであるのと同時に、未来を過去化するはたらきでもあります。つまりひとびとはリビドーを投射しそれを回収するというしかたで他者とコミュニケーションを図り、そうすることでみずからを社会的に展開しようとするのですが、しかしそこで実際に起こっていることは、他者を自分のうちに吸収し、未来を過去のうちに差し戻し、母を母として認知する以前の外界なき状態へと戻ろうとしているのです。

しかしながら他方で、ナルキッソスが水面の像を他者だと思い込んだように、自己の拡張が可能になるには自己とは異なるもの、つまり他者の契機がまるで疑似餌であるかのように自己を引きつけ誘惑し続けなければなりません。社交場においてひとは自分のもつ様々な要素（容姿、言葉、アクセサリー、ファッションなどなど）をルアーとしながら他者を引きつけ、他者のもつルアーに食らいつこうとします。[12]もしそこに他なる契機がなかったとしたらリビドーの投射も投資も生じず、したがってエゴが拡張することもないのです。だとするならばナルシシズムは他者を自己化するとともに自己を他者にひらく運動でもあるわけです。他者を自分化しつつ自分を他者化することによってひらかれる両義的な領域、これがソーシャル、つまり自由で自発的な社交の空間なのだといえるでしょう。

市場においてこのルアーの役割を果たすのが商品です。貨幣はそれを大事にしまい込んでいてもびた一文増えることはありません。それを自分とは異なる姿、すなわち商品に変えて、それをもう一度貨幣に変換しなければならないのです。ここで投資者にとって商品は、一方では自分自身の反映、つまり投資された資本ですが、他方では自分ではない別のもの、つまり他者にとって利用価値のあるものです。投資者は商品の使用価値によって他者を魅惑し、他者を自分の利益の手段にしようとします。しかし同時にそうすることによって投資者は、他者の利用の手段として自ら（の商品）を差し出しているのです。このように他者に開かれることによって初めて貨幣はその価値を増殖させます。こうした意味でのルアーもしくは商品の交換が、完全な他者でもなくしかも私でもない両者の両義的な領域、つまり社会（社交）の領域をつくりだすのです。

これはエディプス・コンプレックスにおいても同じです。エディプス・システムは両親からの斥力によって子どもを他者と出会わせます。しかしその他者と結びつく力は、乳児の頃の両親への愛着の引力に由来しています。このように家族外の他者に開かれることによってはじめて他者を自己の内に取り込み、家族システムは自己を再生産します。エディプス・システムはナルシシズムのシステムです。なぜなら斥力と引力、開かれと閉じ込め、この両義性によってこそ、これら二つのシステムは定義されるのだからです。

必要と欲望

リビドー経済と貨幣経済がともにナルシシズムの構制のうちで展開することを見てきました。そこでは、同一化と差異化とが同時に生起するような運動が生じており、それが社交（社会）の両義的な領域をかたち作っているわけです。その社交領域においてはお互いが何かを求めあい与えあっています。しかしその求め方、与え方には二つの異なる水準を区別できます。「必要」の層と「欲望」の層です。

前者の「必要」は、それを欠くときには自己の基本的な生活条件が維持できない状況を指しています。たとえば身体を維持する食料、寝るための住居、体温や社会性を維持するための最低限の衣服などは、すべての人にとって「必要」なものです。また種の保存にとっては生殖することも「必要」です。このような生理的・社会的な基礎的条件は人間にとっての「必要」条件なのです。

たとえば子どもにとって親、もしくはそれに代わる養育者はどうでしょう。たとえ機械的に衣食住が与えられたとしても愛情ある養育者を欠いては子どもがいきいきと成長することは難しくなるでしょう。養育者の延長線上に位置する初等中等教育は、人間が社会生活を送る上で欠くことができない基礎的な知識と訓練を与えます。これがなければ字を書くことも計算することもできず、現代の社会において生活することが困難になります。生物的な生殖だけではなく社会的文化的な教育もまた人間にとって必要なのです。また医療や福祉、交通、最低限の文化や娯楽、テレビや新聞などが提供する社会情報へのアクセスもそこに含まれるでしょう。これらの基礎的条件は、人間が人間であるための最低限の自由を保障する条件であり、現代的な意味での人間の権利、基本的人権にかかわることだと考えられています。

こうした人間の基礎的条件について、現代の自由主義の系譜に属する思想家たちは、衣食住や教育や文化といった基本財（ロールズ）、もしくは自由を実現する基礎的能力（セン）を保障することで実現できると考えています。こうした基礎的条件は、当事者の主観的な感情や感覚から独立して、それが満たされているかどうかを外部からある程度客観的に観察することができます。こうした基礎的条件を欠いている状態、たとえば貧困や虐待、障害ゆえに困窮している状態などは客観的に判断できるものであり、それゆえそれらの思想家たちによれば、自由の障害状態を解消することは自由主義を標榜する国家や社会の責務となるのです。

これに対して「欲望」とは、それを欠いても基礎的な生活条件が維持できるにもかかわらず、なおそれを欲求する状態を指します。たとえば欲しくてたまらないコンサートのチケット、恋い焦がれる恋のお相手、昇進がかかったポストといったものに対する焼け付くような感情がそうです。手元に洋服があるのに、最新のモードの洋服が欲しくなるのも欲望です。それが手に入らなかったとしても別に自分の基本的な生活が維持できないわけではないので、こうした欲求は欲望にあたります。必要が当事者の客観的状態としてある程度客観的に判断できたのに対して、欲望は当事者の主観的な状態、つまり感情によるので、外側からそれを判断するのはそれほど容易ではありません。

二十世紀のフランスの思想家のロラン・バルトは『モードの体系』という本において[13]、製品の寿命と買い換えの時間との関係によってモードを定義しています。つまり製品の寿命が来てもそれを買い換えることができない状態が欠乏です。そのときひとびとは必要に迫られた経済活動を余儀なくされます。これに対して製品寿命が来る前にそれを買い換えるときには、そこに存在するのは必要ではなく、流行（モード）、つまり欲望だと考えられるのです。

性欲は、生理学的な必然性、いわゆる本能によって成立している限りでは、その充足は必要の次元にあるといえるでしょう。また社会的に見ても、子孫を残したり家を存続させるために異性を獲得することも必要だといえるでしょう。伝統的な社会では結婚して子どもをもうけることは必要なことであり、そのために相手に要求する条件は何よりもまず健康であり、出産や労働に適していることでした。これに対して欲望の社会における条件は、欲望の対象となりうるような性的魅力を備えていることです。欲望においてはその魅力の次元において恋愛や結婚が成立するのです。この場合性欲はたんなる生殖に限らない多様なあり方をとることになります。

生存の危機とは無関係だからといって必要より欲望の方がその欲求の強さの点でいつも軽いということはありません。欲望においても、それが満たされなければ精神がおかしくなってしまったり、破滅的な行動に出てしまったり、果ては自殺してしまうということは十分にありえます。回復不能な重い病気で苦痛に耐えられなくなって自殺した人については、たしかに必要が満たされなくて止むを得ずそういう行動に出たのだとひとは思うでしょう。しかし失恋で自殺したからといって、その恋愛がその人の基礎的な生活条件に必要不可欠だったからその人は生きていけなくなったのだと考えるのは難しいでしょう。どちらも当事者にとっては生死を賭ける重要な問題なのですが、しかしその二つの次元が異なることは容易に判断できます。

とはいえ必要と欲望の区別は絶対的なものではなく、状況に応じて、見方によって、臨機応変に変わります。たとえば高校進学は戦前においては欲望のまなざしで見られていました。旧制高等学校や高等女学校の生徒であることは羡望の対象でした。敗戦を迎えて新制高等学校となってもしばらくのあいだ高校はそうした性格を持っていました。しかしながら高度経済成長を経過すると、高校進学はスタンダードなものとなり、経済的理由で高校に行けないという事態は、高校が義務教育でないにもかかわらず、人々が当然に享受すべき教育の権利を事実上侵害する事態であるかのように思われるようになりました。現在では大学教育ですらそうした色彩を帯びつつあるといえるかもしれません。いまや高等教育は欲望の対象でありながらも必要なものでもある両義性のうちにあるといえるでしょう。

必要と欲望の水準を区別することがなぜ重要なのかといえば、それが学のありかたと本質的に関係するからです。生理学は基本的に欲望の次元に関知しません。それは生理学が人間を生理学的な必要によって構成される自然必然性のシステムだとみなしているからです。これは心理学についても基本的に同様です。心理学が生理学を主体性の領域へと拡張した学問だということは先に述べました。その基本的な構えが、横棒を押すと蜜が出てくるオペラント条件付けにあることも示唆しました。餌は生体の基本的な必要物であるがゆえに、生体は棒を押す意思を持つと考えるのです。これは客観的に観察可能な事態であり法則的な反復性を持っています。こうした主体性の背後に生理学的な自然必然性があるのは明白です。したがって生理学を社交の領域に拡張した経済学もまた必要の論理、自然必然性の論理に基本的に立脚しています。古典的な経済学は、のちに詳しく見るように基本的に人間の必要の次元で経済活動を分析します。ひとが商品を購入するのはそれが生きるのに必要だからだし、ひとが労働するのはそれなくしては必要が満たせなくなるからだと考えるのです。

ところが欲望の次元では生理学的必然性は問題になりません。なぜならそれは人間の「自由な」意識によって自然必然性とは一応区別されるかたちで発動されるからです。欲望に関して自然必然性も、それにもとづく社会的な必然性も当てにならないとしたら、そもそも欲望の領域においては経済学も心理学も学として成り立たないことになりそうです。事実、現代において経済学は様々な問題を抱えるようになっており、経済の現実を予測したり表現したり改善したりする能力に大きな困難を抱えています。そうした困難に経済学が陥った理由の一つに、人間と社会を動かしている主要な力が必要から欲望へと移行したこともあると思われます。だとすればいまや、必要に関わる経済学は、欲望、つまりリビドーに関わる経済学へと展開しなければならないのです。

とはいえリビドー経済はたんに欲望だけでなく必要とも関係しています。というのも乳児にとっての母乳のように人間が必要とするものにはたいていリビドーが投射されており、したがって必要物は同時に欲望の対象でもあるからです。お腹を空かせた人にとっておいしそうな食物が輝いて見えるように必要とリビドーは重なり合っています。生殖においても子孫を作ることが生物としての人間にとって必要であり、社会的な家の存続にとって必要であったとしても、相手に対して何らかの性的欲望を抱かないわけではありません。ここでも必要物は欲望の対象であり、それにはリビドーが投射されています。

しかしながら他方で、フロイトはそうした生物的な自己保存に関わるリビドーの他に、それとは関係のないリビドーのあり方を記述しています。その代表的なものが幼児の多形倒錯と呼ばれるものです。幼児は生殖能力を持っていないので幼児には性欲はないという考え方が当時主流であったのに対し、フロイトは幼児に性欲を認め、口唇や肛門など、身体の各所で「多形」的に幼児は性欲を満足させていると主張しました。生殖に直結しない多様なリビドー活動のあり方は、生殖に繋がらないので「性目標倒錯」と呼ばれます。幼児が成長するにつれて、多形的で倒錯した性欲のあり方、つまり身体の各所で無目的に満足を求めていた性的なエネルギーは、性器を中心としたありかたへと整備され、異性との生殖的な関係性、つまり生理的・社会的な必要の回路へと回収されていくのです。これが性欲の「健全」な発達というわけなのです。

このように考えるならば、多形倒錯におけるリビドーの展開についてのフロイトの考察は必要を超えた欲望の経済のあり方と極めて密接な関係を持つことが予想できます。だとすれば欲望の次元においてもまた心理学と経済学とは密接な関係を保つべきなのです。

欲望の系譜学

キリスト教、仏教、儒教や老荘思想など、人類の思考の基礎を作ってきた宗教や思想は、基本的に欲望を抑え、必要に従って生活するように説いてきたと考えられています。

というのも必要は人間の自由や幸福に欠くべからざるものであるのに対して、欲望は人間の欲求を無限に膨らませて人間を破滅させる危険を持つからです。現代の社会思想やエコロジズムにおいても、欲望をできるだけ押さえ、必要を平等にかつ十分に充足することがまずもって求められているといえます。

しかしながら伝統的思想は欲望を完全に否定してしまったわけではありません。偉大な思想家たちが否定したのは、自我の拡張が欲望と結びついて自我が無限に肥大していくありさまに対してでした。必要はそれが満たされれば終わりです。しかし欲望には限りがありません。だから自我が欲望と結びついて肥大していくと、自我の肥大はとめどがなくなります。たとえばできるだけ多くの人たちを支配したいとか、できるだけ多くの富を獲得したいとある独裁者が考えたとしましょう。欲望には足ることがないのでそうした欲望に駆り立てられた戦争は、いつか必ず敗北し、独裁者と独裁国家は破滅するでしょう。必要の満足という歯止めを外して欲望を追求するとこうした破滅的事態が到来します。

これに対して欲望が自我の拡張から切り離されている場合はこの限りではありません。たとえば古代ギリシャ時代において欲望はかならずしも否定的に取り扱われませんでした。

こうした肯定的な欲望の源流は、ミメーシスやエロースの概念にまで遡ることができます。ミメーシスとは自分を溶解させて自然や他者に同化することを意味します。人間は自分を脅かす圧倒的な自然の前では無力です。この自然は海や森といった外的自然だけではなくて、自分がどこから生まれてきてどこへと死んでいくのか、どうして自分は死ぬようにプログラムされているのか、どうして自分はおなかが空いて性欲に駆り立てられるのかという、自分の内側にある自然も含まれています。

その自然の威力は、マナ[14]（日本においてはモノ）と呼ばれて、特定のはっきりしたかたちをとる以前の力として感受されます。たとえば今日でも、暗い森に入ったり、墓地で迷ったりすれば、そこにはなにか超自然的な力が広がっていてそれが自分を圧迫してくるように感じることでしょう。この漠然としたかたちのない威力が、特定の物質に宿り、その物質のあり方を支配する精神的な力として意識されるようになると、それはアニマと呼ばれます。伝統的なやまと言葉でそれは、モノの威力が特定の事物という容器に入ったもの、つまりタマと呼ばれます。つまり魂が、自然のものども自分の内側に宿っているかのように思われるのです。こうした自然の見方を「アニミズム」といいます。

ミメーシスとは物質のうちに宿るこのアニマに同化することを意味しています。物質のあり方を外面的に模倣し、そこに宿るアニマに同化し、それと交感し、最終的にはそれを制御しようとするわけです。たとえば雨乞いの儀式においてひとは自然の背後にあるアニマに自分を同化し、そうすることで自然を操作しようとします。このように、このミメーシスの働きのうちにはまずもって自分が生きていくための必要を満たす自然操作的側面が存在します。

しかしミメーシスのうちに働いているもうひとつの要素は、欲望です。現状の自分から離脱して自分を超えた何かへと魅惑され、それと一体化したいという憧憬的欲望の側面がミメーシスのうちには含まれているのです。こうしたミメーシスのあり方は自我を強化するというよりはそれを溶解させ超克します。場合によってミメーシスは熱狂的となり、狂気にいたることすらありました。古代ギリシャ文明のうちには、ミメーシスがこうした自己破壊的狂気として現れる局面が記録されています。それはディオニュソス的な熱狂です。

自分を超えた存在へと憧れ、現状の自分を乗り越えていく魂のありかたをプラトンはエロースと呼びました。プラトンにとって真に価値ある欲望とは、生きた生身の人間に対するものではなく、その人間に宿っている美そのもの、つまり美の観念、イデアに対するものでした。生きた人間はたとえば時間がたつとその美しさを失うでしょう。その抜け殻のような肉体にもはや憧れを抱けないとすれば、人が真に求めているのはその肉体ではなく、そこに宿っていた美そのもの、つまり美のイデアだということになります。美のイデアに憧れ、それにミメーシスすることによって、美しい行為や作品が生まれ出るとされたのです。

プラトンのエロース論においては、ミメーシスのうちに孕まれていた必要の要素、つまり自然を操作して利用するという側面はもはや後退してしまっています。というのもプラトンの頃のギリシャの文明段階においては、ギリシャ市民にとって生存に必要なものはほぼ満たされ、それに心を煩わせるのはもっぱら家人や奴隷の関心事として軽蔑されていたからです。むしろ生存を危機にさらしてでもたんなる必要を超えるものに憧れ、それを追い求めることがギリシャ人にとっての価値、卓越へと向かう徳（アレテー）とされたのです。

愛知者としての哲学者の起源は、プラトンが描くソクラテスのうちにありました。ソクラテスは、対話によって自我を揺さぶり、そうすることで真理へと自分をひらく愛知の営みとして哲学を定義しました。民衆裁判にかけられたソクラテスは哲学者としての営みを貫くために、自らの生物的な生命を犠牲にすることを選びました。生存への必要をあえて断念して真理への欲望を選択したのです。ソクラテスやプラトンにとって哲学者とは、毎日毎日反復される、自分の生物的生命を養うためにのみ地べたを這い回る水平的生活を切断して、上昇し、昇華し、高みに達しようとする垂直的な生活を選び取る者のことを指します。つまりエロースとは自我を離れて卓越する愛なのです。こうした愛は、プラトン的な恋愛、プラトニック・ラヴと後に呼ばれることになります。このようにすでに高度に発達した古代の文明において市民たちは自我の拡大から切り離された純粋な欲望をすでに知っていたのです。

自我の保存や拡張から切り離された欲望の次元は、仏教や儒教、そしてキリスト教においても、むしろ現状の自我からの解放を求める宗教的な熱情として高く価値づけられていました。仏教においてそれは解脱、儒教においてそれは道、キリスト教においてそれは信仰と呼ばれたのです。だとすればよく生きるために問題となるのは、必要を擁護して欲望を否定することではなく、欲望が自我の拡張と結びついているのか、それとも自我からの解放のうちにあるのかを見極めることなのです。この点は、のちに極めて重要な論点となるので確認しておきたいと思います。

ノスタルジーとしてのイデアの欲望

プラトンにとってイデアは経験によって学ぶことができないものでした。たとえばひとは三角形をした山の形やおにぎりといった事例を経験する（見る）ことはできます。しかしその具体的な形の背後にある「三角形」という観念を直接、事物を見るように見ることはできません。その観念をひとから教わるにせよ、その教える人は、その観念を私に目に見える形で示すこともできません。誰かから三角形の概念を教えられたと思いなしているときには、実際は、彼が黒板に書いた図形や言葉、彼の音声しか私は経験していないのです。このように考えれば、その「三角形」そのもの、つまりイデアを実際に自分で見たり、誰かから教えられたりする（つまり外部から注入される）ということは、論理的に考えて不可能だということになります。

プラトンは『パイドン』という対話編において、「等しいもの」のイデアについてこのことを説明しています。経験できるいかなる事物も厳密に言えば等しくありませんから、「等しいもの」という考えは経験（感覚）から得られたものではないというわけです。「われわれの主張では、それらの感覚を用いる以前に、われわれは等しさの知識を得ていたのでなければならなかった」[15]というわけです。

それではその知識はどこから得られたものなのでしょうか。

それをプラトンは記憶の奥底だと考えました。われわれはいわば三角のようなもの、等しいようなものを感覚することによって、三角形や等しさということという観念を記憶の奥底から取り出しているのです。その記憶が外部から注入されたものでないとすれば、結局のところイデアすべては生まれながらに人間のうちに備わっていたと考えるほかありません。プラトンは人間の魂はかつてイデアの国に住んでいたといいます。その魂は人間が誕生するときに肉体と結びつきます。その時のショックで魂はかつてのイデアの国のことを忘れてしまう。しかしながらこの世界の事物を感覚すると、魂はかつての母国へのノスタルジーに駆られて、ひとたびは忘却したイデアを想起するというのです。プラトンの考えに従うなら、夕焼けの空に美を感じるときのもの悲しくも切ない気持ち、本居宣長であれば「もののあわれ」というべき感情は、イデアの国に対するノスタルジーだということになりそうです。このノスタルジーに導かれ、魂は美や善といった最高次のイデアへ向かって上昇していく。こうしたプラトンの考え方は一般にイデアの「想起説」と呼ばれます[16]。

たんに生きるのではなくてよく生きることは、善美のイデアに導かれて上昇する生き方、エロースによって実現されます。しかしながら想起説においてこのエロースは、自分が生まれる前のイデアの国を想起することを意味しています。つまり真理を認識したり、善き生をおくろうと努力したり、美を感じたりするときには、魂が肉体から離れて母国に戻ることを欲望しているのだ、というわけです[17]。つまり善く生きることは、死ぬことを生前に何度も予行練習することにほかならない。プラトンにおいて何かに憧れる生、エロースは、同時に死への憧れ、タナトスでもあるわけです。生きることは同時に死ぬことである。自己保存を離脱しようとする欲望、一切の必要から免れようとする欲望の存在をプラトンは証立てようとしたのです。

象徴の時間構造

プラトンにおけるエロースの時間構造とは、〈未来を展望するというしかたであらわれる過去への想起〉というものでした。このようなノスタルジックでナルシシズム的な時間構造を備えているがゆえに、いまここにおいて輝いて見えるものを「象徴（シンボル）」と定義することができます。シンボルとは、過去の精神的なものを宿しているような現在における物質的なものと言い換えてもよいでしょう。[18]

たとえば日本国憲法は天皇を日本国民の統合の象徴と規定します。天皇が日本の統合の象徴であるというのは、日本の歴史や日本人の精神、その理念（イデア）を天皇が体現していると憲法が想定するからでしょう。そしてその象徴は、日本という国が危機に陥ったとき、かつてあったはずの統合の理念をもう一度呼び起こすものとなるのでしょう（ちなみに私は天皇をそうした象徴とみなす思想に完全に同意するわけではありません）。天皇を星条旗、日本をアメリカ合衆国に置き換えてみても事情は同じです。

また指輪が結婚の象徴であるのは、結婚式でお互いが婚姻の理想を指輪の交換というかたちで確認したからにほかなりません。堕落した日常生活に流されて結婚の意味を見失いつつあるときに指輪をあらためて確認することで、二人は最初のときを思いだし、その理念を生活に取り戻すことをあらためて目標とするのです。

このように象徴とは、不透明になった現実のなかで、未来を展望するしかたで過去を想起するという時間構造を持っています。このとき象徴は、それが未来を先取りするかぎり徴表（しるし）となります。このように象徴はあるべき過去を取り戻し、同時にあるべき未来を指し示す性格を持っていますから、平凡な日常生活を生きる人々の欲望の対象となりえます。このかぎりで欲望は象徴の時間的構造とともにあるといえるでしょう。

このように考えれば思春期以降に好きになる恋のお相手もまた一つの象徴＝徴表だということになります。エディプス・コンプレックス（去勢不安）によって全能感を喪失した人間が、かつての全能感を取り戻そうと願うときに出会うもの、それが象徴としての恋人なのです。いまや失われたかつての自分の全能感を取り戻しうる、そうした自分の未来を予感させる存在として、ひとは恋人を認知します。そのときに味わう甘酸っぱいような、かきむしられるような憧憬の感情こそがノスタルジーです。恋人との蜜月関係を通じてひとは外界なく全能だった幼児の頃に、ひいては生まれる以前の段階に戻ろうと欲望するのです。

ひとの全能感を先取りする独特の「色気」を象徴は帯びています。その「色気」とは、いまや失われてしまって見いだしがたくなってはいるが、しかしその失われたものへの回路を先取りして表現する通路のようなものです。それは幸福の徴表（しるし）をひとに示します。このように象徴は多くの人たちのリビドーの投射を受けている（と感じられる）ので、それにリビドーを投射する人たちに対してそのリビドーを増幅して返します。したがって象徴は、ひとびとの幸福を約束するものであり、ひとびとの喜びの対象となるものです。象徴がその身に帯びている色気に惹かれてひとはふらふらとさまよい、その色気を通じて象徴を未来の徴表とするのですが、しかしその実態は過去を想起しているというわけなのです。

ここで商品や貨幣は象徴であるといえます。欲望の対象としての商品は未来と幸福を約束する何かとして市場に登場します。それを購入し続けることによってひとは幸福への通路を歩んでいると思い込むことができるのです。このかぎりで商品はその個別の姿において象徴であるだけではなく、ショッピングセンターや百貨店、いうなれば膨大な商品を回転させる資本主義のあり方そのものが、ひとびとの幸福の象徴となっているのです。

しかしながらもし象徴がその色気を失い、救済への回路が失われたとしてみましょう。そのときその事物や人物は、ある種の残骸のようなものとしてそこに残されていることでしょう。もはや好きでも何でもなくなったかつての恋人、別れてしまった後でふと引き出しの奥に見つける結婚指輪、廃棄物処分場行きが決定した使用済みの商品、このように象徴への回路を遮断された個別の記号たちは、アレゴリーと呼ばれます。幸福を約束していたはずの商品を購入し、それらが粗大ゴミとなったとき、かつてぴかぴかに輝いていたはずのかつての商品たちはいまやアレゴリーへと化しています。アレゴリーとは、個別の対象が象徴となること、象徴であり続けることに失敗し、その意味で破綻した記号たち、破片たちのことです。アレゴリカルな記号たちは、幸福の代わりに一体何を指し示しているというのでしょうか。それはその失敗した姿において、国家や結婚や恋愛といったものの幻想を破壊し、その実相、その真理をむき出しのかたちで暴露しているのです。それらは象徴の栄光から切り離され、いまや衰微や滅亡をこそ意味していると言えるでしょう。[19]

タナトスとアレゴリー

プラトンにおいて卓越した生を追求するエロースは密かに死を願うタナトスとともにありました。欲望は生を求めると同時に死を求める、欲望が抱え込むエロスとタナトスのこうした両義性をフロイトもまた「快感原則の彼岸」という論文において論じています。[20]フロイトによれば心の欲動は快楽を求めるのですが、その快楽を持続するためにはその妨げとなるものを自我が排除する必要があります。快楽を妨げるもの、自分の恒常性を脅かす異物の排除は、しかし究極的には、外界から撤退して、生命がそこから生まれてきた場所、つまり母の胎内やひいては無機物といったものへと生命が戻ろうとしていることにほかならないとフロイトはいうのです。この点で自己を保存する欲動はそのうちにタナトスを含んでいることになる。快感原則はなぜか苦痛を再現し、未来を拒絶し、自分を硬化することそれ自体に快感を感じているようなのです。快感原則が快楽を拒絶して苦痛を求め、なおそこに快楽を感じるというしかたで自己を貫徹するありかたをフロイトは「快感原則の彼岸」と呼んだのです。

ここで経済活動の本質をこのフロイトの議論と重ねてみることにしましょう。経済活動はまず何よりも、差し迫った死を回避するという意味での生き延びること、つまり生物的な生のために必要を満たすことを意味します。これは自己保存をその任務とする自我の仕事であり、したがって自我（エゴ）の拡張というかたちをとります。必要が満たされたのち自我の拡張がそのまま維持されると、経済活動は所有物や所有可能性を無限に拡大する欲望の運動に転化します。この運動が資本の無限の増殖というかたちをとると、そこに資本主義が生まれます。自我の権能を拡大する欲望がそこを支配するのです。

このとき資本主義は、一方で、より大きな生の可能性へ向かうかぎりにおいては快楽を追求する運動であり象徴的なものです。それは未来にむかうというかたちで過去を取り戻すナルシシズム的運動であり、かつて乳児であった頃の自分の全能感を追跡するノスタルジックな運動だといえるでしょう。しかしそのような快楽追求運動は同時にタナトス的でもあります。というのは資本主義は自己の資本を増殖させ自己の力を拡大するのですが、そのことによって資本主義は、生産と市場におけるあらゆるリスク要因、つまり回収を阻害しかねないありとあらゆる不確定要素を排除し、全体として計算可能な合理的連関を作り上げようとするからです。その不確定要素には合理的連関に反するすべての自分の「非合理」な心の動きも含まれます。そうすることで資本主義の運動はその運動のただなかで固くなり、そこに参加する人々をまるで機械や死体であるかのように硬化していきます。しかし人々は自己を硬化しゆくその苦痛にむしろ快感を覚えるのです。これはタナトス的な快楽といえるでしょう。

資本主義がこのようにしてタナトス的な色彩を強くしていくと、資本主義を構成している個別の商品もまた、象徴的なものからアレゴリカルなものへとその色合いを変化させていきます。商品はエロスの対象であり、幸福や救済を約束するものだったはずなのに、ある瞬間、ふと膨大な廃棄物の集積に見えたり、永遠に代わり映えしない永久の反復を意味するなにかに見えたりするのです。それはディプレッシヴ（うつ的）な瞬間であり、商品を購入し続けるほかない自分の生活をそのようなものとして見てしまう視線もまた、ディプレッシヴな視線だということができるでしょう。商品のうちに救済を見るシンボリックな生の視線は、その背後にアレゴリカルな死の視線を隠し持っています。そしてそのアレゴリカルな背面が商品に張り付いているからこそ、ひとは商品を買ってもそれに満足することなくさらに別の商品を購入し続けるのです。これは苦痛でもあり、同時に快楽でもあります。この快楽は快感原則の彼岸にある快楽なのです。

プロテスタンティズムと資本主義の精神

マックス・ウェーバーという二〇世紀の偉大な社会学者がいます。ウェーバーは、『プロテスタンティズムの倫理と資本主義の精神』という有名な本において、宗教改革と資本主義の本質的な関係性について述べています[21]。このウェーバーの見方については諸説がありますが、資本主義の基本的な構造をより深く知るためにも、ひとまずウェーバーの議論に従ってみましょう。

ルネッサンス以降の宗教改革の運動においてルターやカルヴァンといった改革者が批判したのは、カトリック教会の聖職者たちが様々な儀式を通じて神の意志を左右できると考えていたことでした。

こうした魔術のもっとも代表的な事例が、贖宥状を購入すれば罪が赦されて救済されるというものです。誰を救済するかは神の専権事項に属するはずなのに、聖職者たちが自己の利益にかなうよう勝手に神の意志を代弁することは最悪の瀆神に値するとルターは考えたのです。こうしたルターの宗教批判をさらに徹底させたのが、一六世紀のジュネーブを根城に活動したカルヴァンです。カルヴァンは、人間の作為が神の意志を左右する魔術的思考の回路を遮断するために、誰が救済に値するかはすでに人間の行為に先立って神によって定められているという予定説を唱えました。したがって人間がどれほど信仰に熱心でも、どれほど聖書を読み込んでも、どれほど善行に励もうとも、それと救済とは無関係だというのです。

いかにすれば自分は死から免れ永遠の生へと救済されるのか、宗教におけるこうした救済の問題はどの時代においても、どの文化圏においても、人類に共通のもっとも主要な関心事でありました。日本の伝統的な宗教の一つである仏教においても宗教的な救済は決定的に重要な問題でした。経典や先達に学ぶべきだという考えや、座禅や修行によって独力で悟りに至るべきという考え、弱い貧しい人々を助けることによって我執を断つべきという考え、また鎌倉時代以降は、念仏を唱えて仏に救済を恃むべきという考えなど様々な教説が説かれました。それでもほとんどの場合、このようにすればこうなりますよ、というかたちで人間の行為や心がけと救済との間に何らかの因果関係が設定されていたのです。

カルヴァンの説がきわめて特殊なのはこの因果関係を完全に否定した点です。人間の行為が神の判断に影響を与えると考えることは人が神を操作する魔術であり、この魔術的思考をこそ排除して信仰を徹底的に合理化することが宗教改革の目的でした。しかしそうなると人びとは、救済のためになすべきことがもはやなくなり、どうしたらよいのかわからない不安にとらわれます。そこでカルヴァンは、人間の行為が神の意志に直接影響を与えることはないが、しかし自分が救済に定められているかどうかをせめて知ろうと希望することは許されると考えたのです。

カルヴァン主義はその基本思想を宣言した文書の一つである「ウエストミンスター信仰告白」の第十章において、神は救済に定められた者を「有効に」召命することを喜ぶと主張します。ここでいう召命とは、死に定められた人々のうちから特定の人を命へと神が召喚することを意味します。ここから、世界を創造しそれを繁栄に導くという計画を実現するため、神は救済を予定した人にその職務を与えて成功させることをよしとしたという解釈が生まれるのです。そのとき人びとは自分が救いへと召命（ベルーフ）されているかどうかを知ろうとして、限界まで自分の職業（ベルーフ）に励むことになる。その結果その仕事が成功すれば、この仕事はどうやら神の任務だったらしい、そうであれば自分は救済に予定されているはずだと考えるわけです。職業において限界まで精一杯努力するということが、自分が救いに予定されているかどうかを知るための、いわば実験のような役割を果たすわけです。

世俗の世界において自分のビジネスが成功することは、自分の投資が「有効に」回収されることを意味します。自分がイエス・キリストに引き寄せられていることを示す宗教的な有効性の概念は、ここで投資と回収とのあいだの世俗的な有効性の概念に転換されます。自分の投資が有効に回収されて利益が上がれば、それは宗教的な有効性、つまり救済を示す徴候（しるし）となるのです。こうしてビジネスの成功は宗教的救済の象徴となります。もちろんこれは、事業に成功すれば救済されるという因果関係ではありません。救済を実際に引き起こす存在根拠として事業の成功があるわけではないのです。そうではなくて、事業の成功は、救済者のリストに自分の名が載っていると希望することが許されるという、救済希望のための条件となるのにほかなりません。

資本主義とは資本を無限に増殖させる運動ですから、もしひとが自分の必要の水準が満たされて満足していたら、そうした運動が生じることはあり得ません。必要を超えてもなお辛苦して労働し、なおそのつらさのうちに喜びを見いだすような動機は自分の生理的な必要からは出て来ようがないのです。必要の水準を乗り越えるには欲望が必要です。自分の生活を超越する何かへの強烈な憧れがなければ必要を超えて労働するということはあり得ないのです。その欲望の水準こそが、ウェーバーに従えば、神の召命を確信したいという希望だったといえるでしょう。資本主義はそもそも人間の必要を超えた欲望の次元で展開するという点で、宗教にきわめてよく似ているのです。

とはいえ人びとの救済への熱情だけが資本主義を生みだしたわけではありません。もしそれだけであれば、自己の救済といういわば我欲のみが、つまり生物的自己保存を超えてもなお自己を天国で保存する「必要」だけが資本主義を生みだしたことになります。

カルヴァン主義にとって資本主義とはたんなる自己救済のための金儲けではありません。利潤は自己消費されるのではなく、さらなる投資へと向けられます。それは自分の所有欲を超えて神の計画に奉仕することであり、節約や禁欲を通じて世界を繁栄に導き人びとを豊かにすることを意味します。その意味でそれは、すでにルターにおいてそうであったように、自我を超克して隣人愛の理想に生きることでもありました。富を私有して消費するのではなく、それを事業のために不断に役立てるというしかたで、いわゆる我欲を乗り越えて神のうちに、つまり永遠の生のうちに生きる修行のようなものを彼らにとっての経済活動は意味したのです。自我の自己保存から離れたそうした純粋な欲望によってこそ、資本主義はまずもって成立したというべきでしょう。

宗教的情熱に動機付けられた資本主義にとって、自分の仕事が成功しつつあることは、みずからの宗教的な救済を予感させる徴表であるということができます。そのかぎり仕事の成功はひとつの象徴です。これに対してその仕事の成功連関（投資→回収）を構成している個別の要素は記号です。というのもそれらの記号たちは、単独では宗教的救済と意味上の結びつきを持たないからです。たとえば個別の商品や個別の売り買いは、それだけでは直接救済とは関係できません。あくまでそうした個別の要素たちが全体として利益を上げる連関を保っているかぎりにおいて、その連関総体が象徴、つまり救済のしるしとなりうるわけです。

しかしながら他方で、それら個別要素である記号たちは、単独の意味を持っています。たとえば一つの商品は象徴の連関のなかに取り込まれなくとも、一つの単独の商品として存在と意味を保っているでしょう。象徴が全体的意味を与えるのに対して記号は即物的意味を持っているといえます。記号の即物的意味は、単独ではなく、連関をとることによってはじめて象徴の全体的意味をささえる関係にあるのです。

このとき個別の記号たちはその即物的意味とともに、それが救済の連関をとりうるかもしれないという予感とともにあります。そのときその個別の記号たちは、その行き先が不明なまま、ある種の「色気」を帯びるのです。象徴の色気がまさに現在における顕在的な色気であるのに対して、記号の色気はいわば未来における予感、この先どうなるかわからない不確定性としての色気です。それは断片としての記号が何らかの連関を取りえたときに象徴へと転化する可能性の予感、希望としての色気だと言い換えてもいいでしょう。瞬間的にきらめくその色気を通じて記号は象徴への通路を見いだすのだとも言えるでしょう。記号としての商品は、こうした希望としての色気を帯びているがゆえに、人を引きつけ、人に欲望を抱かせることができるのです。

いずれにせよピューリタンの人々は、事業の成功のために、生活のすべての時間と資源を事業に動員し、生活のすべての要素を計算可能なものにし、それにそぐわない要素を徹底的に排除することになります。神と直接に関係しようとする魔術的要素を徹底的に廃絶し、生活全体とその環境を全面的に「合理化」し、それを生き抜くことが神と関係する希望となるのです。しかしそのように宗教的意味をもって構築されたルーチンはその宗教的情熱が失われた後でもいわば自動的に維持されることになります。というのも資本主義は、もはや宗教的情熱ではなくいまや経済合理性を通じてその合理主義的ルーチンに適合できない人々を滅ぼしていくからです。

今や資本主義は、宗教的情熱という補助ロケットを切り離し自力で離陸していきます。資本主義は、十分に「有効」、つまりエフェクティヴでない経営者を破産させ、そのような労働者を街頭に放り出し、合理主義的ルーチンに適応しない存在を破滅させます。こうして資本主義は、回収された資本をさらに投資に差し向け、資本を増殖させることだけを目的とするたんに無目的な自動運動へと化していくのです。そこから離脱する人間には破滅と死がもたらされるという意味で、それは人々を縛り付ける第二の自然必然性であるといえます。だからといってそれにしがみついてもひとは自由を失い機械のような存在になるほかありません。資本主義はこうして、人間をある特定の回路の内部でのみ自動的に運動しうる固定した存在、機械的で無機的な存在へと作り変えます。レールから離脱しても死、レールに乗っても死、こうした離脱不能な状況をウェーバーは「鉄の箍《たが》」と呼びました。純粋な欲望として出発したエロス的な資本主義は、こうしてタナトス的な色彩を帯びていきます。

宗教的情熱から切り離されいまや「離陸」した資本主義は、抽象的な我欲と結びつきます。たんなる運動体としての資本主義には資本の増殖以外に目的はありませんから、それはいまや、たんなる自己の有力感、有効感の増大以外の何物ももたらしません。一つの資本の増大は、生産や市場における制御可能性、計算可能性の向上をもたらします。それは、膨大な資源や人員や生産手段、そして自分自身の身体と精神を一分の隙もなく完璧に無駄なく制御している、つまり「所有」しているという力能の感覚を生むのです。宗教的な有効性の概念は、事業における有効性の概念に、そしていまや抽象的な有力感や効率性の概念に転化します。

しかしながら力の増大の感覚は、鉄の箍のうちで身動きが取れない状況とセットになってもたらされます。その快楽は、生命力の増大へと向かうエロスであると同時に、自己を機械、無機物、死物へと差し戻すタナトスでもあるわけです。このようにして宗教的情熱から切り離された資本主義は、永遠の生命への救済への回路、つまり未来を失い、乳児の全能感へと回帰し、さらに遡って、生命以前の無機物というはるかな過去へのミメーシスへと転じていくのです。この点で資本主義は〈自分の生命の力を増大させようとするかたちで自分の生命を殺そうとするありかた〉へと転化していくのだといえます。

人びとは幸福を実現し維持するために経済活動に従事します。その様々な具体的な活動を、資本主義はそれが利益として回収されるかぎり、つまり「有効」であるかぎり承認し利用しますが、しかしその枠から外れるときには幸福の実現を眼前にしてこれを禁圧するのです。だから資本主義は幸福をつねに中断します。そしてその中断により発生した欲求不満の状態こそが、人間の「正しい姿勢」を示すノーマルな状況だと人間に意識させるのです。つねに現状に満足することなく、高い意識で点検と改革を忘れず、未来に向かって前のめりであることは、人間として奨励すべき道徳的心構えというわけなのです。

健全な現実原則は将来における幸福のためにそれを一時禁欲するだけです。しかしながら資本主義における幸福中断は、幸福の成就を無限に先送りする禁欲のあり方そのものに固着し、それに安心と幸福を覚える倒錯したかたちをとります。ここでは禁欲する現実原則そのものが快感原則として同時に機能してしまっているのです。自分が欲求不満であることそれ自体が、自分が間違った道に陥っていないことを示す安心指標の役割を果たすのです。これがひどくなると回避性愛着類型とでもいうべき独特の人格類型に至ります[22]。

回避性愛着類型というのは、自分の眼前に愛や幸福の可能性が示されると不安を覚え、それに無関心を装ったり、むしろそれを回避したりするような人格類型のことです。回避性の人にとっては他者から差し向けられる直接的な愛情（子どもや乳幼児からのリビドー投射）は何だか気持ちが悪いもの、あまりにも生々しすぎて、あまりにも情報量が多く、自分の有効性の回路、効率性の規準を破壊するものと感受されます。なぜなら資本主義にとってリビドーは抽象的な貨幣量（究極的には数字）にのみ投射されるものであって、具体的な事物にそれが転移するのは一時的であり、しかも抽象的な貨幣にそれが転化する見込みがあるかぎりのことだからです。こうした回収回路、有効な回路から孤立したたんに具体的なもの、孤立したリアルなものは、嘔吐と回避の対象になってしまうのです。

しかしながらこうしたいわば抽象への拘禁とでも呼べる事態は長期的に見れば無論、人間にとって耐えられるものではありません。したがってそこには三種類の拘禁反応が生じます。一つには拘禁に適応するためすべての感覚器官や思考を具体的なものに対して閉ざし、それを鈍くすること、二つ目は自分をそのように拘禁したシステムへの破壊衝動、最後はその拘禁を補う強烈な刺激へのアディクションです。抽象に拘禁された人間は、世間に如才なく有効に適応するその顔の裏側において、他者や自分自身の痛み、そこはかとない喜びに対して鈍く無反応になり、同時に酷薄な攻撃衝動をひそかに隠し持つようになり、微細で陰湿なしかたでその衝動を発揮するとともに強い承認欲求に囚われます。そして有能で効率的な表向きの顔の裏側で、アルコールやセックス、金融ギャンブルに強い刺激を求めるようになるのです。

資本主義による快楽の中断は、それが究極の目的を見失うときには、禁欲的で勤勉な人びとのあいだにこうした精神汚染を広げてしまうのです。資本主義の主体の最終目的は、このとき自分の最高善を達成するという意味での自己利益（自愛）ですらなく、むしろその自愛を踏みにじり、自己の善きありかたを資本主義のシステムのために放棄してしまうことにあります。ここでは商品という記号もまた、連関を構成して象徴の全体的意味へとつながる回路を遮断されてしまいます。どれほど労働して商品を購入しても、どれほど成功して貨幣を獲得しても、それはいまや宗教的な、もしくは世俗的な救済とは無関係です。

そもそも宗教的な欲望は現状の自我を乗り越えるときにはじめてその「乗り越える自分」に存在の意味を与えます。自分が現状の自分から抜け出して神や仏のもとに赴こうとするときに、そうした自分の人生に、その人生の意味を与える〈外部〉の可能性がはじめて生まれるのです。しかし欲望が自我から抜け出ることができず、外の事物を自我の計算可能性の領域に取り込むかたちで展開すると、逆にその人生の意味をその外側から支える可能性が失われてしまいます。自我が支点となってしまえばその自我に意味を与える土台がなくなってしまうのです。そのとき世界と人生、そして膨大な商品や他者たちは、記号としての一つ一つの即物的意味は明瞭でも、しかし全体としては意味不明なものへと転化してしまう。人々は記号たちの色気にルアーのように惹かれながらも、しかしそれを取り込んでみるとその内実の空虚さに直面し、そうした商品で充填しようとした自分の人生の無意味さに愕然とするのです。ここで世界を構成するすべてのアイテムたちはアレゴリーと化しています。

この意味で現代の資本主義は、膨張する膨大な商品群のただなかにおいて、全体的な無意味さを露呈していると言えるでしょう。そこで人々は、個別の商品、個別の生産過程、個別の投資と回収においてその意味を明瞭に把握しつつ、それに魅惑され、しかもなお全体としては無意味な籠のうちに拘禁されているのです。その結果、そのうちに生きるひとびとの人生までも、その人生を構成する様々な要素（学歴、就職、結婚、出産、家族、マイホーム…）それぞれの意味は明瞭なのですが、そのつどのアイテムへと魅惑されゆく人生全体の意味、人間存在そのものが希薄化することになるわけです。むしろそうしたアイテムたちのアレゴリーとしてのありかたを直視することなく、それは何かの救済のしるし、象徴なのだと無理矢理思い込むことによって、資本主義は維持されているといえるでしょう。人々はその無意味さを潜在的に知っているがゆえにこそ、それを必死に否認しようとして、その生産と流通のプロセスを反復するよう駆り立てられます。

欲望が自我の拡張と結びつき、人生の意味を希薄化させるありかたについて述べてきました。しかし逆に言えば、そもそも欲望が希薄な存在においてはこうした意味の希薄化は起こりにくいということもできます。たとえばネコのような動物はただひたすらに「いま」を生きているように思えます。自分の必要を満すため、その「いま」を居心地良くするためだけに行動しているように見えるのです。これと同様、社会がまだ貧しくて今日と明日を生きるために必死に労働するほかない人生においては、逆に人間の存在意味は問題となりにくい。毎日を必死に生きて子どもと財産を残して死んでいく人生はかつてそれだけで立派なものでした。逆に社会が豊かとなると、そうしたただ生きる人生は「意味がないもの」だと感じられるようになります。いまやひとびとはその無意味さを抑圧して、自分を自分で箍に拘束し、眼前のアイテムの回転に専心してその檻を守ることにタナトスの快楽を感じるのです。もはやひとはネコのようには生きられないのです。

産業資本主義とはなにか

ものごとが欠乏した社会においては「必要」の論理によって経済は基本的に回転します。こうした状況においては、欠乏を充足するために商品を大量に生産することがまず何よりも求められます。こうした資本主義のありかたを産業資本主義、もしくは生産資本主義と呼ぶことができます。産業資本主義とは、ひとことでいえば大衆の膨大な必要を満たすために機械によって同一の製品を大量に複製する資本主義のありかたのことです。

この資本主義の段階にあっては、不足すれば困り果てるものがあるから人びとは商品を買い求めるわけなので、当然、商品を供給する側、それを生産する側が経済の主導権を握ります。われ先にと人びとが商品に群がる状況においては、作るそばからものは売れていきますから、ものを作ったり供給する生産力を全力で高めようとする競争が生じます。より多くをより高速に供給できる作り手がより多くの利益を得ることができるわけです。

ところがこうした生産力の拡大競争が続くと社会の需要が大体において満たされるときがいずれやってきます。そうなるとある日突然に製品が売れなくなり、工場は労働者に賃金が支払えなくなり、金融機関に借金が返せなくなり、労働者は解雇されて担保が差し押さえられてしまいます。工場は解体され、会社は破産します。会社に貸し付けていた銀行も債権が回収できなくなって破産します。生産力の向上が生産力の破壊を引き起こす、こうした状況は恐慌と呼ばれます。恐慌は産業資本主義の時代に歴史的に実際に何度も生起しました。恐慌は大地震のようにある日突然やってきて、すべてのものを破壊し尽くしてしまう。とりわけ一九二九年の世界恐慌が有名です。

こうした大恐慌は需要が充足されるがゆえに発生するのだから、市場をつねに拡大し続ければそれを回避できるわけです。そのために国家は資本主義と一体となって外国を侵略し、そこの地場の産業をさまざまな手段によって解体し、そこを原材料と労働力の供給地にすると同時に、そこの人々に自国の商品を高価に売り込むようになります。このように国家が資本と一体となって植民地を拡大して戦争を遂行するような体制は、国家独占資本主義や帝国主義と呼ばれます。実際にそうやって一九世紀の後半から工業化した国々が帝国主義国となってアジアやアフリカなどで互いに植民地の拡張競争を始め、結果として大規模な世界大戦が二度も発生することになったのです。恐慌を回避しようとするがゆえに世界が破滅する、そうした極限状況にまで産業資本主義は至り着きました。

産業社会ではリビドーの備給の体制、それに応じた人間の身体のありかた、その関係のあり方もそれ以前の伝統的な社会とは異なるパターンをとることになります。それをひとことで表現すれば、線形（リニアー）です。

さきにリビドーの快楽原則と現実原則についてお話ししました。リビドーは基本的にその投資と回収を通じて快楽を実現します。しかしながら快楽を持続的に実現しようとすれば、自我はリビドーの直接的な回収を延期し、それを現実に合わせて合理的に編成しなければなりません。リビドーが則るべき現実原則がそれです。産業社会において現実原則は空間的にも時間的にも線状に物事を配置して順番に処理していくというかたちをとります。

産業（industry）とは、機械を用いて同一の複製物を大量に生産することを意味します。そうした大量生産を精確かつ高速に実行するには、生産工程をもっとも単純な要素へと徹底的に分割し、その分割された単純工程のひとつひとつをそれぞれ機械に担わせます。機械は単純な工程を高速で反復するので、それぞれの単純工程をライン上に配置すれば、高速大量生産が可能になるのです。

ここで人間はもはや、複雑な作業工程を組み合わせて総合的に製品を仕上げる職人ではありません。人間の心や体の動きは機械の単純工程にあわせて単純な反復動作として訓練されます。生産ラインで労働する労働者は、全体のことを考えることなく、ラインに配置された機械の補助者、特定の工程の特定の作業にのみ習熟したスペシャリストとなります。そこに存在するのは単一工程に専心するいわば機械のように正確に動作する存在としての労働者なのです。機械と労働者のペアをずらりと線状に並べれば、職人がいなくてもどんな複雑な製品をも製作できるのです。

最終的な生産物を直接に欲望してもそれは容易に手に入りませんから、経営者は、リビドーの全体的満足を遅らせ、それぞれの工程へとリビドーを分割し、それらすべての工程を踏破して最後の製品段階においてはじめて全体的な目標に到達し、全体としてのリビドーを回収しようとするわけです。そしてそこで労働する労働者もまた、刻苦に満ちた労働の反復過程にそれぞれリビドーを投射しつづけ、全体としての禁欲課業をすべてこなしたあとにようやく賃金というかたちで全体としてのリビドーを回収するわけです。リビドーは空間と時間の上に線形に投資され、その線形のプロセスがすべて終了した後に全体として回収されるのです。

とはいえ労働者は、自分の稼いだ給料を夜の巷で全額使い果たしてはいけません。労働者にとっては、労働において禁欲するのと同様プライベートにおいても禁欲することが幸福への道です。倹約した堅実な生活を過ごし、できる限り多くを貯蓄に回して老後のために備える必要があります。できれば少しばかりの財産を築いて遺産を子どもに残すのが理想です。最大強度の労働を持続する勤勉さ、リビドー回収の無限の延期、現実原則の無限延長、これこそが産業社会において推奨される基本的な倫理規範なのです[23]。最終的な生産物や給料が幸福の象徴だとすれば、それを担うそれぞれの工程や部品や労働はそれを構成する記号であるといえるでしょう。記号を線的に配置して全体としての象徴連関を構成しようと望むが、しかしその完成は無限に延期されるというのが産業資本主義の「美学」です。産業資本主義の社会においてはしたがって象徴は完成することなく、そこには効率的で合理的な記号たちの無限の展開だけが残されるのです。

物事の認識と情報の伝達もリニアーなかたちをとることになります。一七世紀に活躍したフランス生まれの哲学者であるデカルトは『方法序説』において、ものごとを正確に認識する学問の方法として、複雑な対象をできる限りの小部分に分割すること（分割）、その分割された最小のものを明晰・判明にじかに観ること（明晰・判明）、そのように直観されたものに順序を仮定すること（順序の仮定）、こうして順番に配置されたものがなにかを取り落としてないことを確認すること（レビュー）という四つの規則を挙げています[24]。

こうしたデカルトの四つの規則がそのままテクストを構成する方法であることに注意しましょう。極限まで分割して得られる単純な事物を明晰判明に認識すれば、それは同時に言葉によって表現されるでしょう。その言葉を理性が線状に構成したものがテクストです。ひとびとの思考はテクストという線のメディアをたどりゆくことによって世界を精密に認識し、その真の姿を再構成するのです。ひとつひとつの項目を確実に踏破する線的な過程を歩むことにより全体的な目標を獲得する。一七世紀にデカルトが考案したこの線的な認識過程をこそ、一九世紀において産業資本主義はその生産過程に全面的に取り入れたのでした。そこでは、身体と精神をもっとも効率的に動かし、無駄を徹底的に省き、全体として最大限の精確さと効率を追求することとそれ自体が目標になるのです。こうした線的な大量生産秩序の構成が「工業化＝産業化（industrialization）」ということなのです。

工業化は資本主義と手と手を取り合って進展します。産業化と資本主義が結びついた合成物、これが産業資本主義です。資本主義がその資本の増殖のために人びとを鉄の箍にはめこみ、国家をも操作して、外国を侵略し植民地を展開するとすれば、工業化はそのために工場や軍隊で製品や人間を線的に構成し、大量の規格品を生産します。兵器や兵士を大量かつ精密にコピーし、それを資本主義の前線、つまり世界大戦の文字通りの前線へと送り込むのです。

消費資本主義とは何か

帝国主義と世界大戦という人類の存続に関わる破滅的事態に対して、それを回避するもうひとつの道が資本主義には残されていました。それは、必要が満たされてもなおそこで商品を売るという道です。生活の地面で必要となるものはもはや充足されていますから、かくなる上はもはや欲望に訴えるしかありません。必要ではない商品を提示し、それに憧れを抱かせて欲望させ、地面の上に商品を積み上げるのです。垂直的な需要の創造です。こうしてその商品が一般的に普及してしまえば、それはごく当たり前の必要物（コモディティ）に転化していくでしょう。そうすればさらにその地層の上に新しい商品を積み上げていくことができるわけです。

たとえば一九五〇年代後半にひとびとが欲望した憧れの商品といえば、テレビ、洗濯機、冷蔵庫の「三種の神器」でした。これらの商品が一定普及してしまうと、一九六〇年代の高度経済成長期には3Cと呼ばれるカラーテレビ、クーラー、自動車が人びとの憧れの商品となりました。とはいえ今日、これらの商品はいまや生活の必需品という性格を強くしています。レイヤー（階層）の上にさらにレイヤーを積み増しして全体として地盤を沈下させることで、資本主義は需要の不足という資本主義にとってもっとも根本的な問題を先延ばしし、そうすることで露骨な帝国主義と世界大戦をとりあえず回避したのです。

必要な商品と欲望の商品の境界はかならずしも明確に確定できるものではありません。しかしそれでも両者の商品のあいだには、決定的な、存在論的とでもいうべき原理的な違いがあります。必要の商品は、基本的に物質と生理的な身体のあいだに成立します。それがなければ身体は自分を維持することができないという意味で、その関係は、基本的に他者の思惑とは関係ありません。リビドーはそうした物質としての機能に投射されているので、その物質を我がものにすることによってリビドーは回収されます。これに対して欲望の商品は、基本的に他者と自己との人間関係のうちに成立します。その商品は、他者のリビドーが投射されている、つまり不特定の他者がそれを欲望しているがゆえに、輝いて見えるのです。その商品を手にすることができれば、私は他者のリビドーをその商品を通じて回収し、自分の心を満たすことができます。ある商品が憧れの対象となるには、その商品がひとびとの羨望を集めている必要があります。だからこそその商品が広く普及して人々の生活に行き渡ってしまえば、その商品は憧れの対象というよりは生活の必要物となったり、流行遅れとして省みられなくなってしまうのです。このように欲望の商品は人間のコミュニケーションの対応物として成立しています。そこで商品を構成している要素は生々しい物質というよりは記号であり、最終的にはその記号が指し示す意味となっています。リビドーが投射された記号を取り込み、意味といわばセックスし続けることによって資本主義は回転します。こうした資本主義のあり方は産業（生産）資本主義に対して消費資本主義と呼ばれます。

消費資本主義においては、生産におけるイノベーション（刷新）の意味も変化します。イノベーションというのは現状の労働や思考、生産体制などをつねに見直して、そこに新しい改善や発展の可能性を追求するありかたです。産業資本主義の時代のイノベーションは、職人が手作りで製作していた同一の工程をより高速に、大量に、かつ安価に遂行できるようにする機械化によっておもに達成されました。分業したり、機械化したり、動力化したりすることで、作業工程を効率化することがその主要な目的だったのです。これに対して欲望の経済におけるイノベーションは、効率化だけではなく新しい消費の可能性を創造するものでなくてはなりません。イノベーションは生活を刷新する可能性を追求し実現していくきわめて創造的な過程となったのです。必要の経済において刷新の目的は作業工程の効率化だったのですが、欲望の経済において刷新の目標は自己の価値観や感性、思考法、生活のイメージです。安住と反復はもはや許されず、つねに自己を根底から覆していく全人格的な前のめりの姿勢がそこでは要求されます。

社会を駆動する生産と消費のあり方が、産業資本主義から消費資本主義へと移行することは、世界の存在性格を根本から変質させてしまいます。産業資本主義は基本的に必要に基づいているので、そこにおける事物や人物は、人間の生理的・社会的生存にとって不可欠なものであり、それは生理的・

物質的な機能に対応する実体的な存在性格を保っています。ひとはその実体を自分の身体に取り入れるのですが、それは身体において消費されてしまうので、またひとはその実体を追いかけるのであり、その動力が産業資本主義を駆動するのです。

これに対して、消費資本主義における事物や人物は基本的に欲望の対象であり、記号的な存在性格を強くしています。それはいつも別のなにかを指し示しているのであり、それゆえにその存在をその別のものにつねに明け渡しているようなもの、その意味で空虚で確固たる手応えのない記号の連鎖として存在しているのです。その記号を我がものとし、その意味をしっかりと把握したとしても、それはそれ自体記号である以上、その実体性は自分の手からすり抜けていってしまう。なぜなら記号はみずからの存在を自分自身のうちに保持しているのではなく、別の場所の別の何かの存在の代理であるかぎりで、そこにかろうじて「存在」しているものだからです。だからこそかえって消費資本主義の世界においては、ひとびとは確固たる存在を手に入れようとして、記号の指示関係を夢中になって追いかけ、存在を追い求めるその動力が消費資本主義を駆動することになるわけです。

産業資本主義におけるリビドーの配備が線形であったのに対して、消費資本主義におけるそれは多形です。消費資本主義の基本的な活動形態は、ラインに配列された要素を次々と処理していくような線的労働ではなく、発生する記号をその場その場で追い求めていく同時多発的な消費となります。

したがって仕事のしかたもまた、生産ラインに就いてひとつの作業に反復集中するのではなく、電話を受けてネットをチェックし、コーヒーを飲みながら資料を読み、同時に同僚と軽く打ち合わせ。そうかと思えば空き時間にエクササイズして、ネットで私用のものを買いつつ音楽を聴きながら仕事し、上司に呼び出されて取引先に出かけつつ頻繁に携帯のメールをチェックする、といういわば気散じ的、同時並行的なものとなることも、それほど不思議ではありません。状況の中で、自分の行為の意味を見計らいつつ、それぞれすこしずつ同時並行的に様々な業務をすすめていくのです。時間は細切れであり、すべてが隙間時間だということができるでしょう。そこでは身体の各部位も、またそれを統御する精神も、細切れで同時作動するものとならざるをえません。

それと同時に消費資本主義においては、自分が他者からどう見られるかが決定的に重要です。自分の行為が他者たちの間にどのような意味、つまり欲望を生むかをつねに考えておかなければ、コミュニケーションとしてのビジネスは遂行できないのです。他者たちの存在をあたかも自分の身体の一部であるかのように見なして自分の振る舞いを決める。だとすれば自己の精神と身体のうちには他者が住み込んでいるのであり、なおかつ自分の精神と身体はいわば他者たちのあいだに分散して存在しているのです。時間的にも細分化、場所的にも離散的、というのが消費社会における心身の基本的なありかたです。

実体の必要にもとづく線的な産業資本主義と、関係の欲望にもとづく多形的な消費資本主義はこのように対照的です。しかし実際には、両者はそのように単純に明瞭に区別できるものではありません。なぜなら産業のうちにも消費の要素が浸透しており、消費のうちにも産業の要素が不可欠だからです。産業資本主義においても、生産された商品（モノ）が流通するにはコミュニケーション（関係）が必要ですし、消費資本主義においても、コミュニケーション回路（関係）を形成するのに生産された商品（モノ）が必要です。両者の違いは、どちらにより重点があるのか、どちらにどちらがより従属する性格を強くするのかという違いでしかありません。人間もまた、どちらの資本主義においても実体的な身体であり同時に情報的な記号として存在しています。どちらの性格が強くなるかの違いしかないのです。したがってそれは一かゼロかというようにデジタルに区別されるのではなく、階調によってアナログ的に区別されます。とはいえ両者は原理としてはあくまで決定的に異なるのです。この原理的な違いをきちんと見ることができないと、両者の重なり合い、そのグラデーションをそれとして見ることもできないといえます。

ラカンの記号論

第二次世界大戦後、哲学や思想の主要な舞台はドイツ語圏からフランスに移ります。その理由の一つが、フランス、とりわけパリでは新しい資本主義が花咲き、それに対応した思想が数多く生まれたことにあると言えるでしょう。カントやヘーゲル、マルクス、ハイデガーといった哲学者・思想家は、認識や存在の基礎となる主体の生産力を問題としました。ここでいう主体とは、カントにおいては人間の主観であり、ヘーゲルにおいては絶対精神の歴史であり、マルクスにおいては生産力の歴史、ハイデガーにおいては現存在や存在なのですが、いずれにせよ、ふだんの生活では人々に意識されないが、しかしその背後で世界をつくりあげている生産のメカニズムが問われたのです。一九世紀末のウィーンで活躍したフロイトもまた意識の背後に潜む無意識のメカニズムを探求しました。このように見てくると、ドイツ語圏の思想はおもに生産を中心とする経済に対応して発展した思想だったといえるでしょう。

これに対して戦後のフランス思想は、生産の真の主体ではなく消費のメカニズムをおもな分析の対象としたと言えます。構造主義やポスト構造主義といった新しい哲学は、人間を消費者、とりわけ記号の消費者とみなしました。こうして資本主義が産業資本主義から消費資本主義へと移行するにあたって、思想の先端はドイツ語からフランス語に移りました。精神分析についていえば、フロイトの精神分析理論を第二次世界大戦後にパリで独自に発展させたのがラカンです。フロイトにおいて人間がリビドーの生産者であるとすれば、ラカンにおいて人間は記号の消費者なのです。

一般に記号過程（シーニュ）は二つの側面に分けられます。つまり何かを指示する物質としての記号表現（シニフィアン）と、それが指し示している対象である記号目標（シニフィエ）です。たとえば「いちご」という文字からなる記号表現（シニフィアン）は、目の前にある現物としての苺を記号対象（シニフィエ）として指示している、といったように。

この記号の構造を経済に応用してみましょう。まず必要の経済においては、記号である「いちご」はたんに現物の苺を指示していると考えてさしあたり問題ありません。ここでシニフィアン「いちご」のシニフィエは現物の苺です。なぜなら苺をひとが「必要」としているかぎりでは、それを口に運んで栄養にすることで一連の目的は達せられ、記号過程はひとまずそこで終結するからです。

しかし欲望の経済となると話はややこしくなります。というのも、もし苺を私が「欲望」しているとすれば、その苺を口に入れたとしても、生理的な満足以外の別の何かを私は求めていることになるからです。栄養物としての苺を自分の生理的なプロセスに取り込むことが最終目的ではなく、眼前の色つややかな九州産の苺「あまおう」をこの私がいま口に入れることの「意味」がさらに問題となるのです。このとき目の前の現物の苺もまた、それ自体として一つのシニフィアン（記号表現）となります。だとすれば欲望の経済においては、「いちご」というシニフィアンの究極的なシニフィエは、記号「苺」を消費することの意味だということになります。

その意味は、苺を手に入れてそれをたんに食することではなく、その食することやその味わいが、他者との社交関係においていかなる役割を果たすかによって決まります。その魅惑的な色とかたちを持ち、有名な産地の表示があるその苺は欲望の市場によってすでに価値付けられています。つまりその苺は人びとのリビドーが投射された存在なのです。したがってその苺を摂取することは、人びとのリビドーを取り込みそのリビドーによって自己の価値を高めることを「意味」するのです。これこそが欲望を充足する行為の「意味」なのです。

ここで対象の「意味」を獲得して自分を価値付けることができたとしましょう。しかしこの価値付けに終わりはありません。というのも、いま自分をそのように価値付けることで一体私は何を欲しているのかがそのとき無限に問題となるからです。ある対象にひとたび満足しても次の瞬間にはその対象の魅力を私は消費して、また別の対象が欲しくなる。このとき苺の究極の指示対象、つまり記号の最終目標であるシニフィエは無限に先送りされ、それを確保することができなくなります。シニフィエなきシニフィアンの無限の連鎖、終結しない記号過程、これが欲望の記号過程を形成するのです。

その欲望の対象は苺である必要はありません。黄金色のシャンパンでも、魅惑のブーツでも、モデルの仕事をしているガールフレンドとのおつきあいでも同じです。欲望においてはその対象が何を意味しているかも判然としないばかりか、その対象がそれである必然性もありません。シニフィアンにおいてもシニフィエにおいても、それがそれである必然性はないのです。どうしてそれに惹かれるのかもわからず、しかもそれを手にいれても決して満足することなく、無限に次なる対象を手当たり次第に私は欲望し続けることになります。欲望は線形ではなく多形的で同時多発的です。

ラカンは欲望を惹きつけるルアー（疑似餌）のような役割を果たす対象を「小文字の対象ａ」と呼びました。[25] ラカンのいう対象ａは、リビドー投射の対象、つまり欲望の対象として存在しています。

しかしそれが何かも画定せず、それを手に入れても満足することはない。そのかぎりでその対象は、つねに私にとっての他者（autre）でありつづけるでしょう。

これに対してその対象aを追い求める主体もまた、なにゆえにそれを追い求めているかを自分では理解できない存在です。そうである以上、その主体は自分自身にとっての他者（Autre）に留まります。ラカンを敷衍すれば、ひとは、まさに自分自身が自分にとって謎であるがゆえに、漠然とした〈もの〉の世界からわけもわからず〈こと〉わけして対象aを取り出し、それを欲望しつづけるのだといえるのです。このとき人間は、対象と自己をひとしく他者としながら、シニフィエなきシニフィアン、目標が失われた記号のラビリンスの中を死ぬまで彷徨い続けるというわけです。

何かを「なし」て〈こと〉をとりだしてくることを「しごと」とやまと言葉では呼びます[26]。必要の次元において仕事は実体としての対象それ自体をその目的＝シニフィエとしていました。これに対して欲望の次元における仕事は、その目的であるはずの対象を取り出してきたとしても、それはまた別の対象を欲望させるものでしかありません。したがってその仕事とはどこに行き着くこともない記号の無限の生産となります。消費資本主義における仕事とは、このような先送りの可能性を維持し続けるシジュフォスの労働のようなものだと言えるでしょう。

金融資本主義とは

消費資本主義が記号をめぐる抽象度の高い資本主義だとすれば、それよりはるかに抽象度の高い資本主義が金融資本主義です。消費資本主義において商品は基本的に記号なのですが、しかしその記号にはさまざまな性質の違い、いうなれば素材における具体性が残っています。口紅やタワーマンションという商品はたしかに何かを指し示す記号なのですが、しかしそれらがルアーでありうるのはそこに商品の具体的性質が残っているからです。

これに対して金融資本主義においては、もはや商品は特定の魅力ある具体性を備えている必要がありません。というのも金融商品の意味とは貨幣によって表現される経済的価値そのものだからです。金融資本主義においてラカンのいう対象aの位置を占めるのは貨幣それ自体です。もともと貨幣とはそれ自体で価値を持つものではなく、何かの商品と交換しうるがゆえに価値を持つのでした。貨幣とは手段であり、したがって別の何かを指し示す記号であるはずです。ところが金融資本主義においては手段であるはずの貨幣や有価証券それ自体が目的の位置を占めています。いやもっと正確に言えば目的としての貨幣ですらルアーであり、その意味するところは増殖という事実なのです。

わかりやすい例が株式の取引です。そもそも株式とは資本を分割したものです。したがってある会社の株式を所有するということはその会社を一定割合で所有することを意味します。その会社が利益を上げれば株主はその所有割合に応じて配当を受け取ることができます。またその会社の活動に対して所有割合に応じて経営上の支配権を行使できます。これが株式の持つ、生産に関わる実体的な意味です。

他方で株式はそれ以上の意味をもっています。つまり株式は株式市場で自由に売買されるのです。会社の業績が好調であれば高い配当をうける可能性が高まります。そうした株式は人気となって株式市場で高値が付きます。そうすると今は人気がなくて安値だけれども、会社に将来性があり、おそらく近い将来人気が出るだろうと予測される株式を買っておけば、それが高値をつけた時に売るという戦略が成立するでしょう。こうしたオペレーションはその企業の生産とは間接的な関係性しかありません。

資金を提供することによって生産が行われ、それによって資金を回収する戦略が投資です。企業の株式を購入してその企業の生産活動を通じて配当金を得るのはこの投資に当たります。これに対して相場の差益を狙う戦略は投機と呼ばれます。株の値上がり利益をもくろむ場合、その企業がどのような生産活動を行うかについては本質的には無関心といえます。生産がどのような経過をたどるにせよ、とにかくその株が値上がりしさえすればいいのです。だとすれば株式相場の差益のために株を購入するのは投機です。投資と投機は、それが利益を目指しているという点では同じですが、しかしながらその目標が、生産をつうじた実体的な価値の増殖ではなく、他者の思惑にもとづくチャンスの獲得かどうかという点で区別されるのです。値上がりのチャンスに貨幣とリビドーを投射するのが投機です。他の多くの人がその株式にリビドーを投射するであろうと予測されれば、その株式には買いが殺到する、つまりより多くのリビドーが投射されることになります。良い銘柄を選ぶのではなく、みなが良いと思うようになるであろう銘柄を選ぶというのが投機資本主義の鉄則です。

金融業はもともと余分な資金を市場から集め、資金が不足した人にその資金を貸し出すことによって成立します。あくまでその目的は資金の融通、つまり資金を生産や生活に活かすことにあります。それは商人が余った物品を不足した場所に届けることで利益を得るのと同じです。こうした物品の流通によって利益を獲得し、資本を増大させることを目的とする場合に商業資本主義が成立します。これと同様に資金の流通（投資）によって利益を獲得して資本を増大させる場合に金融資本主義が成立します。このように資本の増殖のみを目的とする資本主義といえども、その手段として他者の利益を実現する公共的意味を振り捨てることはできないのです。アダム・スミスが言うように、私利を目的とする人間もまた、その私利の追求によって同時に公共的な役割を我知らず果たしてしまうのです。

株式の購入が企業の生産を基調とする投資である一方、他方で相場を基軸とする投機でもあるように、金融資本主義の業務もまた投資と投機の二重性を持っています。ここで投資から投機へと資本の力点が移動することによって金融資本主義は投機的性格を強くします。いまや投機資本主義は、具体的な生産を助けるために資金を移動させるという公共的な役割を失い、相場の思惑によって資金を移動させるだけの存在となります。資本増殖の手段となる他者の利益がそこでは抽象化して見えにくくなり、スミスがいうところの私利と公利の二重性が次第に成立しにくくなるのです。

世に言う金融商品というのは純粋に価値の増殖可能性それ自体を売りにしています。自己のリビドーが増殖して回収されるその抽象的可能性それ自体が金融商品の魅力であり、欲望の対象なのです。この点で金融商品はそれ以外の商品とはまったく様相を異にしています。たとえば自動車とか洋服のような一般的な商品は、その商品を購入したからといって自分が産業資本家や消費資本家になるわけではありません。商品の購入者はあくまで消費者です。しかし株式や投資信託のような金融商品は、商品の購入者をただちに投機資本主義の主体に作り替えてしまいます。株を買った当日から、そのひとは日経平均株価などの市場の思惑を気にするようになり、その動向に一喜一憂するよう人間性が変化してしまうのです。

このような金融資本主義、もしくは投機資本主義の弊害はいたるところに生じていますが、しかしここではそれを述べることが目的ではありません。それが人びとの精神や生活のあり方におよぼす根本的な変化に注目しましょう。たとえば私は二〇代の頃から原子力発電に反対してきました。人間が核技術を完全に制御することは難しいし、その技術は被曝労働や核廃棄物の問題を生じさせて人類のためにはならないと考えてきたからです。当然、福島原発の重大事故以降は一刻も早くこの技術から撤退すべきだと思うようになっています。すべての原発はできるだけ早く廃炉にすべきだし再稼働など論外です。しかしながらそんな私でも、低金利時代の生活防衛のために株価に連動する金融商品を購入すると原発再稼働に対する見方が微妙に変わってしまうのです。いや原発はたしかによくない、たしかによくない…しかし再稼働を断念した瞬間に原発の資産はゼロ査定となり、電力会社は致命的な打撃を受けるかもしれず、それは日本経済全体に悪影響を及ぼす…政権の安保政策には反対だが政権基盤が揺らぐと株価が下がる…等々…。このように感覚を微妙に変える力は、目の前のパソコンに表示されている購入済みのわずかな金融資産からもたらされます。ものごとの客観的な性質に直接目を向けるのではなく、その出来事が人びとの思惑にどう受け止められ、それが自己の資産にどのような影響を与えるのかに関心を持つようになるのです。この行き着く先は戦争でしょう。人が現実に死ぬ戦争ですら投機の絶好の機会となるからです。

投機資本主義に没頭することのもう一つの問題は、ものごとを掴む力、そこに快楽を感じる能力が衰え切ってしまうということです。どの職業でも同じですが、ある職業で成功しようと思えばそれに専心して没頭する必要があります。しかし投機資本主義に没頭すると、数字の上下に殆どの時間を費やす独特の精神状態が生まれ、世界との直接的な関係が失われてしまいます。たとえそこで成功を収め、莫大な収入を手にしたとしても、その数字を現実の世界の構築のために変換する力が弱まってしまうのです。その結果、成功者はそのありあまる貨幣でいわゆる高額品を購入するほかなくなります。

たとえば旅行の例を挙げてみましょう。旅をその最大強度で楽しむためには、おそらくその苦痛も含めて時間をかけて歩くことが一番です。こう考えれば旅の究極のありかたは登山です。数日かけての山歩きはつらいことが多いとしても、その分だけ自然の美しさへの感激は何物にも代えられないものとなるでしょう。とはいえ徒歩や自転車でお金をかけずに旅行し、なおかつ豊かな経験をするには高い旅行技術が必要です。しかし徒歩旅行から自転車旅行、バイク、自家用車、貸し切りバス…と移動を早く楽にすればするほど旅行の技術は必要なくなり、それだけ旅のひりつくような醍醐味は失われていきます。新幹線や旅客機による旅行は何の工夫の必要もありませんが、ものごとと接触する時間を切り縮め、世界を抽象的な線と点へと還元してしまうのです。

投機に成功してからの豪華客船や飛行機のファーストクラスによる世界旅行は、高校生の時にテントを積んで出かけた自転車旅行よりも快楽が高いのでしょうか。自家用の豪華クルーザーの旅は、湿原をカヌーでたった一人で下る旅より自分の糧になり生涯の心に残るでしょうか。高級フレンチの豪華なディナーや何万円もするワインの数々は、寝るところがなくて困ったときに思いがけず家に泊めてくれた親切な人の手料理より感激をもたらすでしょうか。苦痛と工夫が減少するだけ体験の強度もそれだけ減少すると私は思います。

価値ある商品を十分に享受するには、なによりもまず、その商品についての深い知識や経験が必要です。それは時間の蓄積によってもたらされます。たとえば安価なワインであれば、それを予備知識なく味わってもその瞬間においしいと感じるならばそれで十分です。しかし一定額以上のものになると、ぶどうの品種や産地や葡萄の収穫年、生産者の歴史、土壌といったさまざまな知識や物語とともに味わう必要が出てきます。つまりたんにおいしいかまずいかを超えた領域でそれを享受しないと、その価格に見合った充実した経験が得られないのです。ほかの類似の品種や銘柄、収穫年との比較、その微妙な差異を十分に知覚し、それを仲間うちで表現しそれを共有できてはじめて、高級ワインはその真価を発揮するといえます。こうしたことができるためにはワインについての十分な経験だけでなく、読書や音楽、絵画、そしてなにより芳醇な人生経験が必要でしょう。しかしこれを培う時間の厚みがないと、その消費はただ自己顕示的なものになってしまいます。

商品の性能や品質はおおむね値段と比例して高まっていきますが、あるポイントをすぎるとその効率は次第に低下します。その微妙な効果の違いを虫眼鏡のように最大限に拡大し、しかも繰り返し味わう能力がないと、その消費は経験の豊かさに結びつくことがなくなります。その結果、商品に対する支払額と経験の豊かさとの比率、いわゆるコスト・パフォーマンスが劇的に低下してしまうのです。そのときそこに広がるのは、すべてのものが超高額でありながらしかし奇妙に空虚で退屈な白々とした世界でしょう。

このように、金融資本主義はその富の消費にあたって消費資本主義と結びつくほかなくなります。なぜなら高い品質の商品を用いて高い効果を実現するためには、それだけますます高度な技術と教養が要求されるのに、その肝心の技術と教養を培う時間を投機への没頭は確保できないからです。商品から快楽を引き出すために最も重要となる経験と時間の蓄積、それは、投機資本主義へ没頭するひとが、その効率への要求のゆえに失ってしまった当のものなのでした。

労働とビジネスの違い

必要と欲望に関して労働する側から考えてみましょう。戦前や戦後まもなくの頃のように生産力が十分ではなく、社会全体に物資が不足している産業資本主義の社会では、ひとびとは生理的な生命の危機に直面しています。なにもしなければ餓死や凍死をはじめとしてさまざまな生理的な危機に陥るのです。死を回避し、先延ばしするために、とりあえず仕事を見つけなければなりません。戦前の日本社会においてはそうした生命の窮迫に対応した雇用形態は、はっきりとした姿をとっていました。つまりそれは日給によって雇用される現業「労働」です。

戦前の日本においては、日雇い労働者だけでなく、炭鉱や工場などの大企業の被雇用者でも、肉体労働に従事する工員には日給が支払われていました。月給をもらう事務職の「職員」と日給を支給される現業の「工員」は、身分だけでなく社宅や食堂に至るまで厳格に区別されていたのです[27]。職員が理性をもって公的な仕事を自発的に組織する「人間」(ビジネスマン)であったのに対して、工員は、生理的必然性に強制されて労務する、そのつど餌付けされて苦役に従事する動物(レイバー)のようにみなされていたといえます。

この区別は、古代ギリシャ以来の自由人と奴隷という西洋の伝統に根ざすものです。古代のギリシャ・ローマ時代以降、欧州では公的な奴隷制は次第に影を潜めますが、この区別だけはかたちを変えて長く引き継がれてきました。たとえば西洋の軍隊では士官と兵が明確に区別されています。士官は軍事力を組織し、情勢を分析し、戦闘を企画し指揮する自由な存在です。教育を受け、それゆえ理性を持った存在として彼らは人間なのです。これに対して兵はその士官の道具にすぎません。銃器と同様に消耗を前提とした道具なのです。士官は会議において自分の意見を発言し戦闘や状況に対する責任を負いますが、兵はただ上から下される命令に従って移動し突撃するだけです。したがって兵には処罰や報償はあっても状況に対する責任はありません。ここで戦争を遂行する主体は兵ではなく士官です。

戦前の日給の労働者は解雇されてしまえばただちに飢餓の恐怖に直面する存在でした。したがって労働者は、どれほど劣悪な状況でもその労働条件に甘んじることしかできず、女工哀史が示すように工場から解雇されて困窮するか、工場の中で事故死するか、労働を続けて身体を壊すかのぎりぎりの状況に追い詰められる場合もありました。要するに労働者はその生命の必要、つまり身体の生理的な作用によって職場に縛り付けられていたわけです。

戦後になって日本の工員は月給をもらう社員になりました。しかしそれでも工員は職員の一段下の存在だと見なされました。たとえば戦後の三池炭鉱の大争議において炭鉱労働者たちは自分たちをまず「さん」づけで呼ぶように会社側に要求したと言います。驚くべきことにそれまで炭鉱労働者は職員から呼び捨てで呼ばれていたのです。会社にとって労働者は依然として同等の人間ではなく、とりかえのきく一段低い存在だとみなされていたのでした。このありかたをまずもって変えなければ、繰り返される炭鉱事故は防げないと三池労組は考えたのでしょう[28]。

高度経済成長を経て成立した戦後の豊かな社会、つまり消費資本主義の社会においては、職場を解雇されたぐらいで直ちに餓死する危険はさしあたり遠のきました。様々な福祉制度もあり、まわりの人もそれなりに豊かになったので、さまざまなしかたで誰かにどこかで助けてもらえる可能性も高まりました。もちろん豊かな社会といえども、その中には孤立し、福祉制度の網の目からもこぼれ落ち、生物としての危険に曝されている人も数多く残されているのですが、しかし社会全体を見渡すならば解雇即破滅という図式は和らいできたのです。

では、生理的な必要が基本的に満たされているにもかかわらず、ひとびとはなぜ働かなければならないのでしょう。それはもちろん生計を立てるためですが、しかしこの生計の本質が決定的に変化していることを見落としてはなりません。

かつての貧しかった社会においては、平均的な労働者は必死に働いて衣食住を満たすのに精一杯でした。今日働かなければ明日食べる米がない、そういう状況はごくありふれたものでした。逆に言えば、何とか食べていけるだけの労働をして自分と家族をぎりぎり養っているという事実だけで、そのひとは一定の社会的承認を得ることができたのです。コミュニケーション力がことさら優れていなくても、低学歴でも、特に容姿に優れなくても、しっかりと寡黙に労働していれば、職場には仲間がいて貧しくとも結婚し家庭を持つことも十分に可能でした。女性もまた、学歴や家柄や容姿といったものにとくに秀でていなくても、健康で堅実であれば家庭生活を営む期待を持つことができたのです。というのも生計を立て、家庭を持ち、家の存続や自分の老後のために子どもを育てる「必要」のために人びとは結びついたからです。そこで人々は生きた血が流れる身体をもった、言葉を話す生理的な動物として存在していました。

今日の豊かな社会においてはこれと事情が異なります。豊かな社会において必要は基本的に満たされているので生理的な必要のために労働する必然性は弱まっています。その代わりに仕事は、自分が社会の中で存在する意味を与える記号になっているのです。逆に言えばこの社会の中で生命の必要のためにのみ労働していたとしても、それだけでは人びとの十分な承認を得ることは難しいのです。今日の社会において「生計」とは、ただ最低限の衣食住を賄うだけではなく、自分が社会に存在していることの意味を他者に示すことなのです。

今日の社会では、三〇代以上の男性の場合、高卒と大卒では婚姻率に大きな違いが生じています。今日の食料と住処を得るために派遣労働者として郊外の工場で必死に働いたとしても、誰とも結びつくことができず、結婚も難しく、誰からも認められないこともあります。必要が満たされたこの社会で誰かと結びつくには、自らが誰かの欲望の対象とならなければなりません。この人と関係を持ちたいと思わせる記号的魅力がその人に備わっていなければならない。つまりたんなる生殖能力を超えて憧れや恋愛の対象になり得る記号的価値がそこで決定的に問われるのです。

逆に言えば、そうした素質を持った、魅力あるコミュニケーションを展開できる人は、欲望の資本主義において「まとも」な職を得る可能性が高くなります。そこで人間は血が流れる健康な動物だけではもはや不十分で、他者に幸福を約束し、多くの人々が欲望を差し向ける魅力的な記号でなければならない。それは職業や社会的地位、収入といった記号的スペックもあるでしょう。しかしそれよりももっと重要なのは、その人のもっている人格的な魅力、「色気」とでもいうようなひとを魅惑する力です。

ここで「労働」とはひとに自分を表現することなくただ生命の必要のために苦役に従事することであり、これに対して「ビジネス」とは自分の仕事をひとに表現し、人々を魅惑してコミュニケーション（流通）を組織することだと定義してみましょう。価値の主要な源泉は産業資本主義においては労働であり、消費資本主義においてはビジネスです。消費資本主義においては魅力的な素質を持った人がコミュニケーションに関わる職に採用され、またそこにおいてさらに対人関係能力が錬磨されます。逆に言えばそうした素質を持たない人は「労働」の領域で働くことを余儀なくされ、そうすることでさらにコミュニケーション能力から疎外されます。

いずれにせよ、自己を記号化してそれを幸福の象徴として演出できる人がビジネスにおいても、また友人や恋愛、結婚を初めとしたプライベートな領域でも社会的な承認を得られるのであり、コミュニケーション能力に問題がある人、つまり他者を楽しませる魅力を持てない人は、たとえその人がきちんとした労働を通じて社会に貢献していたとしても、いわばアレゴリーとして、一切の（とりわけ性的な）対人関係から疎外される危険にさらされるのです。今日の社会は、すべての人々に、もはや労働者ではなく公私にわたるビジネスパーソンとして存在することを要求しています。自分の持っている記号的意味を幸福の象徴として演出するコミュニケーション能力が、消費資本主義を代表する主要な能力格差を形成するのです。

性的な抑圧

性行為とはさしあたり内的な生命力の発露であり新たな生命を生む生理的な過程です。この基本的性格は産業社会においてさらに純化します。というのも産業資本主義は、最も少ない資源でもっとも効率的に生産を達成することを基本的な価値とするからです。そこにプロテスタンティズムの宗教的禁欲がかさなって、性的な行為はますます生理学的生殖＝生産へと純化していくことになりました。たとえば産業資本主義の先進地であったイギリスのヴィクトリア朝や後発のドイツのヴィルヘルム朝の時代、とりわけアメリカ合衆国のピューリタニズム全盛の社会では、公共の場での性的な表現や行為は厳しく抑制され、夫婦間での子作りを目的とする場合にのみ、できるだけ余計な快楽を排除するかぎりで性的な行為が公認される傾向を強くしていました。性的エネルギーは現実原則の支配、つまり家族システムを運営し継続するエディプス的な枠組みの中に閉じ込められ、快楽原則から隔てられていたのです。

その一方で、その枠から外れた性的なエネルギーは、男性の場合、街角の売春宿で消費されました。しかし女性の場合にはその解消は容易ではありませんでした。生殖的生産を超える欲求が自分のうちにあることを認めることすら女性の場合にはひどく困難なことだったのです。自らのうちにうごめく「みだらな」性的欲求を認めるなら直ちにそのひとの社会的立場が危うくなる社会は、その社会生活を維持するためにそうした欲求を「抑圧」するようになります。

抑圧とは精神分析の用語で、みずからの社会生活を継続するにあたって不都合な事態に直面したとき、その事態を否認したり忘却したりして、その社会生活をおくる自己のありかたを防衛するような無意識の心の働きを指しています。たとえば幼少期に親に性的な虐待を受けた子どもは、それを自覚すると両親のもとで生きていけなくなるため、眼前の事実を虐待として知覚しなかったりそれを忘却する場合があります。この否認や忘却が抑圧です。したがって本人は自分の人生において抑圧があるかどうかを知ることができません。というのも忘却したという事実そのものもまた忘却されてしまうからです。

しかしながらその事実はたんに意識下に抑圧されたにすぎず、消滅したわけではありません。その心の傷（トラウマ）はその傷の手当を要求し続けます。たとえば手を洗い続けなければ気が済まない強迫神経症があります。忌むべき過去の出来事を抹消したいと心は望んでいるのですが、しかしその過去の出来事は意識化されないので、その抹消の衝動はかたちを変えて、いつまでも手を洗い続けるというしかたで表面化します。このように、抑圧された出来事がかたちを変えて無意識のうちに行動に表れることを精神分析の用語で「行動化」といいます。行動化以外にも、原因不明の身体的な麻痺や不調（転換ヒステリー）として抑圧が表面化することがあります。これが病的形態を取ると神経症となります。

フロイトは、性的なものに対して抑圧的な一九世紀後半のウィーンの社会において精神分析を開始しました。フロイトは症状として表れる身体のありようを観察し、患者と対話することで抑圧された過去の出来事を本人に思い出させようとします。患者がそれを思い出すことはつらいことであり、日常生活を破壊する危険さえ帯びているのですが、しかしそれでも患者はその事実を自覚してそれと向き合うことで、症状としての行動化やヒステリーを緩和できるとフロイトは考えました。

産業社会は性的なエネルギーを家の存続というエディプス的な枠内に厳しく押さえ込み、それ以外の性のありかたを強く抑圧する傾向をもっています。売春ですらそこでの主要な目的は性的欲求の生理的解消（性欲処理）にありました。性「産業」の従事者たちは、まるでそこが工場であるかのように、時間決めで効率よく、流れ作業のように男たちの「必要」を解消するというわけです。産業社会においては身体のうちに蓄積されるリビドーの排出先が見つからない場合、すなわちその「はけ口」が剥奪されている場合、ひとは犯罪に走るか神経症という病気になってしまうと考えられたわけです。

消費資本主義における性的身体

フロイトによれば幼児は口唇や肛門といった自分の身体の様々な部位で性的な満足を得ています。したがって幼児の性欲ははじめから消費的で多形的です。そして発達段階のある時期において幼児はそうした多形的な性欲を生殖器に集約するとされます。その後、性的な活動は潜伏期を迎えますが、思春期においてひとは、そうした性器を中心とした性的エネルギーの配備体制をふたたび確立し、それでもって異性と交わるというわけです。これが性の健全な発達過程とされるのです。これ以降、性器以外の性的満足は生殖、つまり家族の再生産に役に立たないがゆえに性目標倒錯と呼ばれます。いまや性器の結合以外の性のありかたは多形倒錯やフェティシズムなどと呼ばれて異常なものと見なされ抑圧されます。フロイトが生きていた産業社会においてはこうしたエディプス的な性の配備体制が権力の原理を形成します[29]。

これに対して消費社会では性的なエネルギーはエディプス的な枠組みにとらわれることはありません。消費資本主義の社会においては商品全体が欲望の対象、つまり性的なリビドーの投射先となります。自我は身の回りにあるアイテムたちにリビドーを投射して、他者がすでにそこに投射しているリビドーと一緒にそれを回収することで性的な満足を得るわけです。リビドーが投射された商品は自分の一部ですから、ここで自我はいわば自分の身体を細切れにし、バラバラにしてそれを回収するという拡大・収縮運動を続けます。ひとはもはやそこではエディプス体制を担う大人ではなく、身体の各部位によって自身の性欲を満足させる多形倒錯の幼児なのです。そこでは異性との性器の結合はそうした多形倒錯の一つのヴァリエーションでしかありません。倒錯とフェティシズムはもはや抑圧されることなく、経済そのものを運動させる社会の基本的な原理、つまり権力の原理となります。

消費社会におけるリビドーの離散回路は完結することがありません。というのもそれらのアイテムたちは幸福の象徴であるかのように見えながら、そのじつは象徴の断片、小文字の対象a、つまり記号でしかないからです。しかしながらその記号を手に入れても決して幸福にはなりません。なぜならそれは記号、つまり代理物でしかないからです。ここでは記号から象徴に転化する回路が裏切られるのです。そのとき記号はアレゴリーとしての色彩を帯びます。幸福を断念した存在が、断念というしかたでなお幸福と関係する魅力、これがアレゴリーとしての記号の「色気」です。

私は目のまえのブランドもののカバンを手に入れることで、かつてあったはずの自分の全能感、失われた幸福をとりもどそうとします。そのかぎりでそのカバンは幸福の象徴として視界に現れてきます。それを手にすれば自分は幸福になる、そうした親密で愛にあふれた存在として。しかしそのカバンを手に入れたとしてもその幸福は達成されません。なぜなら商品とは、私が根源的に欲望している私の全能感を与えると約束しつつ記号として別の何かを指し示し、その希望を裏切るからです。つまり私が根源的に欲している〈もの〉とすり替えられたもの、その代理物としてのカバン、つまり別の何かをなお指示する記号を私は手にするだけなのです。すでに私はそのカバンがそうした裏切りを働くことを知り抜いています。だがそれゆえにこそそのカバンは、幸福を約束する象徴としての親密な魅力の背後に、何かしらよそよそしく虚無的な香りがするがゆえの魅力、つまりアレゴリーとしての色気を放つことになるのです。親密であると同時に疎遠であり、惹きつけると同時に肩をすかす、その矛盾した二つの魅力のゆえにそのアイテムは私のリビドーを引き出します。カバンやアイテムの個所に「女性」もしくは「男性」を代入してみても事情は同じです。それを求める欲求は必要を満たす性欲ではなく、欲望を満たすと同時にそれをさらに駆り立てる性欲なのです。

私はその記号aを手に入れてもその代理物としてのありかたに満足できず、別の記号bに目を向けます。私はカバンを手に入れたとたんにそれに似合う靴やガールフレンドを欲するというわけです。ここでは記号連関a→bが成立するでしょう。

この消費的記号連関a→bは、産業社会の生産における記号連関a→bとはその本質をまったく異にしています。産業社会における連関は線的なものであり、それを一歩一歩踏破してゆけば一つの製品や賃金に至りつき、それは確実に自然的・社会的な私の生存の役に立ちます。そのかぎりでその記号連関は全体としてみれば存在を回復する実体的なものだといえます。たとえ最終的な幸福が無限に延期されるとしても、一つのレールの上を目的地に向かって無限に歩みゆくというかたちをとった蓄積連関なのです。これに対して消費社会における記号連関は決してどこにも向かうことがなく、ただ散乱して人間の精神と身体を離散させ、世界に偏在させる性質を持っています。

それは幼児の性欲の多形倒錯ときわめてよく似た挙動をとることになります。リビドーの挙動は衝動的で多動的であり、直線的ではなく分散的です。何かの対象に集中するのではなくさまざまなアイテムを次々と渡り歩いて行くのです。ちょっと前の言い方になりますが、集中して一つのことを粘着質にやり遂げるスキゾ型人間ではなく、多くのことに気が散ってそれを浅く渡り歩くノマド的人間のタイプが消費的人間のモデルなのです。

このとき身体や心は、産業資本主義のように全体を最小要素に分割し、その再構成をつうじてふたたび全体へ至るというかたちをとりません。それはむしろ全体の予測的先取りから個別の仮定、ひいてはその全体像への修正的フィードバックというかたちをとります。これはアブダクションと呼ばれる推論の形態です。たとえばカバンを購入する場合、そのカバンを持つことがどのような意味を発揮するかはそのときのモードを予測し先取りすることによってはじめて明らかになります。全体を予測してはじめて個別を選ぶのです。そして実際にそのカバンをもつことによる周囲の反応を見て、自分のモードの予測が正確であったかどうかを検証します。個別の仮定を通じて全体像を修正するというわけです。これを繰り返すことにより身体は世界における自分の位置と意味を形成してゆきます。商品の企画や株式の購入・売却などの仕事の局面においてもこれは同じです。他者の反応によってはじめて自分の行為の意味が事後的に検証されるのであり、その検証によって他者のありかたを予測し直すというわけなのです。

こうしたアブダクションとしての推論が可能となるには、他者の目から自分を見返す反省的な視線が必要となります。言い換えれば、世界のあらゆる場所に自分の視点が存在すること、つまり世界が自分のいわば身体となることが必要なのです。私の身体はいまここにあるのと同時に、あらゆる時点のあらゆる場所に遍在することになるわけです。幼児の身体がそうであるように、私の身体もまた、いまここの肉体の輪郭線を溶解させ、まわりの世界と融合しゆくことになります。

統合失調症とうつ病

性的エネルギーが性器を中心としたエディプス的な生産＝生殖へと制限されていては欲望にもとづく資本主義はそもそも成り立ちません。消費資本主義は産業資本主義におけるひとびとの線的な性的エネルギーを多形的に解放することで生まれてきた経済体制なのです。ここではいわば人間の全身が性器であり、世界のあらゆる部位と身体のあらゆる部位でセックスし続けるのが人びとの正常な日課になっていますから、この社会において性的抑圧は産業資本主義の社会よりもはるかに軽いものになるでしょう。だとすればここで人びとの支配的な病理形態は神経症ではないはずです。

それでは消費社会に愛の病理は存在しないのでしょうか。そんなことはないでしょう。それはおそらく神経症とは異なった病理形態になると私は考えます。その代表的なものは、統合失調症（スキゾフレニア）とうつ病（デプレッション）です。統合失調症やうつ病は精神病理学の対象であり、病理学が規定する固有の病相や原因があります。それに深く立ち入る事が本論の目的ではありません。またこれらの病気はもちろん産業資本主義の時代にも存在していました。同様に神経症もまた現代の消費社会に存在しています。しかしながらここで、それぞれの経済体制を最もよく代表するようなリビドーの病理形態が存在すると仮定し、そのかぎりでそれがどのように代表的なのかをあえて記述してみようと私は思います。

統合失調症とはその名の通り、人格的な統合機能が障害を受ける病気です。通常であれば意識は、自分の外部に存在する物事をそれぞれ言葉で言い当て、それらの言葉たちを文法に従って組み立て、文（命題）を構成しています。そしてこの文をつなげて一つの文章をつくります。このとき意識は、物事は自分の外部に存在するが、その繋がりを作っているのは自分の意識であり、その意味で文章で表現される現実は、外界の事物についての自分の現実であることをどこかで了解しています。文章、つまり自分の思考のなかにおいて、自分以外のものと自分固有のものとが混じり合って存在することを知っており、またその両者の区別がついているのです。だからこそ、自分とは異なった見解を他者が示すとき、自分以外の客観的に存在する同一の事物について他者が異なった見方をしていることを了解し、その他者と同一の地盤に立って対話を行い、自分の見方を相対化したり修正したりすることができるわけです。

しかしながら統合失調症になると文を構成するこの統語論的な機能が障害を受けてしまいます。物事をつなげているのが自分の思考だという自覚がなくなり、自分の思考が直接外界の現実であるかのように受け取られてしまうのです。事物と思考の区別がなくなるので事物がそのまま思考であり、思考がそのまま事物化してしまうといってもいいでしょう。こうして統合失調症は自他の区別ができなくなり、他者と同一の事実に基づいて自分の考え方を修正したり、それを一つの物の見方として相対化したりすることができなくなります。

事物がそのまま思考化する例を挙げましょう。たとえば靴下は糸で編まれているので、そこには編み目の数だけ穴が空いています。しかし通常の思考はそうした眼前の事実を社会の常識の中で解釈し、靴下に空いているのは足を入れる穴一つという見方をします。眼前の現実から身を引きはがしてそれに自分の解釈を与えるわけです。しかし統語論的な機能が障害を受けると眼前の無数の穴の集合体そのものが直接自分の思考に転写され、自分の思考そのものとなってしまいます。靴下に無数の穴が空いているというのは自分の見方のせいであり、その見方を変えれば、なるほどそこに「一つの穴」が空いているともいえるという相対化の観点に立つことができなくなるのです。

これとは逆に思考がそのまま事物化する例としては、自分の脳内の思考が自分の思考と認識されず、それがそのまま直接的な現実、つまり他者の声であるかのように受け取られる場合もあります。こうして幻聴や幻覚や妄想が生じます。実際には自分が作っているストーリーであるにもかかわらず、その「自分」という枠が弱くなってしまうので、それを現実そのものだと思い込んでしまうわけです。ここから、自分の思考が他者に乗っ取られている、自分は常に監視を受けていて他者に操作されているという妄想も生じます。他者のうちで自分がバラバラになってしまい、そのバラバラになった自分の部分が、そのまま他者や社会的現実だと誤認される、と言い換えてもいいかもしれません。これは不断に自己を崩壊させる耐えがたい苦痛を生じさせます。

この統合失調症との関係でうつ病を考えてみることもできます。ここでいううつ病（デプレッション）とは、先に説明したメランコリーとは一応区別される概念です。つまり、前進するというかたちで失われた過去を回復するのがメランコリーであったのに対して、ここでいうデプレッションは、メランコリックに構成された思考の体系がうまく機能しないときに生じるのです。思考の体系があまりに完結していてその中でリビドーが循環しているかぎり、その思考、つまりメランコリーの回路においてひと人は幸福でありデプレッションは生じにくい。ところがその回路が上手く閉じていないとリビドーの回収ができずに心はエネルギーを失ってしまうわけです。

たとえば欲しい商品が購入できないとき、ひとはそれを諦めたり別の商品を購入します。欲しい商品がなくなればそれが生じるまで購入を控えます。このとき世界がそう来れば自分はこうするというように、外界の現実とそれに対する自分の態度との間にきちんとした区別がついているといえます。これに対してそうした人格を統合する枠が弱くなると外界と自分との間に隙間がなくなり、外界に適切に対応できなくなります。欲しい商品が購入できないとき、欲しい物がなくなるとき、いきなり世界と自分そのものがともに崩壊してしまう感覚に陥るわけです。アイテムを渡り歩く自分の理想的な生活イメージがクラッシュして、方向転換ができずに、突然リビドー全体が回収できなくなるのです。ナルシシズム的な自己像が一気に崩壊して、自己の理想的なイメージと齟齬をきたした自分のありかたそのものが動かしがたい現実となり、心を動かすエネルギー全体がいきなりシャット・ダウンしてしまうわけです。これが心のいわば全電源喪失としてのデプレッションです。

デイビット・フィンチャー監督は一九九九年に「ファイトクラブ」という映画を製作しました。自動車会社の事故調査部門に勤務する主人公ジャックは、職場で欠陥車のリコール隠しに手を染めながら、そこで得られる高収入で都会の高層マンションを手に入れ、洗練された北欧家具でそこを埋め尽くして暮らしています。しかしどれほど魅力的なアイテムを自分の身のまわりに集めたところで、その代理物的本質（ニセモノとしての記号的性質）に主人公はもはや耐えられなくなる。理想的なはずの生活連関それ自体が意味を失ってしまい、主人公はある種のデプレッションに落ち込むのです。

ここで主人公ジャックは、消費社会におけるある種の統合失調症的な現実を生きています。商品アイテムが市場で提供されているということは外的な事実であり、それを購入し続ける事で自分の生活連関を作り上げているのは自分の意思であり思考です。だからそれが耐えがたくなれば、主人公は仕事を辞め、ショッピングをやめて自分の生き方を容易に軌道修正できるはずなのです。しかしジャックにとっては、アイテムを次々と提案する消費社会の現実が自分の思考そのものとなり、アイテムからアイテムへと渡り歩く自分の思考がもはや動かしがたい現実そのものに変化しています。消費社会は商品からなるこうした閉じた妄想体系を構築することによって人々を動かしています。それゆえにその妄想を生きることが意味を失い、リビドー経営が頓挫したとき、いきなり世界全体が崩壊するようなディプレッションへとジャックは落ち込みます。抑うつとは統合失調症的な現実が引き起こす一つの反応形態なのです。

映画のストーリーでは主人公はそうした記号世界を凌駕するリアルな本物を求め始めます。本物の悲劇、本物の苦痛、本物の肉体的経験です。それを手に入れることで、世界のうちに溶解してしまったぶよぶよの自己の精神と身体をシャープに取り戻そうとするのです。しかし主人公は自力では記号世界を脱出することができません。それゆえに別の人格タイラーを自分で気づかぬうちに作り上げ、その力を借りて自分を救済しようとします。タイラーとその行動は自分の思考が作り上げた幻にすぎないのに、主人公は自分の思考を現実そのものとみなしてしまうのです。

このように考えるならばスキゾフレニーは、デプレッションへの一つの適応形態だということもできるでしょう。自己の思考をそのまま現実化する妄想によってもう一つのリビドー回路をそこにつくりあげ、それでもってリビドー経営の失調状態から回復しようとするのです。無意味な反復が永遠に続くように思われる現実、なにもない砂漠をひとり永久に彷徨い続けるような毎日から目をそらし、もう一つの強力な現実を思考によって構築し、現実と思考が一致しきれない状況に苦しみながらもそこに住み込むのです。スキゾフレニーの患者は、自分が作り上げた妄想体系の内部にあちこちと広がる現実と思考の齟齬、破れ目を埋めることにすべての精力と情熱を注ぎ込み、かろうじてその世界の防衛を仕事としながらそこで生きながらえている。デプレッションとスキゾフレニーはいわば双子のような関係なのです。

消費社会における商品と貨幣はまさにリビドーの循環に乗るかたちで運動していること、また逆に今日における愛はその増殖を目指すひとつの経営として営まれていることを、これまで本論は示してきました。そしてそれは資本主義という閉じたシステムを形成し、そこに一つの特徴的な病理形態を生んでいることもまた明らかにしてきました。こうしたかたちで今日において愛と貨幣は分かち難く結びつき、もはやどうすることもできないようなメカニズムを形成し、そのなかで人々を動かしているわけです。本書は第一章において愛と貨幣の経済学の基本用語や基本的な認識の枠組みを構築してきました。次章においてはこの枠組みを用いて、現行の愛と貨幣のシステムがいかにして格差や支配を生み出し、それを維持しているのかを明らかにしてゆきたいと思います。

第二章　愛における格差

現代の格差とはなにか

現代における格差とはどのようなものでしょうか。まず思い浮かぶのは非正規労働でしょう。日本の戦後社会においては解雇が労働法によって厳しく規制される正社員の労働者が基本でした。そうした正規の労働者のあいだで勤め先が大企業か零細企業かによって労働条件に大きな格差がありました。また男性と女性のあいだにも昇級や業種の違いによって様々な格差がありました。これに対して一九八六年代以降、派遣労働の導入などを通じて雇用形態が多様化され、昇給や賞与、雇用の継続が期待できる正規労働者と、そうした条件が期待できない非正規労働者とのあいだに格差が生まれています。

ここで問題となるのは、大都市と地方、大企業と零細企業、男性と女性、正社員と非正規社員といった条件によって、ほとんど同じ労働をしているにもかかわらず大きな賃金格差が存在することです。こうした賃金格差が問題なのはそれが社会的な差別の存在を示しているからです。たとえば同一の商品であるにもかかわらず、その商品の売り手が男性であるか女性であるかによってその商品の値段が変わるのは不合理でしょう。それと同様に同一の労働は同一の賃金で購入されてしかるべきであるのに、その労働力の販売者によっていちじるしい賃金格差が生じるのは公正な取引の原則に反しているのです。さらに問題なのは最近よく耳にするワーキング・プアの存在です。とくに子どもを育てながら働いているシングル・マザーの経済的条件は深刻です。さらにその外部には失業を余儀なくされている人、定まった住居に住むことができないホームレスの人、超過滞在の外国人労働者、意に反した性的サービスを強制されている人など、不可視な人たちの存在があります。

現代における格差といえば以上のような労働条件や経済的条件の格差をイメージすることが多いでしょう。しかしながらこうした格差は問題の深刻な一部ではあってもその全体ではありません。というのは経済的条件は人生における良き状態を実現する手段ではあってもその目的ではないからです。

アリストテレスという古代ギリシャの哲学者は「最高善」という概念を提示しました。つまり善とはそれ自体が善きものであるか、それともその善きものを実現する手段であるか、そのどちらかだというのです。そしてそれ自体もはや手段となりえない究極的な目的となる善を彼は最高善と名付けました。[30] アリストテレスによれば、これは財貨といった外的な事物ではなく人間の一種の状態であり、自分の可能性を生き生きと発揮している活動のありさまのことです。たとえば素晴らしい家は手段としての善ではあっても最高善ではありません。この場合の最高善は、その家に住むことでそのひとの生活のありかたが向上し、そのひとがそのひとらしく生き生きと暮らせている「活動状態」なのです。また英語の勉強という事例を考えてみましょう。それが就職のための手段であるときそれは手段としての善であり最高善ではありません。しかし英語の勉強が楽しくてしかたなく、それを続けるためにむしろそれに関連した就職をするとき、英語を勉強している活動状態はその人にとっての最高善なのだといえるのです。最高善においては「それは何のために？」という問いは無効になります。まさにそれを行っている状態にあることそれ自体が人生の目的だからです。

だとすれば格差の問題を考えるとき、その人の収入や社会的立場それ自体が究極の問題ではないといえます。たしかにたいていの場合、収入や社会的地位という手段的なものはその人の善き状態と比較的つよく相関する指標となるのだと思われます。しかし例外はいくらでもあります。重要なのは最高善における格差であり、したがって何を最高善とみなすかによって格差の評価は大きく変わってしまうのです。

たとえば非正規労働で年収が百万円ほどの地方在住の若い女性がいたとしましょう。しかしながらその若者は健康であり、きちんとした収入がある優しく理解ある両親のもとに住んでいて、収入のほとんどを自由に使うことができ、地元に昔からの友達も多く、将来を約束した婚約者もいて、自分の好きなことを仕事にしていてやりがいもあり、まわりは自然も豊かで天然掛け流しの温泉や新鮮な山の幸に恵まれ、休日をはじめとした自由な時間が十分にあるとしましょう。

これとは逆に年収が一千万円以上もある首都圏の一流企業の課長を考えてみましょう。けれどその人には、税金や保険や家のローンや子どもの教育費で自分の自由になるお金はほとんどなく、深夜残業や休日出勤があり、新興住宅地と都心のビルを満員電車で通勤し、それが往復三時間かかって自由時間はまったくなく、しかも業績のノルマと仕事上のトラブルに追われ、慢性的な睡眠不足で顔色と体調が悪く精神的に不安定であり、それゆえ配偶者や家族に軽蔑され疎まれているのです。この二人の格差を収入や労働条件によって単純に計ることはできません。この場合、地方で親元に寄生しているかのように見える非正規労働の若年女性の方が、東京で高収入の男性大企業正社員より、はるかに自由で展望があり、希望に満ちた「状態」にあるのです。

これは極端で例外的な事例なのでしょう。とはいえ二人の間には収入や社会的地位の点では大きな格差がありますが、しかし評価指標を変えてみればその格差は完全に逆転してしまうことがわかります。

所有権と私有財産の起源

そもそも最高善における格差はいかにして生じるのでしょうか。そのひとの〈善い状態〉における格差は、収入や財産や承認や自由時間や人間関係といった「よいもの」、つまりグッズにどの程度恵まれているかによって測られるとさしあたりは考えられます。つまり「よいもの」をどの程度「所有」しているかによってそれは決まると考えるのです。所有権とは、他者の思惑とは無関係に自分の一存においてある対象を自由に処理できる権利のことです。所有権を保持しているとき、ひとはその所有物を自分のために消費して自分の〈善い状態〉を実現することができます。そのときこの所有物の蓄積、つまり財産の多寡が〈善い状態〉の格差にもっとも強く結びついていると考えられるでしょう。だとすれば、すべての人たちが「よいもの」を増やそうとして労働や交換に励んでいるのに、ある人にはそれが大量に蓄積され、あるひとにはそれが欠乏するのはなぜなのでしょうか。

この秘密を明らかにするため、まずは所有についての基本的な考え方を打ち立てた一八世紀のイギリスの思想家、ジョン・ロックを参照してみましょう。彼は『人間知性論』において、生まれてきたときの人間の心はすべて「白紙 tabura rasa」のようなものだと述べています。

ロックが闘ったのは封建的な支配体制でした。人間は王や貴族、農民になるようにその資質をもって生まれついているという考え方の上に封建的支配は成り立っていました。これに対してロックは、人間は生まれながらにすべて白紙であり、したがってすべて平等だと考えたわけです。白紙の人間に違いをもたらすのはロックによれば「経験」のみです。外界の自然が感覚器官に刻印を与え、そのときに人間の心は「観念」を獲得できるとロックは考えました。白紙の心にいわば観念という文字を書き込むのは知覚という「経験」なのです。そのうえでロックは「およそ人間はすべて思考すると自ら意識する」と述べています。動物はただ自分の目の前にある対象について知覚するだけですが、人間はその知覚している自分について意識する、つまり反省することができるというのです[31]。

ロックの考え方をさらに敷衍すると、この反省的働きをつうじて、心には〈私〉という観念が生まれることになり、その私の心に刻み込まれた様々な観念は、まさにこの私の観念だと心が自覚することになるといえます。こうした反省によって私は、いわば〈私の思考〉という独特の観念を持つようになるでしょう。

ここに所有の起源があるといえます。外界から得られた観念が心に生じるだけではまだ私はそれを所有しているとはいえません。そのときにはまだ〈私〉なる観念がそもそも自分の心に存在していないからです。しかしそうした諸々の観念を総括し、それを総括するポジションに〈私〉なる観念が成立すると、〈私－が－これらの観念を－思考している〉という主体・客体構造がそれ自体観念として成立することになるでしょう。このときにはじめて〈私－が－これらの観念を－自分の心に－所有している〉という所有関係が成り立つと考えることができるのです。動物はただ外界に反応しているだけでそれを所有しているという意識を持ちません。これに対して人間は、外界に対する関係を反省にもたらすことによって、あらためて、私が何かを所有していると意識できるわけです。

ロックにとって外的事物に身体を用いて能動的に働きかけるのは「労働」です。労働もまた知覚と並んで経験です。この労働を通じて自然は耕され、獲得されて、それは身体にさまざまな影響を与えます。自然に働きかけると同時に自然によって働きかけられる、自然と身体の能動・受動の相互性がそこでは成立しています。ここで身体は労働を通じて自然を豊かにしつつ同時に自然によって豊かに養われる。そしてその身体は同時に人間の意識を養い、そして意識は身体を養うようそれを動かす。こうして人間の精神＝身体＝自然はそれぞれ密接な相互依存関係、つまり根源的な物質的代謝過程を維持するのです。

ロックを敷衍して考えるならば、身体が自然を耕すことで身体と自然はともに豊かになります。そしてその耕すありかたのうちで人間は自然について多くを学び、多くの観念を獲得します。身体と精神、そして自然とがこのように、労働という経験を通じてともに豊かになるプロセスを〈教養＝耕作(カルチャー)〉と呼ぶことができるでしょう。この相互性こそが根源的な意味での経済だといえるでしょう。そしてこの根源的な相互性を反省し、それについてあらためて観念を得るとき、そこに〈自分の身体〉もしくは〈自分の自然〉が成立するのだと言えるでしょう。

ロックは『統治論』の第五章において次のように述べています。「大地と人間以下のすべての被造物はすべての人々の共有物であるが、しかしすべての人間は、自分自身の身体に対する所有権をもっている」[32]。ロックにとってなにゆえに人間、つまり意識が自分自身の身体に対する所有権を主張しうるのかといえば、意識は身体を制御することで身体によって養われるという緊密な相互関係がそこに成立しているからです。両者が切り離されてしまえば両者共々生きていくことができないがゆえに、その両者の関係は必然的であり、心身は絶対的に切り離し不可能なのです。両者のこうした絶対的な分離不可能なあり方をあらためて反省するとき、私は私の生存の最低条件として身体への所有権を社会に対して主張せざるをえないわけです。自分の生存は、自分が存在しようと望むかぎり主張せざるをえない権利であり、人間という自然物が当然に要求する権利です。これは自然権と呼ばれます。だとすればこの自然権の延長線上に、自分の身体に対する所有権もまた、当然に認められる権利となる必要があるのです。

ロックにとって外的自然の所有は心身の所有関係の必然的な帰結となります。つまり心身が切りはなしえないのと同様に、人間の身体と自然もまた切りはなしえないのです。「彼の身体の労働とその手の働きは、まさしく彼のものであるといってよい。そこで、自然が準備し、そのままに放置しておいた状態から、彼が取り去るものは何であれ、彼はこれに自分の労働を混合し、またこれに何か自分自身のものを付け加え、それによってそれを自分の所有物とするのである」[33]とロックは言います。身体と自然が労働を通じて不可分に結びついているありかたを反省的に自覚するとき、そこに自然に対する所有権の主張が可能となるでしょう。

こうした所有権は、人間というものが心身と自然という必然的な結びつきのうちにしか存在できない以上、文化の違いを越えて人類全体に普遍的に通用するものだとロックは考えています。事実ロックはこうした所有権の根源的発生の局面をネイティブ・アメリカンの環境適応のうちに見ているのです。「こうしてこの理性の法によって、鹿はそれを殺したインディアンのものとなる。[34]」

ちなみにロックにとって富をもたらすのは身体と自然の緊密な相互作用なのですが、その力点は自然の方ではなく、もっぱら人間の身体のうちに、つまり労働のうちに置かれています。「囲い込んで耕作された一エイカの土地から生産される、人間生活の維持に必要な糧食は、同じ肥沃さをもちながら、共有地として荒れるにまかされている一エイカの土地から産出される糧食よりも十倍は多い[35]」とロックはいいます。肥沃さの源泉は、大地というよりは人間の労働にあるわけです。

それゆえロックにとって身体と自然との根源的な相互関係を超えるような所有権の主張は無効となります。たとえば労働の能力を超えて広範な土地を所有すると称してそこを荒れるに任せていたり、必要以上の作物を収穫してそれを腐らせたりする場合には、そこに所有は認められないのです。なぜならそうしたありかたは自然と身体を豊かにすることがないからです[36]。

こうしたロックの思想は、最高善の観点から見るならば十分に納得がいくものです。所有物をいかに大量に抱え込んでいても、それが自分の〈善い状態〉と結びついていないなら、そうしたものへの所有権は認められないことになるからです。〈善い状態〉を実現することと無関係な占有はそこでは認められないのです。所有物と心身との緊密な相互関係、いうならば物との緊密な社交関係によって所有を定義する限り、所有物の多寡は関係性の充実密度そのものとなり、それが〈善い状態〉の指標となることに何の問題もありません。

ロックによるこうした所有権の定義は、必要物のみを大地（神）から頂くインディアンの宗教的文化からの影響と考えることもできるし、教会や領主が広大な土地を「所有」してそこで農奴を働かせるような封建的な「所有」関係への批判としても解釈できます。いずれにせよロックにとっては、人間と自然を豊かにするため額に汗して労働する人間にのみ、実際にそれらを豊かにしたかぎりでのみ、所有権が認められるのです。こうした所有権の思想は、キリスト教、とりわけ労働に宗教的価値を置くプロテスタンティズムを背景としていると考えることができます。世界を繁栄させることは神の目的であり、その神のプロジェクトに労働をもって参与するかぎりで、ひとには神から一時的に、地上の占有権が認められるといった感じなのでしょう。

ロックによれば自分の必要以上の土地であったとしても、それを耕作し、余剰の収穫物を市場に出してそれを貨幣に変えることができるなら、そのときその土地や収穫物への所有権を主張することができるといいます。なぜならそのとき収穫物や土地は人びとを養うために有効に利用されているからです。腐敗する食料は他者の必要を満たすために役立ち、腐敗しない貨幣は農場主の富の蓄積に役立つ。何も無駄になることはなく、地上の富は増殖しています。そうであるかぎりそれは神の繁栄の計画に叶うのです。

労働の疎外とは

こうしたロックの考え方に従えば、農場主がさらなる生産の拡大を求めて、農場にだれかを雇用することも認められるでしょう。なぜなら仕事がない人々は雇用によって賃金を得て必要を満たすことができるし、雇用者は農業生産を拡大してさらに多くの人たちの必要を満たすことができるからです。こうした事業によって農場主がより大きな富を、つまり貨幣を蓄蔵したとしても世界全体がそれだけ豊かになったとすれば、事業の拡大にはまったく問題がないはずです。

しかしここで一つの問題が生じます。というのもいまや農場には「雇用」されるひと、つまり労働者が登場しているからです。ロックの建前によれば、自分の身体を注入した自然はその身体を養うがゆえにその人の所有物になるわけです。しかしながらその人が誰かに雇用されていると、全く同じ労働をしているはずなのに、その人が生産したものはその人の所有物になりません。その生産物は雇用者のものとなり、その代わりに労働者は賃金を得るだけです。

このことが持つ深刻な帰結を指摘したのが『経済学・哲学草稿』における若きマルクスでした。[37] マルクスは、雇用関係において第一に労働者は「労働生産物から疎外」されると述べました。ここでいう疎外とはある対象から引き離されて疎遠になることを意味します。労働者は自然に自分の身体を注入したとしてもその自然を自分のものとすることはできず、そこから引き離されてしまうのです。ロックにおいて前提されていた、自然と身体との必然的な密着がいまや引き剥がされ、労働者の身体には自然の代わりに賃金があてがわれるのです。

第二に労働者は、自分自身の労働から疎外されてしまうとマルクスは言います。人間が自然に対して労働するのは自分自身を物質的にも精神的にも豊かにするためです。ところがその人間が雇用されてしまえば、労働生産物を自分のものにすることができません。人間は労働の主人であるとき、つまり労働生産物を自分のものにできるとき、同時にその労働の過程をも自分の成長に役立つように自分で組織することができます。これが労働を通じた教養の過程です。そこで労働は自分の最高善と関係しています。ところが賃金を対価として労働するとき、ひとはその労働の過程を雇用主から指定されるだけであり、その過程を自分の教養に役立つように組織できなくなるのです。労働は賃金の対価としてただ耐え忍ばれるだけの手段的なものになりかねません。このとき労働は自分のものではなく、労働者は自分の労働から疎外されています。これをマルクスは「労働の疎外」と呼びました。

たとえば農場主は自分の農場を経営するのに自然に対して様々な働きかけをします。その試行錯誤の過程の中で彼の自然に対する経験は深まって能力は向上し、その経験の積み重ねは彼の人格を作り上げていくことでしょう。しかしその同じ人間が別の農場主に雇用されて、たとえば一日中刈り取りだけを指示されるとき、その経験はそのひとに対する教育的機能を果たすことができなくなります。

むしろ逆に、そのひとは労働を通じて荒廃し、精神的に貧困化するでしょう。労働しているときに彼は自分を自分ではないように感じ、仕事が終わってようやく自分のもとに戻ってくるように感じるのです。賃労働とは自分の主体性、その生命の能動性をそのまま他者に乗っ取られることを意味します。賃労働において労働者は自分を失い、自分でありながら自分でないものとして自分を分裂させてしまうのです。

第三に、そうすることで労働者は、労働を通じて自然の必然性から自由になることができなくなります。つまり労働者は、労働を通じて自分の生活のありかたを自由に作り出していくことができずに、まるで動物のように、たんに寝て食べるためだけ、自分の生命を維持して繁殖するためだけの、ただ反復する自然存在へと切り縮められてしまうのです。人間は労働を通じて自然から解放されるのではなく、かえって自然の中に埋め込まれて動物化してしまう、これをマルクスは「人類からの疎外」と呼びました。

人びとは自発的に協力し、共同して労働することで、労働の中で豊かな人間関係を作っていくことができます。人類のほとんどの社会は、こうした労働における協力関係の中で人間の豊かな関係を作ってきたのです。ところが賃労働が支配的となった社会においては、人間の自由な社交は相互の敵対関係に変質してしまいます。雇用者と労働者はお互いがお互いから少しでも多くのものを引き出そうとするし、また労働者同士もお互いに競争を強いられて、本来労働において協力すべき人間関係が、自分の生存をかけた敵対関係となってしまうわけです。これをマルクスは「他者からの疎外」と呼びました。

マルクスの疎外論において疎外現象を引き起こす究極の原因は雇用者の所有権です。雇用者は労働者を雇用することによって生産物への所有権を主張します。そのかわりに労働者に賃金への所有権を保証するのです。なにゆえにこうした所有権の交差状態が発生するのかといえば、労働者は生産手段を持たないがゆえに、生きていくためには資本家に雇用されざるを得ないからです。この「生きていくために」資本家の支配に服するほかないがゆえに、労働における疎外が発生し、労働者は搾り取られ、自分を失い、動物化し、孤立してゆかざるを得ないのです。マルクスによれば、労働者の生理的必然性が労働の成果と喜びを労働者から奪い、労働を実質的な「強制労働」にしてしまうのです。

ロックにおいては労働は所有権を確立し、その所有物は人間の心身を直接に養い、その関係性は最高善を実現します。しかしマルクスにおいては労働によって獲得される所有物（賃金）は自然や他者との密接な社交関係、つまり最高善とすりかえられたものであり、たんなる手段となっています。人びとは労働における交わりの喜び、つまり最高善の実現を望んでいるにもかかわらず、働けば働くほど賃金の奴隷となって自分が望んでいた〈善き状態〉からかえって遠ざけられてしまうのです。ロックにおける労働や所有による豊かな人間の形成という理想は、現実の歴史において賃労働を生み、そうすることで逆に、労働や所有権それ自体が人間を破壊する役割を果たしてしまいます。マルクスの疎外論は産業資本主義の下で困窮する労働者を念頭に置いていました。しかし今日でもその議論は、首都圏の大企業の課長がなにゆえに苦境に陥ってしまうのか、その逆転の論理を示しうるという点で、いまだに傾聴の価値があると言えるでしょう。

リビドーの疎外

とはいえ現代の格差について考える場合、マルクスの疎外論はそれだけでは十分だとは言えません。

なぜならマルクスの疎外論やその理論的前提となっているロックの所有論は、人間がその生理的必要を満たすために自然と交渉するという〈必要の経済〉のロジックの上に成り立っているからです。これに対して〈欲望の経済〉においては、生理的な必要が最低限満たされていて生きていくために労働する必要がない以上、ロックのいう身体と自然との不可分離な関係や、マルクスのいう賃労働における「強制労働」状態がそもそも成立しないのです。しかしだからといって今日ではロックやマルクスの思考がもはやまったく無意味になったわけではありません。むしろロックの所有論やマルクスの疎外論はますますある種のリアリティをもってわれわれに迫ってくるように思われるのです。

ここで重要なのは、経済の基本的な条件が異なっているにもかかわらず、ロックの所有論やマルクスの疎外論が依然として現代においてもリアリティを持つのはなぜかについて考えることです。彼らの理論を今日の〈欲望の経済〉において通用するよう書き換えるにはどうしたらよいかを考え、欲望にかかわるリビドー経済の所有論と疎外論を展開する必要があると思われます。

必要の経済とはまずもって身体と自然とのあいだの物質のやりとりを意味します。必要の経済においてある商品（事物）を所有していることの意味は、その事物を自分の身体を養うために直接的・具体的に利用できることにありました。これに対して欲望の経済においてある商品（事物）を「所有」していることの意味は、その事物とのリビドーのやりとりを自分の心身を養うために直接的・具体的に利用できることにあるといえます。また欲望の経済は事物だけでなく他者とのあいだのリビドーのやりとりに重点があります。ただし他者は事物のように所有できるものではないので、この場合、他者の所有というよりは他者との密接な関係の維持と言った方がより適切でしょう。欲望の経済においてて他者とコミュニケーションを維持することの意味は、その他者とのリビドーのやりとりを自分の心身を養うために直接的・具体的に利用できることにあるというわけです。

さてここで、マルクスのいう労働生産物の疎外に対応するのはリビドー経済においてはいかなる事態でしょうか。マルクスのいう労働生産物の疎外とは、労働者が労働生産物に自己の実質を注入したにもかかわらず、生産物が自己の所有物とならず、したがって自己の身体を直接的に養う物質的な役割を果たさず、その代わりに抽象的な価値としての賃金を受け取る状況を指していました。これに対応すればリビドー経済における疎外とは、あるひとがその働きかけの対象、つまり具体的な事物や他者にリビドーを投射したにもかかわらず、その相手先から直接的にリビドーを回収することができずに、その代わりに賃金に負荷されたリビドーを受け取ってしまう事態ではないかと思われます。

その賃金は貨幣である以上人びとのリビドーの投射をすでに受けており、そのかぎりで賃金を受け取ることはリビドーの回収を意味します。ただしそのリビドーとは、事物や他者との具体的な関係とともに回収されるリビドーではなく、非人称の、つまり何の誰というわけではない抽象的なリビドーなのです。そのリビドーはそれを担う具体的な関係性から引きはがされており、具体的な関係性の代わりに貨幣という抽象的な量を与えます。その抽象量は、具体的であるはずの社交の喜びの等価物、代理物、すりかえられたものです。わかりやすく言えば、ある相手を愛し、その相手と持続的な関係を築こうとしたとしても、その対価としてその人物から直接的に愛を受けることがなく、その代わりに金銭のみが支払われる事態だということができるでしょう。ちなみにこの対価はかならずしも金銭である必要はありません。名誉でも地位でも評判でも、とにかく人格的で直接的な愛以外のかたちで非人称の量が支払われればよいわけです。マルクスがいう労働生産物からの疎外に対応して、これをリビドー関係性からの疎外と呼ぶことにしましょう。

こうした疎外された関係に陥ることによってひとは、リビドーの投射と回収の動作、つまりリビドー活動において、愛に満ちた自分の関係を具体的に展開し、信頼できる人たちとのネットワーク、つまり社交資本を形成することができなくなります。リビドー活動は、そこから直接的に報酬を得られる最高善の活動ではなく、ある別の目的のための手段、つまり疎外されたリビドー労働となり、そこにおいて自分の関係性をいきいきと発展させて自分を豊かに耕すことができなくなるのです。このときひとはリビドー労働しているときには自分ではないように感じ、リビドー労働をしていないとき、たったひとりになったときにただほっとして、自分のもとにあるように感じるのです。これを労働の疎外に対応してリビドー活動の疎外と呼ぶことにしましょう。

こうした事態に陥ることによってひとは、強制的な人間関係から離脱し、自分を自由に発展させる愛情ある生活へと至る過程から引き離されてしまいます。かつてひとは家や共同体が定めた伝統的な役割や人間関係を生きることを強いられていました。これに対して近代社会は共同体から個人を解放し、自由なリビドー活動を許すことによって、土地に這いつくばった動物的な生活から離脱し、都市において自発的に愛ある豊かな関係を築く自由な生き方を可能としました。都市において人々はただ生きることから、よく生きることへと生き方を変えることが許されたのです。しかしリビドー活動が疎外されることによって、自由な愛の活動であるはずのコミュニケーションがたんに賃金を獲得する手段となってしまいます。その賃金は、必要経済においてはたんなる動物的生存のために使用されますが、欲望経済においては疎外回復衝動のために消費されます。リビドー労働における疎外状況、つまり人格的な愛から切り離される疎外に陥るがゆえに、ひとはその代わりにリビドーが投射された商品やサービスを都会のただ中で購入し、自我の価値を高め自分の承認欲求を満たそうとするのです。

それはよく生きることの代理物にすぎません。愛は金銭や商品にこうしてすりかえられてしまいます。その結果ひとはふたたび、よく生きることからただ生きることへと、つまりたんにその場限りの承認欲求を満たす活動へとリビドー活動を切り下げることになります。愛の代わりに得られるのは、愛への飢えをその場限りで満たすような愛の代理物でしかありません。自分を愛に満ちた自由な存在にするはずの社交関係は人間をふたたび自我拡大の必然性の領域に閉じ込め、刹那的な関係やたんなる消費行動にひたすら明け暮れるいわばリビドー動物に還元してしまうのです。これを人類からの疎外に対応して社交的人間からの疎外と呼ぶことができるでしょう。

愛がその代理物のやりとりへと疎外されることによって、愛は、自由で人格的な社交の中でともに育まれ、すべての人に分かち合うことでさらに強化されるものではなく、ゼロサムゲームのように互いに奪い合うものとなります。そうすることで愛に関係する人間関係は相互に敵対的となり、愛のあるところで人びとは競い合い、憎しみ合うことになってしまうのです。これはマルクスの他者からの疎外に対応して、愛からの疎外と呼んでおきましょう。

ここで人びとは、最高善としてのリビドー活動を実現し、そのただなかで具体的な社交関係を充実させること、つまり社交資本を蓄積することを望んでいるのに、リビドー活動はその手段としての一般的な等価物（金銭、財産、地位、名誉、権力）の獲得へとすり替えられてしまいます。人びとが社交関係を自由に展開しながら、その社交資本を貧困化させていく秘密の一つがここに隠されているようです。しかしながらリビドー疎外論は、ひとびとが最高善を求めながらもいかにしてそこから引き剥がされていくかを説明するとしても、人々が獲得する善、つまりその社交資本の格差がいかなるかたちで生じるかの解明にはいまだ至っていません。

等価交換の原則

すべての人びとがコミュニケーション行為を通じてそれぞれの可能性を開花して魅力を高め、その社交力を蓄積できるのであれば喜ばしいことです。しかし現実にはなぜかそうはなりません。自由主義的な貨幣経済においては市場における自由な交換を通じて格差が発生します。これと同様、人びとの自由なリビドー経済においても、社交資本の蓄積に格差が生まれ、しかもその格差はますます拡大する傾向をもっています。欲望のリビドー経済における社交資本の格差、いうならば愛の格差がなぜ生じるのかを考察するために、まずもって産業資本主義、つまり必要の経済における経済格差がどのように生じるのかを見ておきたいと思います。ここからしばらくは近代経済学の復習です。

自由な状態にある二人の人間が自分の持ち物（労働者は労働力、資本家は賃金）を交換するのは、その交換がお互いにとって利益になるからです。もし相互に利益がないのに交換が行われるとすれば、そこには強制があるはずであり、これは自由主義の原則に反します。

ここで経済学はひとつの前提を持ち出します。それは〈自由な交換が行われた以上、その交換された二つの商品の価値は等しい〉というものです。これを等価交換の原則と呼ぶことにします[38]。この原則から論理的に導出されるもうひとつの原則は〈商品に込められている経済的価値は市場の自由な交換において実証される〉というものです。この原則は、商品のうちに込められているはずの「価値」という目に見えないものを目に見えるかたちで定義する重要な原則です。

たとえば自分が汗水垂らして作った米を一〇キロ一万円で市場に売りに出したとしましょう。それは高すぎると誰もが思い米は売れ残るでしょう。だがそれを高すぎると評価するためには、米の経済的価値についての客観的な評価基準が必要となるでしょう。その基準は市場、つまり商品の流通局面にあると近代経済学は考えるのです[39]。

ここで商品の価格は需要と供給のバランスにおいて決定されます。米が大量に売れ残っているのは、需要（その価格で人びとが買いたいと思っている量）に対して供給（その価格で人々が売りたいと思っている量）が過剰だからです。このアンバランスを調整するのが価格です。価格を下げれば需要が増加して供給が減少し、米は適切な速度で売れるでしょう。逆に米があっという間に売り切れて供給が追いつかない場合は供給に対して需要が過剰なのです。だから価格を上げれば需要が減少して供給が増加し適切なバランスが回復します。需要と供給をバランスさせる（均衡させる）適正な価格水準がそのときかならず見つかるはずです。その適正な価格がたとえば一〇キロ四千円である場合、米一〇キロの経済的価値は四千円という価格によっておおむね実証された、と考えるのです。

また町に米屋がなくて、私が米一〇キロを一万円で売りに出しても買い手が次々に現れたとしましょう。私はボロもうけです。しかしまもなくその町には米一〇キロを五千円で売る商売敵が現れるでしょう。高すぎる価格水準に対しては供給が自動的に増加するわけです。しかしそれを二千円で売る競争相手は現れない。なぜならその低すぎる価格は当の競争相手自身の利益を損なうからです。だとすれば、市場を自由に保つ、つまり商品の提供者の参入を自由に保つことによって、適正な価格は自然と実証されるはずです。それはボロもうけもできず、しかもあきらかに損をすることもない公正な価格水準になるでしょう。その価格は、普通の能力を持った人が、一応の企業努力をして一定の品質の商品を一定のコストで生産するのに要した費用（原価）に適正な利益を加えた水準にだいたい落ち着くはずです。これが市場における商品価値の実証のメカニズムです。

こうして市場は暴利や搾取を排除して商品の価値を正当に実証するというわけです。こうした公正取引の原則に従うならば、不正なダンピングや市場の独占は許されません。一時的なダンピングを通じて競争相手を破滅させ、その後市場を独占して価格をつり上げた場合、たとえそこで見かけ上自発的な交換が行われているとしても、購買者はその商品をその条件で買う以外に選択肢がなくなるのですからその交換は真に自由とはいえず、したがって公正ではないのです。この〈他に選択肢がない〉状態は自由な状態とは言えず、したがってこの状態における交換は公正とはいえないということにここで注目しておきましょう。

これに加えて、現実の市場にはさまざまな社会的規制がかかっています。たとえば行政が、公共交通を安定的に維持するためにある地域におけるタクシーの台数を総量で規制し、タクシーの運賃を認可制にしたりするようなことです。これにより、公共交通の安全は一定程度確保されますが、市場の自由は制限され、市場における価値実証は困難になるということができます。

リビドー等価交換の原則とリビドー市場価値説

以上は貨幣経済における等価交換の話でしたが、これに対応するリビドー経済の等価交換を考えてみましょう。ふたりの人間がコミュニケーションする場面を考えてみます。あるひとがその相手に自分のリビドーを投射します。相手がそれに対してリビドーを返してこなければ、もしくは返す量が著しく少なければ、その関係を維持するのは難しいでしょう。ここでお互いが自由にリビドーの投射先を選べて、またその投射量に強制がないと仮定しましょう。そうした条件下で両者の関係が一定程度継続しているとすれば、両者が交換したリビドー量はことなるとしても、それぞれが投下したリビドー価値の総計は両者の間で基本的に等しいと考えるのです。これを、貨幣経済における等価交換の原則にならって、リビドー経済における「リビドー等価交換の原則」と呼ぶことにしましょう。

リビドー量とリビドー価値を区別するのは、たとえば米の物量と米の価値を区別するのと同じです。たとえば魚沼産の新米コシヒカリ一キログラムがブレンド古米の二キログラムと市場で交換されるとしましょう。このとき、物理的な量が異なっても価値がひとしいのは、それぞれの商品の性質が異なっているからです。これと同様に、異なるリビドー量が同じ価値を持って交換されるのは、それぞれのリビドーの性質が具体的に異なっているからだと言えます。相手が返してくるリビドー量が自分が投射した量より少なくても、両者のリビドーは異なった性質をもっているかぎり、それで関係が成り立つならば両者のリビドー価値はひとしいと考えるわけです。

先ほども述べたようにリビドーというのは顕微鏡で見たり物差しや秤で量ったりできるような可視的・実体的なものではなく、コミュニケーションに関わる生命エネルギーを表現する理論的な概念です。ここでリビドーの投射量は生命力の支出を表すものであり、時間と強さで表現可能ないわば仮想的な概念です。これに対してリビドーの価値量は実証可能な社交的な概念です。それは誰が誰とどのようにつきあっているかを見れば、その人のリビドー価値が観察可能なかたちで実証されるからです。ここではリビドー価値を経済的な価値に相当する概念として定義しようというわけです。

それでは対等で自由なコミュニケーションにおいて、市場経済における価格に相当するものは何でしょうか。貨幣経済においては価値の客観的指標として貨幣が存在しますが、リビドー経済において貨幣に相当するものは存在しません。あるとすればそれはリビドーの交換比率です。たとえば私が誰かとコミュニケーション、つまりおつきあいしたいと思ったとしましょう。対面で素でおつきあいするときにはリビドー量の交換比率は1です。双方が自分の生命力を同程度の強度で同程度の時間だけ投射しあって交換が成立している状態です。

しかしそこに何らかの贈与があったとしましょう。つまり食事の勘定を持ったり、何かのプレゼントや便宜の供与があったり、本やレコードを貸したりといった付随する条件がそれです。そうした物品にはすでにリビドーが投射されているわけですから、そうした付帯条件によってコミュニケーションがようやく維持される場合、リビドーの交換比率は低下しているといえます。相手が与えてくるリビドー量は変わらないのに、こちらが付与するリビドー量だけが付帯条件によって増大しているわけですから、私の単位あたりのリビドー量がもつ価値は低下している、いわばリビドー単価が安くなっているわけです。言い方を変えれば相手方のリビドーの単価が相対的に上昇しているわけです。

貨幣経済において需要と供給を調整するのは価格でした。これに対してリビドー経済においてその両者を調整するのはこの交換比率です。双方のリビドー価値が変動し、コミュニケーションが成立しにくくなった場合、それを維持しようとすれば自分のリビドーの交換比率（価格）を調整しなければなりません。それは付帯条件を付ける場合もあれば、投射強度を強化するといった場合もあるでしょう。とにかく適正な交換比率を見いだすことによって、自分とのコミュニケーションに対する需要（魅力）を調整しなければならないのです。

相手の勘定を持つことでようやくリビドー取引が成立している場合、私がその場の勘定を割り勘にすることをあえて主張するならば、相手はより有利な交換先を求めて取引相手を変更するでしょう。そうすると割り勘にこだわる私はその相手を諦めて、交換比率が1の、つまり割り勘で素でつきあえる相手を探さなければならなくなります。いずれにせよ私は自分のリビドー価値にみあった交換相手と交換比率を甘受するほかないというわけです。これがコミュニケーションの自由市場における、リビドー価値の実証という事態です。

しかしながらこれは社交の自由市場が維持されている場合の話です。相手のリビドー価値が上昇している、もしくは私のリビドー価値が下落しているにもかかわらず、私がその人とのコミュニケーションを交換比率を変えないままでなお維持しようと望むとき、さまざまな〈社交的規制〉を持ち出すというもう一つ別の選択肢が私には残されています。

それにはまず心理的な規制があるでしょう。相手に様々な形で心理的な負い目を負わせるのです。「約束したのだから守るべき」とか、「これまでの恩を忘れたのか」とか、「どれだけ私があなたに尽くしてきたと思っているの」とか、さまざまな義務、道徳観などを最大限に動員して、コミュニケーションの自由を規制するのです。こうした心理的規制はコミュニケーションの自由を侵害しますが、しかし二人のあいだに関係的な安定性を作り出します。

それにくわえて制度的な規制をかけることもできます。そのもっとも代表的なものが契約であり、また婚姻や親子などの家族制度です。自由にキャンセルできないような社会的制度に依拠して相手の自由を縛るわけです。こうした制度的規制はコミュニケーションの自由を制限しますが、その規制こそが法的・社会的な安定性を作り出すと考えられています。

最後に暴力的な手段があります。心理的・物理的な暴力を振るって相手を離脱不可能な状態に置くのです。これは自由主義社会においては犯罪を構成する場合が多いといえます。いずれにせよこうした規制は、善かれ悪しかれコミュニケーションの自由を制約するのであり、そうした「他に手段がない」状態に置かれると、コミュニケーションが継続しているにもかかわらずそこに適正なリビドー交換比率が実現しないことになるのです。

格差はそもそも存在するのか

労働者は自分を他人の意志のもとで働かせることで賃金を得ます。ここで労働者は、自分の精神と身体をロボットとして、その使用権を時間決めでひとに売り、そのロボットの所有者としてその代価を受け取るのだと考えましょう。このロボットのことを経済学では「労働力」と呼びます。労働者はその労働力を商品として労働市場で売りに出し、その対価として賃金を得るのです。

もちろん労働者は、労働力の所有者としての自分を丸ごと市場で売ってしまうことはできません。というのもそのときには労働力という商品を売り買いする契約主体が存在しなくなり、それはもはや契約ですらなくなるからです。所有権の主体、ロボットの持ち主を丸ごと売りに出せば、その人は労働者ではなく奴隷になります。

これに対して労働力の市場において自由な競争が生じ、いくらの賃金でどれだけの時間どういう労働を行うのかについての契約が自発的に結ばれたとしましょう。そのときには近代経済学の前提に従うなら、その労働契約は公正であり、そこで合意された労働条件、とりわけ賃金は、かの等価交換の原則により労働力商品の正当な価値評価であることになります。

資本家たちはもちろん独占や価格協定をつうじて労働力を買い叩いているわけでもなく、また暴力や強制力を用いて労働者を支配しているわけでもありません。労働力の売り手も買い手も複数存在して選択は自由である。労働契約は自由な合意によってのみ結ばれ、拒否の自由はいつでもどこにでもある。ご不満ならいつでもお辞めになって結構です、というわけです。この意味で市場は自由であり、賃金は公正です。

自由競争という点で問題がないかぎり、労働者に対する賃金は経済学的に見て正当であり、したがって搾取も不公正もどこにもないと資本家は言い張るでしょう。たとえその賃金水準が劣悪で労働者が困窮したとしても、労働者がそういう条件で働かざるを得なくなったのも労働力市場における自由競争の結果なのだから適正だというでしょう。誰も悪くないし、どこにも不正はない、いうなればそれは、生きていけないほどの低額でしか評価できない労働力を提供する労働者自身の自己責任だ、というわけです。こうした考え方に従えば、労働者がどれほど困窮しているとしても、それは経済学が問題とすべきことではなく、社会福祉や政治の問題ということになるのです。

ここで奇妙なことが生じます。つまり等価交換の原則が成り立っているとすれば、いかに労働者が困窮していても、またいかに資本家が肥え太っているように見えたとしても、経済学的に見てそこに格差はそもそも存在しないことになるのです。というのも労働者と資本家はお互い等しい価値の商品を交換しているのですから、その結果それぞれが保有する経済的価値も等しくなっているはずだからです。

とはいえ双方が持っている銀行口座の残高はなぜか異なっています。だとすれば経済学のいう等価交換の原則や、その前提のなにかどこかにおかしな点があるに違いありません。もしくはその前提そのものは正しいとしても、その適用のしかたに問題があるのかもしれません。

この問題については様々な説明がなされてきました。そのなかでももっとも有力な考え方は、等価交換の原則それ自体は正しいとしても、労働力市場には近代経済学がいう自由競争が存在していないので、労働力と賃金の交換は不等価な交換とならざるをえないというものです。

労働者たちは自分の労働力が売れなければ食事ができず、家賃が支払えず、街頭に放り出されて餓死してしまう危険に曝されています。そうした切迫した「必要」が、つまり生命の急迫がすぐそこに迫っています。それゆえ労働者は自分の労働力ロボットの使用権を安くてもとりあえず売ってしまわなければなりません。下限を決めて交渉するということ、売る売らないを自由に決めることが、切迫した「必要」のゆえに事実上できないのです。

労働力商品が通常の商品と異なるのは、どれほど自分の不利益になっても、それを今日売らずに済ますことはできないということです。その結果、労働力の投げ売りが発生して中長期的に労働者は破滅していきます。自分の利益のために誰からも強制されることなく契約を結んでいるはずなのに、その「自由」の必然的結果として破滅するのです。

労働力市場は見かけ上自由だとしても、労働者の側からすれば〈その条件で働く以外の選択肢が事実上存在しない〉のです。他に選択肢がないこうした状態は経済学のいう市場の公正さの規準からみれば独占的な状態だといえます。「そこでしか買えない」という市場の独占が不正であるように、「そこでしか売れない」という労働力の状況は、いわば売り買いが逆になった逆独占状態なのだと考えることができるでしょう。このように考えれば労働力市場において公正な取引原則、つまり等価交換の原則が成り立っているという前提は崩れてしまいます。

しかしこれでもまだ十分な批判ではありません。というのも〈その条件で働く以外の選択肢が事実上存在しない〉という事態そのものが、その労働力を市場が公正に評価した結果なのだ、という再反論が可能だからです。先の米の例でいえば、米の品質が平凡で一〇キロ二千円でしか売れず、それ以外に売りの選択肢がないからといって、その価値実証が不正だとはいえないのと同じです。これだけでは「生きていけないほどの低額で評価される労働力を提供することしかできない労働者自身の自己責任だ」という資本家の論理を決定的に覆すことは難しいのです。

したがって市場による労働力の価値評価を不公正だとつよく言うためには、商品の本来の価値は市場による評価とは独立したしかたで決まる、という積極的な価値の理論が不可欠です。労働力の価値を労働力市場以外のルートで計算するそうした別の計算法があってはじめて、自由市場で決まる賃金を「安すぎる」と批判することが可能となるのです。そうすることではじめて経済的な格差の存在を経済学的に証明できるのです。

労働価値説

労働力商品の価値、いうなればその原価をいかにして示すことができるでしょうか。それは他のすべての商品の原価がそうであるように、その労働力商品を生産するのにかかる価値の総計、つまり生計を維持するのに必要となる商品の価格の合計によって表現されます。したがって労働者に支払われるべき最低賃金というのは、労働者ロボットとしての自分をその労働者自身が維持するために食事をし、住居を確保し、衣料をととのえ、なお結婚して労働者の子孫としてのロボットを生産し教育するのに〈必要〉な費用の総額を基準として算出します。今日と同じように明日も労働力を維持することを労働力の再生産といいます。つまり労働力の価値は労働力の再生産費用に対応することになります。

ここで注目すべきなのは、自由市場における「流通」、つまり取引によって決まるはずの市場価値に対し、この考え方が労働力の「生産」、つまり生きる人間の〈必要〉という生理的な原理に依拠して価値を定めようとしていることです。一日二四時間という有限な時間を生きる人間が、自分の時間の何割かをロボットとして労働することで、それなりに明日も元気に働きに出ることができる、そうした〈必要〉が満たされる最低水準を、市場価格に対する歯止めの原理として設定するのです。労働力は市場から独立した価値を持つ。なぜなら労働力を提供するにはそれをつくる「原価」がかかっているからだ、というわけです。

しかしながらここで一つの問題が生じます。労働力に価値があるのは、それを維持する商品に価値があるからです。しかし結局その商品もまた労働力によって作られるわけです。ここでは価値の源泉を労働力にも、そしてその労働力を維持する商品にも最終的に求めることができません。これは一つの循環論法を構成します。この循環は交換の回路の内部において価値の源泉がぐるぐると回転するという循環なので、その循環を打ち切り、究極の価値源泉を見いだそうとすれば、そのぐるぐる回路の外部に出るほかありません。その外部、価値の最終的な基礎とは労働者の身体という自然です。価値は、人間社会の交換の回路の外部で、究極的にはこの自然から生まれると考えざるを得ないのです。

価値とは自然生命としての人間が、一定の労働時間に一定の生命的な力（自然的実質）を商品のうちに注入（投下）することによって形成されると考えるわけです。この生命力の支出が時間当たり一定だと考えれば、ごく普通の人間がふつうに労働した時間分のなにかが商品に込められている分だけ、その商品は価値をもつことになる。人間の内的自然の注入、つまり労働の支出時間に価値の源泉をみるこの考え方は、先に述べたロックやスミスの思想を基盤としてリカードやマルクスが受け継いだもので（投下）労働価値説といいます。

空気は人間の生存にとって絶対的に必要なものですが、しかしそれを調達するための労働時間はゼロなので、そこには何も込められておらず、したがって経済的価値はありません。これに対して水や石油や鉄鉱石といった素材には、その資源を発見して管理して精製加工し、それを使用場所まで運搬するために労働時間が支出されているので、経済的な価値があるのです。そしてその資材にさらに労働時間を支出して製品ができあがります。その製品を使用者のところに運搬して販売するのにも労働時間がかかります。これらすべてを積算してはじめて、小売店での商品の経済的価値が定まるというわけです。

経済的価値の出発点は人間の生理的な身体です。これが様々な商品を生産します。そしてそれを生産する人間の身体は、ロックの言うとおり、その生産物によって養われる当然の権利（所有権）を持っています。ロックにとって労働する身体と自然の結びつきが不可分で必然的であったように、身体とそれを養う商品はこの点で不可分でありその結びつきは必然的なのです。だとすればロックの所有権の原則に従うかぎり、労働する身体は、その身体を養うかぎりの商品の全体（を購入できる賃金）に対する原理的な所有権を保持していることになるでしょう。これが労働力の価値を、その時々の市場の評価ではなく、その再生産費用に対応したものと見なすべきとする労働価値説の哲学的根拠だと私は考えます。

モノにはすべて原価というものがあって、それはすべて資材の調達コストや製造コストの積算によるという考え方は、とくに建設関係などではよく見られるのですが、その考え方の基礎にあるのがこの労働価値説だということができるでしょう。この労働力の原価主義は、市場における社交（関係）ではなく、労働力の再生産費用、つまり労働する人間の生理的身体の〈必要〉を基盤として事物の価値を説明する考え方です。そして市場の価値評価が不正であるのは、すべての価値の源泉である人間の労働力の実体的価値を、その価値にふさわしくない水準で流通市場が買い叩いているからです。働く人間こそがすべての価値の源泉である、この考え方は、労働する人間こそが社会の中心を担うべきだと考える古典派経済学やマルクス主義の基本的な人間観を形成しています。

搾取とは何か

ここに一人の公正なる資本家が存在して、その資本家が労働者に支払う賃金は労働力の再生産費用にきれいに相当すると仮定しましょう。この再生産費用に対応する労働者の労働をマルクスは「必要労働」と呼び、それに対応する労働時間を「必要労働時間」と定義しています。これがなぜ「必要」と呼ばれるかといえば、労働力の再生産費用は労働者が生きていくため、したがって労働者階級が存続するため、ひいては資本とその世界が存続するために最低限〈必要〉な費用だからです[40]。労働者やその家族が一応社会的で文化的な最低限度の生活をおくるために〈必要〉な賃金を資本家が支払っているかぎり、労働価値説からしてもその支払いは公正であり、等価交換の原則を満たしていることになります。

しかし同時にその公正なる資本家は、労働者に支払う賃金を変えずに、必要労働時間より少しばかり長い労働時間を設定して、その賃金を超えた価値を生み出すように労働者を働かせることができます。労働者の労働時間を少しばかり延長しても同一の賃金で労働者が昨日の通り明日もまた生活できることには変わりがないかぎり、労働力の原価主義から見てそれは依然として公正なのです[41]。

しかし労働時間の延長には限界があります。そこで資本家は労働者に機械を使わせることにします。労働者が機械を使えば、同一の必要労働時間で労働者は何倍もの生産量を生産することが可能になります。機械を導入し労働生産性を上げたとしても労働者に支払うべき賃金は変わらないので、その賃金を上回る大きな経済的価値を資本家は手にするのです。もちろん機械には費用がかかっていますが、それを全部差し引いてもなお資本家の手元には賃金を上回る利益が残るでしょう。資本主義経済において機械化と工業化が進展する原動力をマルクスはここに見ようとしました[42]。

マルクスは、賃金を上回って獲得される価値を「剰余価値」と呼び、それに相当する労働を「剰余労働」と呼びました。資本家は労働者を労働力の再生産費用によって雇用するが、しかし同時に、その剰余労働部分を用いて、その再生産費用を上回る剰余価値を生産するというわけです。この剰余価値を資本家階級が取得するところに、資本家による労働者の「搾取」が生じるとマルクスは考えました。労働者は機械によって大きな価値を生産しているにもかかわらず、労働者に支払われるのは本人や家族がなんとか生きていけるだけの賃金だけであり、したがってその差、剰余労働とそれに相当する剰余労働時間を労働者は資本家に「搾取」されているというのです[43]。

今日の目から考えてみれば、このマルクスの搾取概念はテクストのコンテクスト化と同じ構造を持つということができるでしょう。ここでテクストとは、そこに書かれている文字通りの意味、直示的意味を指します。たとえば「私はこんど結婚することになった」と発言すればそれだけの意味です。しかしこれが特定の場面（たとえば男女が向かい合った昭和風の喫茶店）において発話されると、「あなたとはもうおつきあいできないの」という副次的意味を発揮します。この特定の場面、テクストが位置づく文脈のことをコンテクストと言います。直示的な意味を示すはずのテクストにこの副次的な意味効果が発生することをテクストのコンテクスト化というのです。

生産物の価値は、労働者が自分の実質を生産物のうちに注入することによって生まれると労働価値説は考えます。同様にテクストの意味もまた、書き手がそこに何らかの意味を込めることによって生まれると考えられます。しかしながら資本家は、労働者が書いたそのテクストを別の文脈、機械による生産連関のうちにはめ込みます。つまり機械のうちでその労働力を発動させたり、より大きな価値を生む流通の枠組みの中に商品を位置づけたりして、労働者の同一の労働によってより大きな価値、副次的な価値を実現するのです。労働者の労働をどのような機械文脈（コンテクスト）の中に位置づけるか、これが経営者の手腕になります。

この機械文脈というのは、マルクスの場合は蒸気機関によって駆動される紡績機械のようなリアルな機械だったのですが、今日ではこれをより広く理解するべきでしょう。たとえば居酒屋の主人がアルバイトを時給八〇〇円で雇用したとします。そして自分が組織した居酒屋の店舗でそのアルバイトを働かせて一時間に三千円の利益を上げたとしましょう。この店舗を経営者としての居酒屋の店主が構成した機械連関だと考えるのです。そこでは宣伝活動も、店構えも、店名のブランド価値も、その機械を構成する要素として含まれています。このとき店主は労働者を自らの機械文脈において働かせて差額の二千二百円を搾取したというわけです。

また機械化と工業化によって生活用品が安価に生産できればそれだけ労働者の生活費用も低下するので、労働者に支払う最低賃金水準も低下します。資本家は機械化によって、一面においては生産効率の向上によって、他方においては賃金水準の低下（いわば貧困デフレ）によって、その両面から剰余価値をひねり出すのです。デフレーションが進む中で一部の企業が大きな利益を上げることができるのは、労働力の再生産費用が同時に低下することによって、労働者に支払う賃金水準をさらに引き下げることができるからです。そしてそれはさらに物価を押し下げ、さらにそれは人件費の切り下げを可能にしていきます。今日企業はこれを国内において遂行するだけではなく、海外の安価な労働力を利用することで実現します。工場を国外に移転してそこから製品を輸入するのです。そのたびごとに利益の可能性、つまりは搾取の幅は広がっていくことになります。労働者の賃金水準が低下すればするほど、資本家の懐には価値が蓄積され、こうして経済的格差が広がります。

しかしながらマルクスのこうした搾取概念は、今日ではもはやそのままでは通用しなくなっています。というのも、労働者の労働を利用して資本家がより大きな利益を上げたとしても、それ自体は労働者自身には何の悪影響も及ぼさないので、これをもって搾取というには無理があるからです。とりわけ現代の〈欲望の経済〉においては、マルクスの時代よりもはるかに経営者による文脈の設定が経済価値の産出に大きな役割を果たしており、経営者がその知的な「労働」を成功させたことによって労働者が搾取されたと主張することはますます難しくなっているのです。

これはたとえば文化的な商品を例にしたときにはっきりします。アニメ映画のプロデューサーをかりに資本家と仮定しましょう。その彼が、アニメ動画を描くアニメーター（労働者）に対して、本人や家族が十分に暮らしていけるだけの賃金を約束し、その通りに支払いをしたとします。その作品が興行的に失敗した場合も無論、プロデューサーは自己の責任においてアニメーターに契約通りの正当な賃金を支払わなければなりません。しかしその映画作品は結果的に大ヒットして空前の利益をプロデューサーは手にします。プロデューサーはその利益を次の映画を作る資金にしようと考えますが、そのとき、その作品のヒットによって利益が上がったことをもってアニメーターが搾取されたということは難しいでしょう。

搾取という言葉はドイツ語ではアウス・ボイトゥングという言葉に相当します。それは文字通り「搾り取る」という意味であり、したがって本来その言葉は、生産のただなかで労働者が、充実したその精神や身体をぎゅうぎゅうに搾り取られてたんなる残りカスへと窮乏化していくことを意味するはずです。先ほどのアニメの例で言えば、その賃金で食べていくことができないような労働条件でアニメーターが雇用されており、にもかかわらずプロデューサーがその過酷な条件ゆえに利益を上げているとすれば、それを搾取の名で呼ぶことに躊躇はいりません。

したがってマルクスの言う剰余労働の「搾取」は、搾取というよりはむしろ「取り込み」とでも言うべきものだと考えます。資本家は労働者の労働を機械連関や特定のビジネスのコンテクストのうちに取り込んで副次的価値を実現します。マルクスの時代においてはこの「取り込み」のなかで最低限の賃金水準が保障されず労働者の窮乏化が同時に生じていたので、労働の「取り込み」をもって搾取という〈見なし〉が生じたのだと思われるのです。

より深刻な問題は、労働者の必要を満たせない賃金水準で労働者が雇用されてしまい、しかも等価交換の原則によってその賃金を経済学が正当だと認めてしまうということなのです。これにより労働者はみずから利益を求めて誰からも強制されることなく雇用契約を結ぶのに、結果としてその利益を失い自分を資本家にしぼり取らせてしまうという逆説のメカニズムこそが問題なのです。お互いが強制なく契約するときには双方が利益を得ているはず、という古典的な自由主義の建前がそこでは崩壊しているにもかかわらず、なおそれが成立していると主張する虚偽にこそ不正があるわけです。

今日、ワーキング・プアが問題となっているのは、きちんと仕事をしているにもかかわらず労働力の再生産費用がまかなえない状態に労働者が置かれているからです。これは失業者や労働困難な人たちが貧しいのとは話の次元が異なります。そうした人たちが貧しく困窮しているのは人道上もしくは社会福祉上の問題ではあっても、直接的に経済的な不正の結果ではありません。これに対してワーキング・プアが意味しているのは、労働者に労働力の再生産費用が支払われていないということであり、これはロックに基づく近代の所有権の原則から見れば言い逃れのできない経済的不正となります。マルクスが一九世紀のイギリスの貧困状態を問題にしたのとまったく同じ組織的で構造的な不正が現代にも存在することをそれは意味しています。

リビドー労働価値説

リビドーとは基本的に人間の生命力によって心のなかに生みだされ貯蔵されるエネルギーのことでした。このリビドーを増殖させることを目的として自我は他者とコミュニケーション過程に入ります。このコミュニケーション過程とは、貨幣や商品や言葉などの広義の交換過程であり、同時にそれを通じたリビドーの流通過程のことを指します。この流通過程においてリビドーの等価交換が行われ、リビドーは交換においてその価値を実証されることを先述しました。

しかしリビドーの等価交換原則というこの考え方は、貨幣経済における等価交換の原則と同様に、現実に存在するリビドーの格差や搾取を説明できません。なぜならばいかに非対称なリビドー取引であったとしても、それが等価なリビドー価値の交換であるかぎり、そこには格差も搾取も存在しないことになるからです。現実にそうした格差が存在することが否定できない以上、リビドー等価交換の原則をこえるリビドーの新たな価値評価軸を打ち立てなければなりません。

ここで労働価値説との対比でリビドー労働価値説というものを考えてみましょう。労働価値説をリビドー経済に適用してみれば、ある対象や人物のリビドー価値は、リビドー等価交換の原則に従ってその対象や人物と誰かが自由なコミュニケーションを取り結ぶことによってのみ実証されるものではありません。そうした社交における実証の論理をこえたリビドー価値を原理的に形成する論理がそこでは必要とされるでしょう。労働価値説においては労働者が自己の内的な自然の生命力、つまり労働を対象に投下するがゆえにその対象は価値を帯びたのでした。だとすればリビドー労働価値説においては、心の働きがその内的な自然の生命力、つまりリビドーの実体量をその対象に投下（投射）するがゆえにその対象はリビドー価値を持つことになるでしょう。

マルクスの労働価値説との厳密な対応をとるならば、そのリビドー価値はリビドー実体の投下量に相当し、その量は、それが平均的な強度において投射されているとすれば、基本的にリビドー実体の注入時間によって測定できることになります。たとえばふたりの人間が対面で会話している状況について考察してみましょう。そのコミュニケーションにおいて、二人の人間はお互いのリビドーを自分の言葉や表情にチャージしてそれを交換していると考えましょう。そのときその対面相手に投下しているリビドー価値が互いに等しいとすれば、交換のリビドー比率が一対一の場合、お互いが支出しているリビドーの注入量は同じであり、しかも注入時間も等しいことになります。

さて、一人の師匠に対し、二人の弟子が同時に対話しているときには、時間当たりの師匠のリビドー支出量を一とすれば、師匠が二人の弟子から受け取るリビドー量は二となり、等価交換の原則が成立しないように見えてしまいます。だがこのリビドー過程を観察すると、二人の弟子はますます力づけられてその目はますます光り輝いており、とてもリビドーを搾取されているようには見えません。こうしたことが生じるのは、師匠の話にはそれまでの修行の成果が、つまり師匠の長年のリビドー活動時間が凝縮されているからです。このとき単位時間当たりの師匠の話のリビドー量は弟子の二倍となり、リビドー量の交換比率は一対二となりますが、しかし依然として等価なリビドー交換がなされていると考えることができます。

一人の教祖やアイドルに対して数万人の観衆といったように、たとえリビドー量の交換比率が著しく非対称であるように見える場合であったとしても、それが自由な交換であり、お互いの心がその交流によって豊かになるとしましょう。このとき教祖やアイドルは観衆のリビドー投射を一身に受けているので、教祖らが放射する単位時間あたりのリビドー量は常人の数万倍となり、たとえ数万対一の関係であったとしてもそこにはリビドー等価交換の原則が成り立っているといえるのです。このように考えればリビドー労働価値説を採用しつつ、なおリビドーの等価交換の原則に結果的に適合するかたちで、リビドー価値の形成を説明できるように思われます。

ところが先の幸福な師弟関係やアイドルコンサートとは異なり、世の中には一方だけがコミュニケーションの潜在能力を高めて行き、他方がそれを失っていくという非対称の関係性もあります。貨幣経済においては、その人が所有している総資産が貨幣によって数量的に表現できるがゆえに、経済的な格差が誰の目にもはっきりと示されます。これに対してリビドー経済においてはリビドー量の数量的な表現が比較的困難です。それゆえにリビドー交換が結果として格差を生んでいる不公正な現実を客観的に示すことがより難しいのです。とはいえ現実として人びとのコミュニケーション能力に大きな格差があることを否定するのもこれはこれで困難です。

たとえば先の師匠と二人の弟子の関係を見てみましょう。この対面関係において師匠はますます元気になるのに、弟子が疲弊し、そのエネルギーを吸われているようにみえるとしましょう。このとき弟子たちが師匠にリビドーを吸い尽くされて、そうであるがゆえにますます弟子が師匠に従属しているように見えるとすれば、それはいかなるメカニズムで生じているのでしょうか。

それが自由な社交である以上、リビドー価値の等価交換の原則が成り立っていて双方が交換するリビドー価値は同等なはずなのに、なぜか双方が保有する実体的なリビドー量には大きな格差が生じてしまうのです。このとき、貨幣経済において等価交換の原則が問題化したのと同様に、リビドーの等価交換という原則のどこかに無理が潜んでいるのは間違いないと思われます。このとき、見かけ上公正であり等価であると主張されるにもかかわらず、実体としては不公正なリビドー取引が行われており、それが社交における不平等と非対称性、すなわち心理的な支配の起源となっていると考えなければなりません。このときにはリビドー価値をリビドー等価交換の原則によって実証するという先のリビドー市場価値説が通用しなくなるのです。そして今こそリビドー労働価値説が登場し、等価交換の原則を乗り越えてリビドー価値の原理的形成を独自に説明しなければならないのです。

労働価値説においては労働力の価値は労働力の再生産費用に相当しました。これに対応すれば、リビドー労働価値説においては物品や貨幣や言葉や仕草に対象化されたリビドー価値の総量は、そのリビドーを生産した心の働き（いわば「リビドー力」）を維持するのに必要なリビドー量によって測定されます。リビドーの生産力を維持するには、そのリビドー力の再生産コストがかかるのです。この再生産コストを下回るようなリビドーの価値評価、つまりリビドーの交換比率しか社交において達成されない場合、心が貯蔵するリビドー価値はその社交関係によって搾り取られ、リビドーの蓄積量は減少して心は窮乏化するといえます。

リビドー格差の起源

労働価値説にとって、労働力の再生産費用を下回る賃金しか支払われないときにはそれは不等価な交換であり、市場価値説が主張する等価交換の原則はそこで失効しました。これと同様に、リビドー労働価値説にとっては、心を再生産するのに必要なリビドー量を下回るリビドー量しか社交において得られないときには、交換される双方のリビドー価値が等価であると主張するリビドー等価交換の原則は破綻します。

リビドーの回収量がこれを下回れば搾取といえるそうした理論的な基準はどこにあるのでしょうか。貨幣経済の場合それは労働力の再生産費用という明白な基準がありました。だがこれに対応しうるリビドー経済における客観的なリビドー基準線を見いだすのは容易ではありません。なぜならリビドー経済においては貨幣に相当する客観的尺度が存在しないからです。しかしそれでもあるコミュニケーションがある人のリビドーを搾取しているかどうかは、そのひとのコミュニケーションを実現しそれによって実現される潜在的な能力、つまり社交資本がそのコミュニケーションを通じて顕著に減少しているかどうかである程度は観察できるでしょう。

心のリビドーそれ自体が減少しているかどうかは外部から観察不可能ですが、社交資本の貧困化は外側から客観的に判断することができます。そのひとの人間関係が安定的でかつ発展的である場合には、そのひとの社交資本は増大しているといえるでしょう。逆にその人を取り巻く重要な人間関係が不安定であり、かつその不安定さを理由として様々な人間関係の貧困化が生じ、結果としてコミュニケーション能力に障害が生じている場合には、その人の社交資本は減少しているわけです。社交資本についての観察可能なこうした状況に対応するかたちで、そのひとの心のリビドー量の窮乏化、つまりその搾取的状況を定義することができると考えます。

それではなぜ、不等価で搾取的なリビドー交換が不利な側の自発的な意志によって維持されるのでしょうか。一定のリビドー量を保持したプレーヤーがさらに自らのリビドー量を増殖させるために自由な社交関係に入ります。ごく普通に考えてみれば、このときコミュニケーションを繰り返すことでそれぞれのプレーヤーが保持するリビドー量に大きな格差が生じることは考えにくいと思われます。なぜなら双方はお互いが豊かになるためにコミュニケーションに参加しているのですから、自分のリビドーが失われるような不利な社交を継続するとは考えにくいからです。

にもかかわらず現実には大きな格差が生じます。人間関係を継続すればするほど、一方の心や魅力は豊かになってますます人を惹きつけ、他方の心は貧しくなって誰も見向きもしなくなる。こうしたリビドー格差は、一方に他方がきわめて不利なリビドー交換比率で従属するという支配的な社交関係を生みだします。そして外側から見ればそうした関係からいつでも自由に離脱できるように思われるのに、なぜかそうしたコミュニケーションが双方の自発的意思によって継続されているように見えてしまうのです。

その一つの理由は、リビドーの窮乏化は物質の窮乏化に伴って生じるというものです。心の窮乏化は多くの場合、貨幣経済的な窮乏化と並行して生じます。先に述べたように、〈必要〉のゆえにひとは物質的な窮乏化の過程から離脱することは困難です。先ほどの師匠と弟子の例で言えば、師匠が弟子に就職の世話をしたり非常勤講師の口利きをしている場合には、それを打ち切られれば弟子は物質的に窮乏化するので師匠につきあわざるを得なくなります。そしてその大人の社交がさらに弟子のリビドーを消耗させるとしても、弟子はひきつづきそれに応じざるを得ないのです。こうして師匠の顔はますますてらてらと輝き、弟子の顔はうつむきがちでますます生気を失っていくというわけです。

しかし物質的な強制力とは無縁なリビドーの窮乏化もあります。つまり〈必要〉から切り離された〈欲望〉の次元における窮乏化です。先ほどの説明において資本家と労働者のあいだに経済的な格差が生じるのは、労働者の生命の必要、つまり窮乏化のゆえでした。このことをリビドー理論に適用してみましょう。自己が保持するリビドーは心の活動によって否応なく消費されてゆきます。ここで自分の心を駆動するエネルギーが枯渇してしまえば心は生きていけませんから、愛に飢えた自我は選択の自由を実質的に失い、眼前の不利なリビドー取引に応ぜざるを得なくなるというわけです。

リビドー量の消耗はいわば加速度的に進行します。というのも、自分が保持するリビドー量がひとたび減少してマイナスのフィードバック・ループに捉われたいわば落ち目の人は、投資先としての魅力を保てないからです。そこでその人は、そうしたループから早急に離脱するためにより不利な交換比率に合意せざるをえなくなる。しかし不利な条件に合意してしまえばそれだけますます自らの魅力は失われる。こうしてそこには極めて短時間の間に大きなリビドー格差が発生することになります。

ここで問題になるのは心理的な〈不安〉です。ひとは何らかの理由があって一時的に不安に陥ることがあるでしょう。人間ドックで精密検査が必要だと言われたとか、受験の結果が心配だとかという一定の明確な理由がある不安はここでの問題ではありません。なぜならその理由が解消すればその不安も解消するからです。この点で、「恐怖」もまた、通常の場合にはその対象と理由がはっきりしています。これに対して、理由のない不安、自分の人生を漠然と彩っている不安というものがあります。

ハイデガーという二〇世紀ドイツの哲学者は、こうした原因不明の不安の根底には自分を支える根拠を自分がその外部に持たない人間存在の根拠のなさがあると『存在と時間』という著作のなかで述べています。[44] 癌の宣告を受けたり、遭難事故にあったりして死の危険が眼前に迫ってくると、それは対象のはっきりした恐怖という形をとるでしょう。ところが日常生活においてひとは、他人の死を知ってはいても、それはまだ自分にとってただちに生じるものではないと思われて死を忘却しています。しかし自分がいずれ無に帰する根拠の無い存在であるという事態は、フロイト的に言えば抑圧されているだけでかたちを変えて日常生活の全体を薄く彩ることになるのです。この根拠のなさのゆえに、不安という根本的な感情にひとは捉われるとハイデガーは考えました。

コミュニケーションが自由であるならば、自分を貶めたり、自分の心を傷つけたりするような「取引」を自発的に続けることは通常考えられません。リビドー等価交換の原則は、貨幣経済における等価交換の原則と同様、自我は自分に不利な取引をしない、という前提の上に成り立っています。しかしながらこの種の不安にひとたび囚われると、この基本原則は成り立たなくなります。なぜなら不安からなんとか逃れようとして、自己のリビドーを搾り取られるようなコミュニケーションにみずから進んでひとは入り込んでいくからです。

〈必要〉の次元において問題となるのは物質的な欠乏です。人びとがみずからの生存を確保するにはまずもって物質を消費します。人間の身体はみずからの生理的な組織に蓄積された物質を消費することで生き、それを使い切ってしまえば死んでしまいます。したがってこの生理的な死を基準点としてそれをそのつど回避するために物質的な補給（財）を人は〈必要〉とするのです。したがってこのとき、すべての労働はこの死からその意味を受け取っているといえます。ここに生じる基本的感情はその対象が明確な、欠乏への恐怖です。

これに対して〈欲望〉の社会において問題となるのは関係性の欠乏です。他者との関係性において人間の心が維持されるには心はリビドーを消費します。人間の心はみずからに貯蔵したリビドーを消費することで生き、それを使い切ってしまえば活動を停止し、それは社交的な死をもたらします。したがってこの社交的な死を基準点として、それをそのつど回避するためにリビドーの補給（社交）をひとは〈欲望〉するのです。したがってこのとき、すべての労働はこの社交的な死からその意味を受け取っているといえます。

この社会で人びとがもっとも恐れる状況とはすべての潜在的社交能力がゼロになった状態、つまり回復不能な孤独に陥ることではないかと私は思います。誰からも気にかけられることなく、ただひとりアパートの個室で、看取る人もいなくてひからびていくことへの恐怖です。これからロボット技術が進歩して、介護が自動化される日も近づいてくるでしょう。介護される高齢者がアパートの一室で、政府が貸し出してくれる介護機械に囲まれながら、誰にも知られることなく長期間「栽培」された後、ひとり静かに息を引き取り、その場で遺体を自動処理される、そんな日が来るかもしれません。もちろんその間、ネットを通じて本も読めるし映画も見れるし、ロボットが会話や疑似セックスの相手をしてくれます。[45]こうした状態は人間の生理的な生存を確保するという点では問題ありません。しかしコミュニケーション的観点からいえば、自分の存在の意味を誰にも与えることができないのです。そんな状態はもはやコミュニケーション的にはすでに死んでいる、つまり自分が社会的に存在していないのと同然です。

こうしたコミュニケーションの死を先取りするかたちで、ひとはいまここのコミュニケーションの意味を計っているのです。必要の社会において凍死や餓死を回避するために人々が労働に駆り立てられたように、欲望の社会においてひとは独り孤独に消え去ることがないように、だれからも話しかけられずにひからびていくといったことがないように、仕事をし、家を建て、結婚し、子どもや友人を作り、老後の蓄えをする。この社会においてもっとも重要なのは、話しかけたい、交わりをもちたいといった欲望を自分に抱いてもらうような魅力を維持し続けること、それを失わないことです。そのために技能を身に付け、身なりを整え、センスを磨き、ポジションを確保して、美容と健康に気を配り、収入を確保する。ここに生じる基本的感情は、その対象のはっきりとしない、関係性の喪失への不安なのです。

必要の経済においてひとは自分の生理的身体が崩壊してしまう〈恐怖〉に駆られていかなる不利な労働契約にも応じてしまいます。この場合、その恐怖の対象は飢えやホームレス状態などと明確であり、経済的な安全が保証されればその恐怖は解消します。これに対して、欲望の経済においてひとは、自分の精神や身体が愛の欠乏によって崩壊してしまう不安に駆られています。この不安は対象が不明なので、それを解消することは必要の経済よりはるかに困難です。

それではこの不安は一体どういうメカニズムで生じるのでしょうか。ここで問題なのは、必要の経済において労働者が窮乏するというようには、欲望の経済においてひとは精神的に単純に窮乏化したりはしないということです。コミュニケーションする相手が少なかったりほとんど存在しないとしても心豊かに暮らしている人はいくらでもいます。逆にいえば多くの友人や、しっかりした配偶者が周りに存在していたとしても心を窮乏化させている人はいるのです。だとすれば心の窮乏化を引き起こす不安には、必要の経済における欠乏の恐怖とのアナロジーを超えた、独自のメカニズムが存在すると考えるべきでしょう。

リビドーの本源的蓄積

不安のひとつの原因は、リビドーの本源的蓄積の不全に求めることができます。貨幣経済において労働契約を通じて資本主義が価値を蓄積するには、財産を蓄積した資本家と財産を持たない労働者がその前提条件として必要です。マルクスやローザ・ルクセンブルクを始めとするマルクス主義の思想家たちは、市場における自由な交換に先立って、交換以外のしかたで資本と労働力が形成される過程を論じました[46]。その資本と労働力は、多くの場合、剥き出しの暴力や政治的な支配をつうじて形成されるとそれらの思想家たちは考えました。つまり、生産手段と人間が有機的な関係したありかたが破壊され、生産手段から暴力によって引きはがされた人間は労働者になり、人間から暴力によって引きはがされた生産手段は資本となったというのです。

たとえ合法的に形成されたようにみえる資産といえども何世代も相続されるうちにその暗い起源が見えにくくなっている場合があります。財産の系譜のうちには、多くの場合、自由な交換に還元できないむきだしの暴力が見え隠れするものです。市場において自由な交換を開始する元手と人材は市場以外のところから調達され蓄積されたはずだ、そして現在においてもその元手と人材はそうしたしかたで密かに交換以外の強制的手段で調達され続けているはずだ、とそれらの思想家は考えました。これを資本の本源的蓄積と言います。

リビドー経済においてもこうした本源的蓄積を想定できるでしょうか。おそらくそれはある程度において可能だと思います。リビドー経済における本源的蓄積がおもに問題となるのは自我が成立してその制御下でリビドーの等価交換が開始される以前の段階です。その時期に周囲の人々からどれほど密接で「無条件の」愛を贈与されたか、それが愛の本源的蓄積に相当するでしょう。無論そこでは乳幼児や幼少時における親との関係が決定的に重要な役割を果たします。

厳密に言えば、乳幼児もまた親に全面的にリビドーを投射していますから、親からのリビドーが「無条件」であるとはいえないと思います。たしかにそこには交換の要素があるでしょう。とはいえそのとき、等価交換を形成し制御する自我がいまだ発達していないので、親からのリビドー回収は交換原理以前の贈与という性質を帯びるのです。この贈与としてのリビドーの蓄積がナルシシズムの原型を形成し、心におけるリビドーの最初の資本を形成します。その資本はその後の生育過程の中で交換を通じて豊かに発展させられる場合もあれば、傷つけられて大きく損なわれ窮乏化することもあるでしょう。

幼少時には親から無条件のリビドー贈与が十分に行われ、心のリビドー量が安定的に維持される必要があります。しかしながら両親の過酷な労働、離婚や虐待、養育者の交代などで十分なリビドー蓄積が行われない場合には、子どもの心が育っていくための元手が十分に形成されません。リビドーの自己資本を発展させる元手が十分でないと、コミュニケーションの不可欠の要素であるリビドーの投射の次元で容易に心が窮乏化し、何とかそこから逃れようと不利な取引を繰り返していくことになると考えられるのです。愛の蓄積不全によって子どもが陥る感情が不安です。

さらには、幼少時から対価的報酬として愛を与えられている場合にも子どものリビドー蓄積は問題を抱えることになります。「〜するなら〜してあげる」というようにはじめから愛が対価として与えられて交換条件をもって取引されると、子どもは原初的な資本を十分に蓄積することができないまま、親や他者と愛の取引を始めることになってしまうのです。そのとき親に気に入られるように、親の記号的欲望の対象であり続けることができるように、子どもはみずからの記号的属性を必死に身に付けようとするでしょう。しかし対価として報酬を得ることにはつねに不確実性が伴い、自分の求愛表現がまったく見向きもされない危険を覚悟しなければなりません。こうして不安のスパイラルは強化され、子どもは自分の存在の根拠を剥奪されます。つねに別の何かのために条件付けで自分が存在しているありかたは、記号のありかたです。AがBを結果するかぎりAに存在価値があるとすれば、Aの存在はBへと剥奪されていると言えます。本源的な愛の十分な蓄積を欠いたまま条件付きの愛に曝されると、子どもの存在はその実体性を奪われた記号のようなものとなります。その存在根拠を次々と剥奪され、次々と繰り延べていくプロセスへと子どもは縛り付けられます。こうして子どものうちにひとたび感情が構造化されてしまえば、人はその感情をもはや意識することがなくなります。本当の安心を知ることなくそれが人生の当たり前の気分になってしまうのです。

考えてみれば、乳幼児期における愛の本源的蓄積が十分に行われる環境とは、まずもって安定した経済的条件の中で、安定した家族関係が成立している状況です。いわゆる「きちんとした家庭」におけるお嬢様、お坊っちゃまは、その家庭がある種の歪みを抱えていなければ、貧困で暴力渦巻く家庭よりもこうした愛の本源的蓄積が容易であると一般的には思われます。この家族のありかたを拡張してみれば、リビドーの本源的蓄積が容易な社会とは道徳的抑圧と経済格差が少なく、経済的・政治的構造が安定している社会であるといえるでしょう。しかしこうしたいわば豊かな家庭と社会には、他者や他の社会を暴力によって収奪した薄暗い過去や表面には現れていない地下の収奪構造が潜んでいるかもしれません。そういう意味では愛の本源的蓄積は暴力と裏でひそかに同盟を結んでいるかもしれないのです。しかしながらリビドーの本源的蓄積は暴力を経なくとも平和な関係の中で育むことも十分に可能です。むしろ戦争がなく、競争が限定されており、子どもが大切にされている社会と家庭においてこそ、リビドーは安定的に子どもに贈与されるといえるでしょう。

抑圧のメカニズム

リビドーの蓄積不全とならび、不安の源泉となるのが「抑圧」です。不安の源泉には抑圧があるというのは、またしてもフロイトです。

第一章で簡単に触れたように、抑圧とは目の前の状況に自分を適応させるために不都合な事実を忘却することです。たとえば毎日残業があり、しかもその分の賃金が支払われていないとしましょう。その状況に不満があれば怒りの感情は当然雇用者に向かうはずです。だがその不満を自覚してしまえば雇用者との関係が悪くなってしまいます。仕事の継続にとってそれは不都合なので、自我は現実原則に従い、その感情や不払いの事実を「なかったこと」にするわけです。これが抑圧です。そのうえで自我は、たとえば「お客様の笑顔のために自分はがんばっている」というもっともらしい理由をつけて自分を騙してしまうのです。これを自己欺瞞といいます。抑圧も自己欺瞞も自分がそれをやっているという自覚はありません。それは自動的な心の動き、無意識の防衛機制なのです。だからそれを人から指摘されると、そこで適応している自分を守ろうとして抑圧の事実を強く否定したりします。

こうした自己欺瞞によって自分を騙して生活の表面を糊塗してしまえば、雇用者との関係を悪化させず、昨日のように今日をやりすごすことができます。しかしながら不払い残業の事実とそれへの根源的な怒りは消え去ったわけではなく、ただ意識下に押し込められただけです。しかも不都合な真実を抑圧してしまったがゆえに、自我は自分を脅かしてくる真の原因を見定めることができなくなります。その結果、対象が不明な何かにつねに自分が脅かされているという感情に苛まれるようになる。フロイトによればこれが不安のメカニズムなのです。

この抑圧は生活の各所において無意識のうちに実行されているのですが、しかしフロイトは、そうした個別の抑圧以前に、すべての人間がその成育段階において抱え込むいわば原抑圧があると考えました。それについて説明するには、エディプス・コンプレックスの理論をおさらいする必要があります。

生まれてまもなくの乳児は母親に全面的にリビドーを投射して母親と一体化しており、ナルシシズム的な全能感を享受しています。そのナルシシズムのバリアーの中で、生理的身体を養う栄養物と、心を養う愛のリビドーを母親から同時に受け取っているのです。しかしながら母親と一体化する幼児に対してあるとき父親が現れ、その乳房に対する権利を断念するよう幼児に迫ります。母子の一体的関係を破って自律した存在になるように社会を代表して父親が幼児に禁止命令を下すわけです。この命令は一度きりではなく、幼児の生活のあらゆる場面でかたちをかえて幼児に対して下されます。この父の役割は現実の母親によって担われるときもあります。ここで父が果たす役割を現実の父親から切り離して〈父の名〉と呼ぶことにしましょう。

フロイトによれば、〈父の名〉によって下されるこの禁止命令によって、幼児は全能感を奪われて寄る辺なき存在になり、〈父の名〉が代表する社会的な命令や規範に従うことで、失われた全能感を取り戻そうと努力する社会的な存在に作り変えられるのです。寄る辺なき存在となった幼児、そして少年や青年は、かつて自分が保持していた全能感をノスタルジックに回想しそれを取り戻そうとすることになる。回顧するまなざしの中でイメージされるいまや失われた全能感への衝動を精神分析では「ファルス」と呼ぶのです。

ここで幼児は、自分のナルシシズム的全能感を破壊してしまった父親、もしくは〈父の名〉にひそかに恨みを抱いているとフロイトは考えます。とはいえ父への憎悪を自覚してしまっては父が支配する家族の中で幼児が生きていくことはできません。したがって母への欲望と父への憎悪は子どもの自我によって隠蔽され抑圧されるのです。

成長した子どもは、母と交わる権限を父が剥奪したという過去の事実を抑圧して生きています。そしてそれが抑圧されているがゆえに、全能の自分を脅かした真の原因を見定めることができず、自分が対象不明の何かによって根源的な生きる力を剥奪されるかのような感覚に囚われるのです。この感覚をフロイトは「去勢不安」と呼びました。

子どもはこの去勢不安に脅かされるがゆえにかえって父に同一化し、〈父の名〉を我が名とすることで自分の力を取り戻そうとしています。つまり父とファルスに同化することで自分を社会的な主体として立ち上げようとするのです。しかしこの道行きもまた〈父の名〉のもとで自分が去勢されてしまう危険とともにあります。というのも、父が代表する社会のありかたを本格的に脅かしてしまえば、父が家庭から子どもを追放するように、今度は社会から制裁を受けてしまうからです。父と社会が許す枠組みの中でのみ子どもは自分の力を表現していくほかはありません。これはまさしく去勢された状態です。母と同一化しようとしても、また父と同一化しようとしても、去勢の危険に曝されるわけです。しかしそうであるがゆえに子どもはこの去勢不安に駆動されて権力意志を立ち上げ、自分を強い主体とするように成長します。

こうしたフロイトの理論に従うとすれば、抑圧から免れている人間など滅多に存在しないことがわかります。というのもひとは成長の過程において人間関係の中でさまざまな抑圧を抱え込むだけでなく、すべての人びとが人生の最初の時期に〈父の名〉による根源的な抑圧を自分の心の内にいわば作り込まれているからです。このいわば原抑圧とでも呼ぶべき抑圧は、ひとが成長するにつれて抱え込む様々な抑圧の基盤となり、人間存在をいわば抑圧の総体として形成します。これに対応していわば原不安は、その後の様々な不安と合体して、ひとを背後から突き動かす不安の総体を形成するのです。

フロイトのエディプス・コンプレックス理論においてこの不安は、異性との関係の中でひとをドライブする力として作用します。不安に脅かされているがゆえに、その不安を解消してくれる存在をひとは家庭の外に求め、その人と蜜月関係を維持することでかつての全能感を取り戻そうとするわけです。性欲は、とりわけ男性にとって、こうしたファルスとの一体化の中で発動します。思春期を過ぎて誰かを好きになり、結婚して子どもをもうける。一見して正常に見えるその行為を、フロイトはある意味で神経症の枠組みの中で反復される行動化と見なしたともいえるでしょう。不安に基づくコミュニケーションは一種の強迫神経症のようなものだと言うことができます。そのコミュニケーションをどれほど積み重ねたところで不安の根源にあるものを解消することはできず、それゆえにひとは無限にそれに駆り立てられ続けるからです。

消費社会における抑圧

このように考えてくれば原理的に人間はすべからく抑圧の塊であり、すべてのコミュニケーションは不安に基づいており、社会はすべて抑圧によって運営されているということになるでしょう。しかし問題は程度の差です。抑圧と不安によって基本的に社会が運営されているとしても、あまりにも強い抑圧と不安は社会への不適応を結果し、日常生活において「症状」となって現れます。そのときその人が抱え込む抑圧を部分的に解除し、社会に適合可能な抑圧の程度にまで緩和するために、精神分析が必要とされるわけです。

フロイトのエディプス・コンプレックスの理論によれば、神経症の基本的な図式とは、自分の生活を成り立たせるために自分に不都合な欲求（母との同一化衝動）を〈父の名〉の下で抑圧することにありました。ここで快楽の抑圧は、自分の社会的生存のために〈必要〉なものでした。この生命の、つまり現実原則に従う〈必要〉のためにこそ、ひとは直接的な快楽追求を脇に置いて社会的な適応を図ったのでした。

しかし必要の原則に従う産業社会は、欲望の原則に従う消費社会へと転換します。消費社会においては、かつての必要の社会ほどには抑圧の必然性は存在しません。抑圧の強制力が低下していくとすれば、先に述べたように神経症は次第に減少し、やがては統合失調症やうつ病といった精神病が優勢になっていくはずでしょう。消費社会において社会を代表する〈父〉は、欲望の禁止をつうじて生産に専心することを〈父の名〉において命ずる厳父ではもはやなく、統合の目的から離脱して「欲望」のシニフィアンを全面的に展開するよう促す快楽教師へと転換してしまうのです。

それでは「欲望」が全面化する消費社会において一体なにゆえに抑圧が、そしてその抑圧に伴う特徴的な不安が生じるのでしょうか。消費社会の「現実原則」とは一体何でしょうか。それは自らのコミュニケーション価値の維持・向上です。現実に適応するために不都合な「欲望」とは、したがって自己の社交資本の減少をもたらしかねない「欲望」です。ここで自我は、自らの記号的な価値・魅力が失われてしまうのではないかという「不安」にとらわれてそうした不都合な欲望を抑圧することになります。

それはたとえばこういうことです。本当はひとから愛されてのんびり・ぬくぬくしたいという欲望をある子どもが抱いていたとします。しかしひとからの愛を受けるにはなんらかの能力を身につけ、業績を達成し魅力を獲得しなければなりません。このとき業績の達成は、達成しなければ愛を失うという根拠不明の不安を原動力として追求されます。自分の想像力の中の〈父の名〉（現実には多くの場合その担い手は母である）がその達成を命じてくるのです。その〈父〉の命令に応えるべく、ぬくぬく欲求を抑圧して業績の達成にきびしく専心するわけです。幼少期に十分に与えられるべきであった温かいスキンシップの幻想を求めて、子どもは氷のような冷たい水の中にみずから飛び込みます。このメカニズムにおいてひとは水中の業績を達成しても一瞬それにほっとするだけで、ただちにまた不安にとらわれます。このトーナメントを勝ち抜いても、そこに地位と名声はあっても「ぬくぬくした愛」はありません。目標はすり替えられてしまったのです。そうであるがゆえに子どもは、この厳しいプロセスとは無関係にちゃっかり愛を獲得しているように見える「怠惰」な存在に憎悪と嫉妬を覚え、わけもわからずそれを攻撃することになります。子どもは大人になったとしてもその頃の子どものままなのです。いじめの根底にこのようなメカニズムがあるような気が私はします。

さらにいくつか例を挙げましょう。誰かと心の通い合う友達になりたいという欲望を抱いているのに、そこから仲間はずれにならないように、ダサい友達とのダサい関係を回避して、一定のファッションや体型、話題を維持することに必死になるといったこともあると思います。本当は家族と過ごしたいのに、家族のためと称して取引先や上司との付き合いゴルフに休日を潰すサラリーマンの例もそうでしょう。

また冷めきった夫婦たちが、結婚記念日だからと、立派な新築のマイホームにおいて豪華なディナーやプレゼントを準備したとしても、こうした形骸化した物品やサービス、そして二人の関係性からは、なんらのリビドー価値を得ることもできません。こうした形骸化した行事を何度繰り返したとしても、立派な家や安定した日常はまるで窒息をもたらす脱出不能な牢獄のようにさえ感じられることでしょう。だがそうであるからこそ、ひとは目的とその手段を取り違え、最高善を目指しながらもそれを抑圧し、得体の知れない不安に駆られて形骸化したコミュニケーションを繰り返すのです。経済的に満たされ、配偶者や恋人、子どもとの密接な関係があったとしても、心が飢えて乾き、生きていることさえ困難になるにもかかわらず、なぜかそうした偽装した関係性が外的な強制もないのに維持され続けるのです。

ここで問題なのは、こうしたコミュニケーションへの強迫行動は、特定の行動ではなく生活全体を規定する基本的な生活態度となり、そこでの不安感情は哲学的にいえば実存感情になるということです。コミュニケーションの目的となる欲望を、そのコミュニケーションの維持という現実原則によって抑圧してしまうと、いわゆる目的と手段の逆転が生じて自分が本当は何を求めているのかがわからなくなります。こうしてひとは、得体の知れない不安を抱えたまま、すり替えられた目的を強迫的に追求するコミュニケーションの自動機械になっていくのです。

物資や言葉や仕草を交換し続けているにもかかわらず、対等で自発的であるはずのコミュニケーションによって心が貧しくなったり、愛の関係のうちにあるはずなのに一向に心が満たされないといったことが生じます。これは、愛の搾取、ラビング・プアとでもいうべき事態です。自分の真の欲望に忠実に振る舞った人は最高善の次元で豊かになり、それを取り違えてしまった人は業績や貨幣を獲得したとしても最高善の点で貧しくなっていきます。こうしてリビドー格差、社交資本における格差が発生するのだと考えられます。

境界性パーソナリティ障害という謎

欲望の経済において抑圧が生じるとき、消費資本主義の基本的な病的症状としてのスキゾフレニーやうつ病は、抑圧にともなう神経症的な不安と重なります。統合失調症やディプレッションの基礎に神経症的な不安が位置してしまうのです。その結果、精神病と神経症のどちらかに分類することができない境界例が消費社会においては増えることになる。境界例に属する人たちはある種の妄想やうつ病に苦しみながらも同時に神経症に特有の不安にも脅かされているのです[47]。

そもそも精神病と神経症とは全く異なる原理によるとされています。精神分析によれば、神経症を治療する患者は自分について自分以上によりよく知っている優しい〈父〉として分析者を受け入れなければなりません。自分以上に自分を知り、それゆえに自分を本来の自分へと導く存在、つまり〈父〉の代理として患者は自分のリビドーで分析者を包摂し、その指導に従う姿勢をとることが必要なのです。

その一方で分析者は患者にとって患者の自己欺瞞を破壊し、患者の自己愛を崩壊させる厳父でもあります。エディプス・コンプレックスにおいて〈父〉は自分が同一化する愛の対象でもありつつ自分を拒絶する厳父でもありました。父が果たすこの二重の役割を分析者は患者に対して担うことになります。

したがって分析者に対する患者の愛憎は、〈父〉に対する患者の愛憎が向け直されたものだったのです。リビドーの投射対象は〈父〉から分析者に移ったのでした。これをフロイトは「転移」と呼びました。あなたはより大きな〈父の名〉の無意識の影響下にあることを自覚して下さいと精神分析は患者に訴えます。あなたは〈父〉に仕組まれた枠組みの中で我知らず踊らされている、それを分析者という新たな〈父〉との関係の中で自覚せよ、これが精神分析の基本的な構図です。

しかしながら統合失調症においては誰かが自分のことを監視しているといった妄想が生じることがあります。自分以上に自分のことを知っている者が自分の背後にいて、その人物が仕組んだ枠の中で自分は踊らされているというわけです。こうした妄想に苛まれている人にとって〈父の名〉のもとに患者に呼びかける精神分析は、その妄想をかえって強化させてしまいます。精神病の人に神経症のアプローチを用いると症状が悪化するのです。したがって患者が精神病なのか神経症なのかをまずはじめに見分ける鑑別診断がたいへんに重要な手続きになります[48]。

しかしながら抑圧を原理とする神経症と欲望を原理とする精神病とが重なって発生すると両者の鑑別が難しくなります。両者の区別がつかない境界事例が発生してしまうのです。神経症の症状は特定の行動（強迫神経症）や身体の症状（ヒステリー）として現れて不安はその症状に限定されていました。たとえば手を洗わないと気が済まないという強迫神経症においては、手を洗わないかぎりで不安になるだけであり、不安は手洗いという特定の症状にのみ限定されていたのです。ところが境界例においては抑圧に由来する不安はそのひとの生活全体に拡張されています。というのもいまや強迫行動は特定の症状だけではなく、消費社会の欲望のコミュニケーション活動の全体へと拡張されてしまっているからです。生活のすべての行動が症状となっていると言ってもいいでしょう。

もともとの神経症においては強迫行動やヒステリーといった症状それ自体がただちに快楽の追求であるとまではいえませんでした。そこには必ず苦痛の要素が残存していました。しかしながらいまや抑圧に由来する不安は快楽を得る能動的なコミュニケーションの総体として行動化します。その快楽追求行動の究極の目的とはかつてあった全能性の回復、すなわちファルスとの一体化であり、全面的で無条件の承認です。自分の価値が他者によって全面的に承認され、みずからのナルシシズムが完全なかたちへと強化されることです。しかしながらそうした全能性の回復、エゴの価値づけが欲望されるのも、最高善に関わる自分のもっとも切実な要求を抑圧し、そうすることで不安に陥り、目的を取り違えた偽装的コミュニケーションに駆り立てられたがゆえなのです。このときどれほど自己が評価され、ステイタスを獲得したとしても、心の中は不安と自己嫌悪、対象の定まらない攻撃衝動で満たされることになります。

もはや生活のすべての局面を覆うに至った不安が人生の基本的な感情ということになれば、ひとはたとえ生理的に自分の生存を安全に保っているとしてもひとりでやすらかに過ごすことはできません。時間がたつほどにひとはみずからの存在根拠が崩壊するのではないかという焦燥に捉われ、自分のなかの空虚を一刻も早く充填しようとして、人や物とのコミュニケーションへとより一層強迫的に駆り立てられ続けるのです。

そのコミュニケーションが自分に全面的な承認を与えるかぎり、その相手からかりそめの安堵を得られます。しかしそうした全面的承認は不可能なので、少しでもそれに陰りが見える次の瞬間にはふたたび不安に囚われ、その相手を全面的に否定します。ナルシシズムが満たされるかぎりで対象を要求し、それが少しでもゆらぐと対象を全面的に拒絶するのです。こうしてコミュニケーションによってますます不安がかき立てられるため、人や物との持続的な関係を維持することができなくなり、次の要素、次の局面へと無限に相手先を移行させるようになります。こうして抑圧に由来する不安に動機付けられてさまざまな記号たちを無原則かつ無制限に摂取し続けるようになると、一切の文法的な思考の制御を超えて無原則に記号たちが自分の意識の中に取り込まれ、しかもそれが自分自身と一体化して意識を食い荒らすのです。これは神経症的なスキゾフレニーとでもいうべき事態です。

これはラカンがいうところの「小文字の対象ａ」を高速度かつ無制限に追いかけ続けることを意味します。幸福を象徴するかに見えるルアーとしての対象ａを獲得したとしても幸福という現実を手にすることはできません。現実界にある漠然とした〈もの〉から、対象ａとしての〈こと〉を取り出す無限の「しごと」を繰り返し、象徴としての事物や人物で自分のまわりを埋め尽くしたとしても、その向こう側にあるリアルには手が届かないのです。そして手が届かないということを動力にして記号たちからなる妄想システムをさらに拡大し、精緻化し続けるように駆り立てられるのです。その過程の中でひとはその追求行動それ自体から快楽を引き出し続けます。これをラカンは「享楽」と呼んだのでした。そこに享楽があるかぎりひとはそうした追求行動から離脱しようとはしないのです。こうした神経症的統合失調状態こそ、消費資本主義の本質だといえるでしょう。消費資本主義の社会においてひとはこの対象ａを手当たり次第にひたすら追い求め続けて死に向かう。その旅の道行きこそが生の実質なのです。

村上春樹の小説に『国境の南、太陽の西』という作品があります[49]。生まれてこのかた毎日毎日土地を耕しているシベリアの農民があるときふと鍬を捨て、自分の生存の基盤であるその畑を離れ、太陽の西に向かって歩き出す話がその小説に出てきます。目も眩むばかりの美しい夕陽に幻惑され、必要を満たしてくれる大地を離れて欲望に従う人生を農民は選び取るのです。しかし太陽の西側に出てみたいと思っても、毎日毎日どれだけ歩いたところで夕陽を追い越すことはできません。毎日毎日大地を耕して大地の上でいずれひからびて死んでいく人生が、毎日毎日夕陽を追いかけてすぐにひからびて死ぬ人生に変わっただけのことです。しかしそこには違いがあります。農地を離れて死に至るほんの数日、太陽の西に向かって歩き続けるわずか数日に、つかのまの喜びを農民は享受するのです。地平線上の巨大な夕陽に自分のいのちを吸い取られゆく道行きに農民はたしかに快楽を感じるのです。

シベリアの大地から日本社会に目を転じてみましょう。こうした享楽追求行動が自己のリビドーを吸い尽くして自分の心をさらに空虚化するような搾取的なコミュニケーションであったとしても、そこから離脱することはもはや難しいでしょう。いやむしろその病的形態においてひとは、その搾取的コミュニケーションにこそより躍動した生の実感を感じるのです。というのもそうしたコミュニケーションはそのひとをさらに不安に陥れ、さらなるコミュニケーションに無限に駆り立てるので、そうしたドライブ感のなかでかつて去勢された力を取り戻しているという力感、すりかえられた生の実感をひとは獲得できるからです。

こうした事例は神経症と精神病の境界事例だと見なされ、しかもその症状は反復強迫などの特定の症状に限局されることなく人格全体を覆い尽くすために境界性のパーソナリティ障害と呼ばれることもあります。ここで重要なのは、こうした「人格障害」は、その程度が進行して社会生活に困難を来たして「病気」や「障害」として認知される場合があるとしても、はるかにそれ以前の水準ですでに「健康」とされるひとたちの基本的なパーソナリティを形成しているということです。たとえば現在では糖尿病などの生活習慣病やがんなどが病気として問題となっています。しかしその病気の背後には、それを支える生活習慣の集積があります。そうした生活習慣は、社会全体のある種の傾向のなかで生まれます。ある種の病気はたんに病気なのではなく、社会の特定の実存形態の表現なのです。

むしろこの社会における成功者と呼べる人たちの多くが、とりわけこうした状況の体現者なのだということもできそうです。なぜなら成功者とはこの社会の傾向にもっともよく適応した人たちのことだからです。そのつどの対象aを追いかけて太陽の西に赴こうとする人たちこそが、その異様な駆り立ての力によってこの社会の成功者に成り行くのだと思われます。

現代の性労働

搾取的なコミュニケーションはこの社会の様々なところにはびこっていますが、その代表的実例として性労働を挙げることができるでしょう。

十九世紀のイギリスのヴィクトリア朝やドイツのヴィルヘルム朝といった産業資本主義の時代においては、宗教を背景として性的な潔癖さが過度に強調されました。しかしその陰で売買春が繁栄を極めたといいます。シュテファン・ツヴァイクはハプスブルク王朝のヨーゼフ一世統治下のウィーンにおける性的風俗を手厳しく批判しています[50]。

かれの記述によれば当時のブルジョワ階級に属する女子たちにはなにより貞操が重んじられており、彼女たちは結婚するまで性欲とは一切無縁な存在だと見なされていたといいます。彼女たちは女性の家庭教師の厳格な統制下に置かれており、遠足に出かけるにしても家庭教師と一緒でなければならず、同年代の男性と一緒に遊ぶなどということは考えられないことだったそうです。

しかしその半面で街頭には春を売る女性たちが立ち並び、男性たちは家庭では厳格な父を演じながら裏通りでは無数の「非公開の家」で性的サービスをタバコを買うように容易に購入できたというのです。昼間、生産的で禁欲的な表通りで押さえつけられていた性的欲求が、夜には消費的で快楽的な裏通りで発散されていたということでしょう。日本でもまた江戸時代の武家の儒教文化や明治以降から第二次世界大戦までの国民道徳においては「男女七才にして席を同じくせず」などの禁欲的な性道徳が説かれる一方で、公認された遊郭などで武士や為政者、財界人たちが、貧困を背景として性労働に従事することを余儀なくされた女性たちと「遊んで」いたのです。

産業資本主義の時代におけるそうした売買春を条件付けていたのは、ここでもまた生理的な〈必要〉でした。必要にもとづく売買春とは、男性は生理的な性的欲求を充足させるために自然必然性によって性的サービスの購入を余儀なくされ、女性は生きていくために自分の唯一の自然、つまり性的身体を売りに出さざるを得ないという構図です。

とりわけ男性の性欲は自然必然性にもとづくものと見なされがちであり、その「解消」には、日本の場合政治家自身がそうした性産業の主要な顧客だったこともあって政府が積極的に関与しました。たとえば明治二年に札幌に北海道開拓使が置かれて町の建設が明治政府の手によって始まりましたが、わずかその二年後である明治四年には北海道開拓史の岩村通俊判官が一万人にも上る労働者対策として周囲を高い壁で囲った官営の遊郭を薄野に設置しています。[51] 幕府や明治政府の国策と業者の思惑は「魚心あれば水心」の密接な関係を保ってきたのです。このようないわば性産業に対する政府の関与は労働者の慰撫や治安の維持を目的としており、こうした日本政府の独特の体質は、軍と業者の密接な関係として引き継がれ、戦中の従軍慰安婦の問題にまで引き継がれていきました。

産業資本主義時代においては、性的サービスは相互の「必要」の解消を目的としたため、高度な文化的形態をとることが少なかったといえます。性的サービスに従事する女性たちの多くが、何の生活の展望ももつことができないまま、明日の生存のため、たんに生き延びるために春を売り続け、そうすることで社会から差別され、年齢を重ねて貧困に陥ったり性病に罹患したりして悲惨な状態に陥りました。

江戸時代の後期から戦後にかけての日本でも、基本的には西洋社会と同様に、大半の性労働が、生命の「必要」をベースとする悲惨なものでありつづけました。ただしその一方で、遊郭の一部などのごく特権的な領域においては、芸者の名が示すとおり文化的で象徴的な発展を遂げた一面もありました。そうはいってもそれはあくまで例外であり、江戸時代から明治以降の産業資本主義の時代にかけては、性労働は、困窮した人間が不利な労働契約を「自発的」に結ばざるを得ない、いわゆる自由な労働契約の問題点がきわめて先鋭に現れる文字通りの搾取の場所だったのです。

したがってこうした売春には女性に対する人権侵害の疑いがつきまとうことになります。そうした売春の現場では、当の女性に対する職種詐欺、その意に反した物理的・心理的強制や拘束、監禁などの明白な人権侵害が後を絶ちませんでした。とくに日本の戦前までの農村で見られたいわゆる「人買い」においては、飢饉や貧困に襲われた農村で一家全滅するよりはと親が業者から「前借金」をし、その「抵当」として業者が幼い娘を引き取り、そのまま娘は借金を肩代わりしてその年季を勉めることを余儀なくされました。娘は多くの場合、労働の現実を知らされずに事実上騙された状態で都会に連れ去られ、塀で囲まれた遊郭で一定年齢まで育て上げられ、あるとき「水揚げ」などと称して強制的に人身を支配されて娼妓に登録され、年期が迫ると別の業者に楼主の一存で転売されるなど、その実態は契約の名を借りた事実上の監禁と強姦であり、実質的には人身売買や性的奴隷制とでもいうべきものでした[52]。そうした業者の振るまいを日本政府や警察は制度としても内実としても公認しており、内地において培われたその体質をそのまま引き継いで朝鮮や植民地、戦地で日本軍の性対策を実行したがゆえに、数多くの女性たちがその意に反して性労働を強制される結果となり、慰安婦問題が発生したのだといえます。

戦後はGHQの指令や売春防止法の施行もあり、こうした業者による人身支配は禁止され、表向き、売買春は本人の自由な同意と契約によって成り立っていることになっています。しかしながら問題は、たとえこの建前が形式的に守られているとしても実質的にはこの建前はいつも浸食されているということです。というのも女性が貧困に陥り、その欠乏を凌ぐ手段が実質的に売春しかない状況に置かれているとすれば、その女性は「自由な同意」という形式を通じて売春を実質的に強制されているといえるからです。たとえ誰かが女性を意図的にそうした状況においたわけではなくとも、そして誰かがその女性に売春の契約を強要した事実がなくとも、その女性の側から見れば、それ以外の選択肢がなかったり著しく不利であるかぎり、「自発的」とされる契約には強制的要素が含まれているのです。したがってその「自発性」はつねにグレーです。ここにはつねに人権侵害の一定の濃度が存在するということを忘れてはなりません。

これに対して消費資本主義の時代の性の商品化のありかたはかなり事情が異なります。というのも定義上、消費資本主義において生理的欠乏は主要な役割を果たさず、したがってそれは欠乏を背景とした売春の強制とは一応区別されるはずだからです。しかし現実には消費社会においても欠乏にもとづく売春は存在し続けています。それは新自由主義的な労働政策や福祉政策の不備、学校教育からの排除を通じて、非正規労働を強いられる若年女性や子どもを抱えて生活苦に陥るシングルマザー、親との関係が悪化して街に漂流する女性たちなど、豊かな社会の底辺において女性たちの不可視の貧困が広がっているからです。

このように今日においては、必要に迫られる売春と欲望にもとづく売春とはつねに相互に浸透し、ハイブリッド化し、グレーの領域をかたちづくっています。とはいえ前者の欠乏にもとづく実質的強制が問題であるとしても、後者の欲望にもとづく側面についていえば、ほかに生計の選択肢がある以上その選択は真に自発的であり、それはもはや売り手の自己責任であり、問題とするに値しないと思われるかもしれません。

現代の性労働は生物的な性交それ自体を目的とするよりは性交それ自身を一つの記号要素としたり、むしろ性交を回避するかたちでさまざまな周辺的な性演技をめざすかたちをとります。まさに身ぶりやセリフ、服装やロール・プレイの細部においてさまざまなイメージが展開されてそこで性的エネルギーが消尽させられるのです。これは消費社会の基本的な原理である多形倒錯がそのまま性的サービスの領域で展開している状況だといえるでしょう。性労働は性的イメージの生産であり、そのイメージは酒席での応接や店舗でのロールプレイだけでなくメディア技術によって媒介され、ホームページやSNS、アダルトビデオなどを通じて様々に加工され流通させられます。売り手の自己表現としての性労働。そこで女性は多かれ少なかれ、善かれ悪しかれ、ひとりの女優、アーティストとして振る舞うのです。サービスとして提供されるものは生身の肉体そのものというよりはむしろ高度に洗練され細部において彫琢された記号イメージなのです。そのかぎりで売春は記号のコミュニケーションとして展開しているかのようです。性的サービスの対価として金銭を受け取ることは、ここではまったく別の意味を持ちます。それは自己のリビドーを客に投射してそれを金銭で高く評価させ、金銭にリビドーを乗せて自分に還流させているのです。それはひとつの自由な自己表現、欲望の充足、リビドー価値の増殖であり、したがって快楽をもたらします[53]。

そしてこうした性的サービスの記号的変容は、その売り手の存在性格をも変容させます。産業資本主義の社会において代表的だった性労働に従事する人たちの古典的類型は、生活の苦しさに迫られて

「苦界」に身を「落とした」女、というものでした。そこで女性たちは「醜業婦」や「水商売の女」と呼ばれ、そうでない女性たちからは明確に区別され差別を受ける「存在」でした。ひとたび「身を持ち崩し」「苦界」に身を落とした者はそこから二度と離脱することなく、年齢を重ねるごとに不利な取引を余儀なくされ、最後は悲惨な結末を迎える。こうした産業資本主義の時代の売春のイメージはもはや過去のものであり、現代の性労働はもっとカジュアルで気軽ではないかという疑問もあるかもしれません。私はそうした「苦界」が現代社会から消滅したとは決して思いませんし、そのシステムによって破滅する人が存在しなくなったともまったく思いません。

しかしながら同時に、学生やOLや主婦が一時的に性的サービスに従事しつつ、「表」の世界でも依然としてその通常の役割を演じつづける事例が存在することを否定するわけではありません。表向きの社会的な属性を維持したままパートタイムで性的なイメージ労働に従事することはたしかに容易になりました。性労働を生計や学費を調達する「わりのいい」手段にしながら、しかも同時にその労働から様々な「解放的」な経験を得るような疎外から免れた労働の類型です[54]。そこにおいて家族システムと性労働システムを区別するのはもはや人間の区別ではあり得ず、同じ人間が果たす「機能」の差でしかありません。そこで性労働に従事する主体はもはや「存在」ではなく「機能」なのです。

しかしながら数々のルポルタージュを参照するとき事態はかならずしもそれほど幸福でもカジュアルでもないようです。他に選択肢があり、時間の割に報酬が高く、自己表現や自己実現の要素をもつような、人格属性から切り離された機能的なイメージ労働が、なぜそうしたイメージの売り手を荒廃させるのでしょうか。この問題は、従来の単純な窮乏化をモデルとする経済理論で説明することはできません。そこには別の理論モデルが必要だと言うべきでしょう。

性労働におけるリビドーの喪失

ライトな性労働にも様々な危険が潜在しているといえるでしょう。というのも性的サービスの快楽と対価は現代の社会がエディプス・システムを主要な権力の形態としていることに基づいているからです。性的イメージを売って金銭を得ることは、ここでは二重の矛盾した意味をもちます。一方でそれは自己承認欲求を金銭的対価というかたちで満たすこと、つまり売り手の欲望の充足を意味します。ところが他方でそれはエディプス・システムの中でつくられてきた身体を抑圧することを結果します。

このエディプス的身体というのは家族システムを再生産するためにのみ身体の性的な所作を許可するような身体のありかたのことです。たとえば西洋文化では父と娘は抱き合って頬にキスすることがありますが、しかしけっして唇を重ねることはありません。エディプス的身体にとって唇を重ねるという性的な行為は、家族の外において行われるべきものであり、家族内においては強烈な違和感や嫌悪感を引き起こします。親による子どもに対する性的虐待が問題なのは、このエディプス的な身体性を混乱させ、場合によっては取り返しのつかないかたちで破壊してしまい、子どもがそのシステムの中で健全に社会化される可能性を妨げるからです。

家族や近親者との親愛の所作と性的相手に対する性的な所作の区別は様々な文化において厳格に維持されています。この基本的区別に基づく身体図式は、多くの人びとにとって家族の中で幼少の頃から培われてきたものであり、心身ともに人間存在のもっとも中枢に書き込まれている文化的コードです。

ところが性労働はそれがいかにライトなものであれ、こうしたエディプス的身体性を混乱させてしまいます。性的であるべきではない相手に対して性的な所作を金銭を対価として発動することは、エディプス的身体から見れば強制であり、性的・非性的を区別する心身の基本コードを乱してしまうのです。

家族システム（エディプス・システム）の権力は、その枠組みから外れる性の多様なありかたをさまざまなかたちで禁圧します（現実原則）。しかしこの禁圧があるがゆえにかえって、押さえつけられた性のエネルギーはその禁圧（タブー）ラインの周辺にさまざまな逸脱快楽を生産します（快楽原則）。この禁圧を侵犯することに伴う社会的リスクは、金銭を対価として性的サービスの売り手が引き受けることになります。もし性的サービスが社会的に完全に公認され、自分の夫や妻や子どもや親がそうしたサービス業の従事者であったとしてもまったく問題のない社会が到来したとすれば、そのとき性的サービスの価格はたとえば通常のマッサージのようなサービスの水準に落ち着くのではないでしょうか。

だとすればじつのところ性的サービスの売り手は、エディプス権力からの逸脱、エディプス的身体性の攪乱という危険の引き受けを販売しているのだということができます。とりわけ現実に適応するために「売春の何が悪い」、「これはたいしたことではない」といったかたちで性労働を自我が理性的に正当化してしまう場合、この攪乱は意識下に抑圧されてしまいます。自己正当化する硬い自我の底では依然としてエディプス的身体が悲鳴を上げているのであり、その苦痛を感じないように、忘却するように、意識はそれに蓋をして、その蓋をしたこと自体を忘れてしまうのです。

いわゆるプロとしての性労働に従事するひとたちのなかには、成育した家庭環境に問題を抱えている場合が多いことが報告されています。自分が成育した家庭環境が虐待などによって問題を含んでいたり、成長期に性的暴行を受けたりすると、エディプス的身体性が不完全にしか形成されません。そうするとその身体は多形倒錯的欲望に対して抵抗力を発揮することが困難となり、性労働への誘惑を受け入れてしまいがちになるのです。

とはいえこうしたエディプス的家族権力を単純に擁護してそれ以外の性の形態を否定すべきでもありません。というのもエディプス的権力は性労働への防壁となるのと同時に、同性愛や性同一性障害などの性的少数者の苦しみの根源となるからです。エディプス的権力からみれば性的少数者はエディプス・システムを再生産する障害となる以上、その人々は周辺化されてしまうのです。権力に守られた社会の多数派は、その異性愛的身体性を自然なもの、当然のものとみなし、同性同士の性的行為や男装や女装を「異常なもの」とみなしてしまいがちです。

いわゆるライトな性的サービスの商品価値は、エディプス的な身体性を強固に形成してきた主体が、それをいまだ十分に保ったまま、なおかつそれとは相容れない性的関係を取り結ぶその矛盾と侵犯の場に成立します。素人的なところ、プロでないところが商品価値をもつのです。性的に親密でない相手に対して性的な身体図式を発動する、この深刻な齟齬のゆえに性的サービスは高価となり、その対価として身体性は深いところで撹乱されてしまいます。

そしてこの混乱は、一つのトラウマとして意識下に抑圧されたまま、様々な症状を生みだすことがあります。そのトラウマは原因不明の心身の不調や不安定、うつやパニック障害、不安、感情や感覚などの意識されない麻痺などを引き起こす恐れがあります。こうしてひとたび不安的心身が醸成されると、さらにその不安を解消しようとして、短期的で性的なコミュニケーションへとさらにドライブされてしまうのです。これは単純な神経症というよりは、人格全体に拡張されたコミュニケーションに関わる症状であり、そのかぎりで境界性の障害状態だということができるでしょう。

一九八〇年代になっても女性たちの経済的地位は男性と比べて著しく低かったのですが、女性たちの多数派は父や夫などの男性労働者の扶養のもとにあり、結婚や家庭というセーフティーネットを当てにすることができました。そこから外れた女性たちは少数派であり、それゆえその困窮は可視化されることが少なかったといえます。その一方で一九八六年には男女雇用機会均等法が施行され、一部の女性たちが男性と同等の条件で労働市場に参加をはじめます。

ところが二〇〇〇年代の前半頃から女性の「自立」や「社会参加」といったスローガンは新自由主義的な色彩を強めるようになります。というのも新自由主義は女性を安価な非正規の労働力としてますます活用する一方で、これまで家族を扶養してきた男性の労働者の労働条件を切り下げるようになったからです。かつて男性たちが農村の伝統的なセーフティーネットから追い立てられて都市に流れ着き、そこで産業労働者として「自立」することによって悲惨に陥ったように、今度は女性たちが家庭や親戚といったセーフティーネットから追い立てられて「自立」することで困窮に陥ったのでした。男性たちにとっての最初の「自立」の場所が工場や炭鉱における産業労働者であったのに対して、多くの女性たちにとっての「自立」の場所は飲食や美容、販売、そして風俗産業などのサービス業だったのです。新自由主義は従来のセーフティーネットから女性たちを切り離し、消費資本主義の末端の（非正規の）担い手としてこれを再編しました。そうした女性たちの「自立」とは、善かれ悪しかれ、産業資本主義の社会が曲がりなりにも維持してきた家庭の主要な担い手から、消費資本主義における記号のきらめく破片へと自己を変身させるという側面をもっています。

したがって女性たちの新しい貧困の背景を見ていくと、かつての産業資本主義における「貧乏」とは違い、安定した人間関係の中での物資の不足というよりは、家族や恋人といった親密なセーフティーネットにおける人間関係の不調が主要な要因となっている場合が多いのです。この点で消費社会の進展と今日の新しい貧困とは強い結びつきを持っています。今日では、社交的関係性（社交資本）の窮乏化、つまり自分が自分らしくいられる関係性としての安全地帯、つまりホームの喪失とともに女性たちは記号化し、しかも同時にそうした記号たちを包摂する新しいホームを見いだせないまま漂流しているように見えます。性労働に従事する女性たちの一部は、自らのホームの最後の残像であるエディプス的身体性を破壊するときのエネルギーによってかろうじて生きながらえ、そうした破片として散乱しているかのようです。そしてそうしたホームレス状態は世代を超えて「連鎖」していくのです[55]。

不安の影響が少ないコミュニケーションにおいては、自我はみずからのリビドー戦略に基づいて、自己のリビドーが長期的に増殖するような安定したコミュニケーション回路を選好します。この場合、リビドーの等価交換の原則が基本的には維持されるでしょう。ところが不安の影響が強い場合、自我は自己のリビドーを長期的に増殖させる余裕がなく、たとえそれが長期的に不利なコミュニケーションであることが客観的に明白であるとしても、その交換に応じるように駆り立てられてしまうのです。「自発的」に性労働に従事する女性の少なくない部分が心理的・社会的な問題を抱えていて、結局のところそうした労働はある種の荒廃と隣り合わせである傾向があるのです。この点で現代型の性労働について調査した多くのルポルタージュが、性労働に従事した女性たちの深刻な現在を報告していることに十分に留意する必要があります[56]。

実体と関係という問題

自由に選び取られた社交的関係においてリビドーの窮乏化が生じる秘密についてこれまで見てきました。それは一言で言えば、投射されたリビドー量を下回るリビドー量しか回収されないようなコミュニケーション関係が維持されるからです。そしてなにゆえにそうした関係が維持されるのかといえば、リビドーを搾取される側が、その窮乏化により不利なリビドー取引に応じざるをえなくなるからです。この時に鍵になるのがコミュニケーションに関わる漠然とした不安であり、不利なリビドー取引はその不安を醸成し、そしてその醸成された不安によってさらにその取引が駆り立てられていきます。とりわけ性の商品化にあっては、エディプス的身体性を破壊するリスクを性の売り手が引き受けるがゆえにそこに高いリビドー価値が実現する一方で、売り手のリビドーが不安を通じて窮乏化する危険についても論じてきました。人びとの存在を剥奪し、不安を醸成し、それゆえにさらにそうしたコミュニケーションへと人々を駆り立てる記号的な経済体制、神経症的なスキゾフレニアが、新自由主義と連携する消費資本主義の本質であったのです。

産業資本主義の労働価値説によれば、労働者が労働によってその生産物に注入した価値がまずは実体として存在します。商品に注入されたその労働は、基本的に一定の時間で一定量支出されるものであり、生きた動物としての労働者がその身体の物質を消費して作り出したものです。労働者は身体を消耗した分に相当するものをどこからか補給しなければなりませんから、労働者が支出する価値はその消耗を補填するための費用、つまり労働力の再生産費用に見合うものになります。つまりある商品の価値はその商品を生産するのに必要なさまざまな商品たちの価値を合計したものだということになるわけです。にもかかわらず、自らが支出した価値を労働者が労働市場における労働契約において回収できないときに、労働者は消耗して窮乏化（搾取）が生じたのでした。このとき労働者の身体はその物質的な素材を奪い取られ、生命力を失い、現に物質的に干からびていくことになります。このように労働価値説において価値の究極的な基礎は基本的には物質を基調としており、それは生物としての人間をめぐる物理化学的実体であったわけです。ここで経済的な格差は、生産における物質としての価値を市場における関係としての労働契約が裏切るときに発生するのです。この裏切りを裏切りとして確立するには、労働によって生みだされる実体（存在）がその市場取引（関係）から独立して存在しうることがうち固められている必要があります。

これとの類比でリビドー経済のリビドー価値説を構成してみましょう。人間はまずもってあるコミュニケーションに一定のリビドー価値を負荷します。関係に負荷されたそのリビドー価値は、基本的に一定の時間で一定量支出されるものであり、生きた動物としての人間が支出したその心のリビドー量に対応しています。ここでそのひとが支出するリビドー価値は、その投射を補填するために必要なリビドー量を相手から受け取りうる比率を確保している必要があります。にもかかわらずその比率の実現、つまり価値評価がそのコミュニケーションによって達成されないとき、支出されるリビドー量を実体として補填できなくなり、そのひとは消耗して窮乏化することになります。

このときコミュニケーション全般における質的低下が生じ、その人は次なるコミュニケーションを組織できなくなって、蔑まれて孤立していくのです。性労働においては多くの場合まさにこの事態が生起します。ここでも経済的な格差は、生命体が産出する実質としてのリビドーをコミュニケーションの価値評価が裏切るときに発生するのです。この裏切りを裏切りとして確立するには、リビドーという人間が支出した実体（存在）がそのコミュニケーション（関係）から独立して存在するということがなによりもまずうち固められている必要があるのです。

しかし問題は、この存在としての価値、実体としての価値なるものがどうやらそれほど確固としたものではなく、極めて脆弱な概念であるということなのです。もしこの実体概念が容易に揺らいでしまうものだとしたら、先述の通り、格差も搾取も抑圧も、そして貧困や荒廃すら、理論的に実体のないものになりかねないのです。実際に新自由主義的な学説や思想は生体が支出する実体としての価値概念を否定し、それゆえ搾取概念の根拠に懐疑的です。したがってここからは新自由主義に理論的に対抗するため、価値の実体とはそもそも何なのかについて最後の力を振り絞って考え抜くことにしましょう。

労働価値説の困難

すでにマルクスの経済理論にとって、その中枢であるはずの労働価値説はマルクスの資本論それ自体を内側から破綻させかねないほどのアキレス腱となっています。労働価値説においては、労働力の連続的支出としての労働時間に比例して、商品のうちに価値が形成されます。しかしそうはいっても、ひとによっては同じ仕事に必要な時間が違ってしまいます。そうすると、同じ結果をもたらすにあたって倍の時間がかかる効率の悪い人の仕事の経済的価値はそれだけ高いことになりますが、これは明らかに不合理です。コミュニケーションに関わるリビドー経済においても同様です。効率の悪い教師が同じ教授内容に対して、レクチャーに時間をかければかけただけ、そのレクチャーのリビドー価値は高いことになってしまうからです。

この問題に対応するためにマルクスは「社会的平均労働力」という概念を導入しました。[57] 労働者の能力は人によりけりだが、それを平均すればだいたいこの作業には四時間かかるから、この商品には四時間分の労働が込められていると考えられるというわけです。このように考えれば、同じ作業に倍の時間がかかる効率の低い労働者は、同じ時間で、平均的な労働者の半分の価値しか形成できないことになり、先の問題は解消します。しかし考えてみれば、このように「平均的」という概念を導入したからといって問題が解決されるわけではありません。たしかに効率の悪い労働者が仕事をするとそれだけ商品の価値が高くなるのは不合理です。だとすれば、それを労働者全体に拡大して「平均」しても同じことです。このとき、商品に込められる労働量それ自体は変わらないのに、労働者全員の効率が下がれば商品の価値はそれだけ高くなるといったことが起こります。労働者が商品に労力を注入する速度が遅くなればなるほど、そこで注入された労力の量が一定であったとしても、その商品の価値は上がることになる。これは明らかに不合理です。こうした問題が生じるのは、価値を形成するのが商品に込められた〈もの〉の客観的な量なのか、それとも労働時間を維持するに必要な再生産の費用なのかについて、労働価値説が矛盾をはらんでいるからです。

例をあげましょう。効率の良い大工が小屋を一日で建てたとします。しかし効率の悪い大工は同じ小屋を建てるのに二日かかったとしましょう。このとき、価値を形成するのが商品に込められた〈もの〉の客観的な量だと考えるなら、両者が形成した価値は同じです。しかし価値を労働時間を維持する身体を再生産する費用に相当すると考えるなら、効率の悪い大工が形成した価値は効率の良い大工の二倍ということになります。というのもそのとき効率の悪い大工には二日分の労働を可能にする生活費を支払う必要があるからです。労働の支出によって形成された価値はそれを再生産する価値に等しいという大前提によってマルクスの労働価値説は成り立っていますが、この肝心要の接続部分が著しく脆弱なのです。

また、世の中にはお金にならない労働というのもあります。たとえば芸術家がまるでゴッホのように心血を注いで一枚の絵を描いたとします。そこには芸術家の労働時間が込められていますから、当然その絵は経済的な価値を持つことになります。しかし現実にはその絵が売れないならばその価値はゼロです。逆に死後評判になってとてつもなく高く売れることもある。いずれにせよ、それは様々な偶然に左右されるでしょう。だとすれば、労働によって価値がその絵に注入されたとは言えないのではないか。この問題に対してマルクスは「社会的に必要[58]」とされるとか、「有用労働[59]」とかいう概念を導入しています。商品が価値を持つのは、それが他者にとって、つまり社会的に有用な結果をもたらすかぎりです。いくら自分にとってそれが有用な物品でも、人の役に立たなければそれは商品になりません。したがって人の役に立たない労働時間は、価値を形成する労働時間に参入する必要はないとマルクスは考えているのです。しかしその労働が社会的にどれぐらい有用かを誰がどうやって判断するというのでしょう。

リビドー経済においても問題はまったく同じです。そのひとが自分のコミュニケーション価値を高めるために時間をかけたからといって、その時間が他者から評価されるとは限りません。どれほど自分磨きに時間をかけたとしても、たんなる変人と見なされてしまえば、だれもその人とコミュニケーションしたいとは思わないでしょう。リビドーの支出はたんに生命力の連続的な支出によって測定されるのではなく、同時に他者から見て「有用」でなければならない。ではその有用さは、一体どこで誰が決めるのでしょうか。

社会的、という言葉は、社交的、という言葉と同じです。つまり、社会的に「有用」という言葉は、コミュニケーションのなかで有用さが決まると言っているに等しい。この場合、コミュニケーションとは市場における売り買いであり、したがって有用さの判断を自由な交換における評価に任せるというのであれば、それは労働価値説それ自体の否定です。労働の価値は生産ではなく市場で評価されると言っているのと同じだからです。マルクスは労働が価値を生むといいながら、その価値実証のありかたについては、社会的に「平均的」だとか「有用」だとかいった概念を次々と導入して、必死にパッチを当てているように見えます。それらのパッチ概念は、すでに労働によって形成されたはずの価値が市場の評価を密かに先取りしていることを示しています。労働価値説は社交を、つまり市場による価値評価を前提としているようなのです。というのも、市場による評価、つまり労働が置かれる文脈によってその労働の価値は伸縮してしまうからです。この伸縮から資本家は剰余価値を作り出すのですから、ますますもって、労働価値説を維持することは困難だということになりそうです。

価値はどのように形成されるのか。労働価値説は実体論です。少し誇張していえば、一定の労働時間において、労働者がもっている生理的で化学的な何かが対象に物理的に注入されたり、人間が生産する実体としてのエネルギー、つまりリビドーが投射されるがゆえに、商品やコミュニケーションに価値が生まれると考えるのです。これに対して市場価値説は関係論です。つまり人々が人間関係を取り結ぶ、つまり合意して契約したり交流したりするがゆえに、その商品や身振りには価値が生まれるということになります。実体論は論理的に維持しがたい。しかし関係論では搾取や格差が説明できない。どちらも袋小路に陥ってしまいます。

関係なのか実体なのか

じつはこの問題には決着が付きません。このことを職人と営業の比喩で説明してみましょう。寡黙な職人がどれほど良い物を作ったとしても、それが誰からも必要とされず、どこにも売れなければその職人は価値を生みだしたことにならないでしょう。というのもそのままではその労働は社会的には無用だからです。だから口の立つセールスパーソンがコピーを考え、お客をつかまえて、その商品のよさを説明し、それを売り込まなければなりません。職人（実体）と営業（関係）の連係プレーがあってはじめて、商品はその価値を実証できるのです。

このように考えるだけで、商品の価値を説明するのに労働価値説の実体論だけでは不十分であることがわかります。モノにはすでに価値が注入されているといったところで、そこにはつねに関係の要素が、つまり営業パーソンの活躍が密かに前提されているのです。したがって労働価値説のみを信奉して、経済的価値は市場とは関係ないと考えることはできそうもありません。ソ連型の計画経済にはそうした側面が含まれていました。市場の代わりに専門家や官僚組織が労働時間やコストを通じて製品の原価を計算し、その必要量や生産量を机上で計算し、全体を運営しようとしたのです。しかしそうした試みは途方もない非効率や不平等を生みだし、挫折してしまいました。ソビエト型の中央計画経済が挫折したことで労働価値説の限界が誰の目にも明らかとなり、経済的価値とは労働の支出時間で決まるとまじめに主張する人はほとんどいなくなりました。

しかしながら、だからといって労働価値説を全面的に否定することもできないのです。というのも、労働価値説を排除してしまうと、先ほどの例に従えば、商品の価値をつくっているのは社交、つまり営業パーソンの口八丁だけだということになってしまうからです。石でも空気でも、営業の能力さえあれば高く売れる、それは正当な経済活動というよりは詐欺に近くなってしまいます。そもそも製品が精巧に仕上げられていなければ、その商品を継続的かつ高い値段で営業パーソンが売ることはできないでしょう。これと同様に労働価値説を否定すると、労働市場においても労働力の価値を評価する基準が労働市場だけになってしまいます。

したがって労働価値説には、それがどれほど論理的に破綻していようとも、なお今日的意義があるといえるのです。今日の国家は純粋な自由主義国家ではなく、社会国家、もしくは福祉国家と呼ばれます。その基本は、労働市場に規制をかけたり、収入の高い人からそうでない人へと再分配をしたり、福祉政策を実行したりして、「最低限度の文化的な生活」の水準を国民全体に保障しようというものです。社会福祉の観点から国民のすべてに基礎的な生活水準を保証すること（生存権の保障）が政治的に正当化されるとしても、労働市場に国家が直接介入して企業に対し最低賃金や解雇規制を行う根拠、つまり企業や資本家の自由を束縛する根拠はどこにあるのでしょうか。

もし自由な労働市場で賃金が公正に定まっていると考えるなら、それに介入することは経済学的に不公正なことになるでしょう。もしそうした「公正」な条件での労働契約に問題があるとしても、その責任は、そういう低評価の労働力しか準備できない労働者自身にある、ということになります。そのとき労働者側はせいぜい、それでは生活が成り立たないんだから何とかして下さいというようなお情け、人道上の救済にすがるしかなくなる。価値の源泉には労働があるのだ、だから原価がかかっている労働力をそれ以下で買いたたくのは経済的な不正だ、それは搾取だ、と胸を張って言えなくなってしまうのです。市場において労働力の価値を評価する経営側に対して、労働価値説抜きにしては搾取の概念を立てることができない。こうした事態を回避するには、自由な労働市場それ自体が不正なのだという強い論理を立てることがどうしても必要です。そのときに、その理論立てを支えるのが、少なくとも労働者の身体の自然が破壊されるような雇用は不正であるという考え方、つまり労働力の再生産を労働価値の基準とする労働価値説なのです。

マルクスの経済理論の現代的意味は依然としてここにあります。マルクスは『資本論』において全面的に労働価値説に依拠したと一般に考えられています。そこでマルクスは、価値の源泉を人間身体の化学的・生理的支出という実体的なものに求めているように見えます。しかし他方では、その労働支出は市場においてその価値を実証される、つまり社会関係の中で評価されるとマルクスは考えています。どちらに押し切ることもできないという事態をマルクスが少なくとも無意識のうちに記述しているのはたしかなのです。ではどうしてそうした矛盾をマルクスは抱え込み、しかもそれを十分に問題として意識することがなかったのでしょうか。

マルクスが分析の対象としたのが一九世紀のイギリスの産業社会、つまり産業資本主義であったということがその答えとなりそうです。「必要」によって動く産業社会においては、製品はひとびとにとって不可欠なものなので、一定の値段で売れる確実さがそこを支配します。したがってそのときには、ものを作ることが価値を形成するという考え方が説得力を持つのです。製造する製品が「社会的に必要」であったり「有用」であることははじめからほぼ自明ですから、労働の必要性や有用性を市場が評価する局面をことさら問題視する必要もなかったのです。そのとき働いている労働者たちはライン労働で単一仕事を反復する規格化された工場労働者ですから、そこでは平均的な作業内容を平均的な時間でこなす平均的な労働者という想定も現実に対応しています。そういうわけで産業社会においては製品を生産する単一の労働とその持続時間がそのままただちに価値を形成するという考え方が説得力を持ちやすかったといえます。

これに対して二〇世紀後半に展開した消費社会では、物を作る技術はほぼ完成しています。むしろ人びとの欲望、市場の動向を敏感に読んでそれを売る、もしくはマーケティングにしたがって製品を企画することが重要になります。ここでは「平均的」な労働者を価値の基礎に据えることはできません。というのも、どの程度の時間で作るかではなく、何をどのように作るか、市場に対するその敏感さによってそのひとが形成する価値は全く変わってしまうからです。欲望の経済においては市場の動向を読み間違えると、労働や生産はまるごと社会的に「有用」ではなくなるのです。したがってここでは労働が価値を形成（生産）するという考えは薄くなり、市場こそが価値を形成（評価）するという考え方が強くなります。すでにマルクスが記述していた、価値に関する市場と労働、関係と実体の相互的な支え合いのうち、必要と欲望によってどちらの価値理論が説得力を持つかが決まってくるのです。逆に言えば社会が消費社会化するにつれて労働価値説とそれに基づいたマルクス主義はその理論の矛盾を露呈し、説得力を失っていったということができるでしょう。

リビドーの実体性と関係性

これと同様、リビドーもまた一方では人間の生理的身体が分泌する生理的な実体です。他方においてそれは投射と回収を通じて増殖を図る社交的な関係性の性格を持ちます。もしリビドーが完全に実体的なものであるとすれば、そのリビドーを誰かに投射した段階で、投射されたその人の心はそれだけ満たされその人の価値が高まるはずです。とはいえ貨幣経済が独り相撲で成立しないのと同様、リビドーもまた投射されるだけでなく、投射された当の他者によって受け入れられ回収される必要があります。投射とその受け入れという相互性がそこに成立してはじめてリビドーの価値は実証されるのです。つまりリビドーはたんに投射されるだけでなく、相互的に、つまり〈社交的に有用〉であることを証明しなければならないのです。商品においても事情は同様で、その商品が消費者の心にとって価値を持つのは生産者がそれにリビドーを投射しているだけでは不十分で、その欲望された商品を消費者が欲望し返す相互的なコミュニケーションが不可欠なのです。

リビドー価値が実体としての性質を強くするのは、産業資本主義のように愛の供給が基本的に不足していてその需要が安定しているときです。たとえば安定した家庭環境、親子関係を考えてみましょう。親に対して子どもは自分のリビドーをナルシシズム的に投射します。その投射はほぼまちがいなく親によって受け入れられ、子どもは親からより多くのリビドーを受け取るでしょう。自分の心が生産したリビドーはそれを生産する分だけ基本的に〈必要〉とされて受け入れられると予測することができるでしょう。このときには、まさにリビドーの生産と投射そのものがリビドー価値を作り出すというリビドー労働価値説が本当らしく見えることになります。

これに対してリビドー需要が飽和してもはやリビドーが〈必要〉とされてはおらず、〈欲望〉されなければそれを受け入れてもらえない状況を考えてみましょう。いまや自分の心が生みだしたエネルギーを親に向けるだけではそれを受け入れてはもらえないのです。そこで求められるのはもはや基本的に〈必要〉とされていない自分に対し、親の欲動を刺激し、その気をそそり魅惑することです。親はショーウィンドウで商品に魅惑される顧客のような存在であり、自分の子どもを基本的に商品という「記号」としてみなす存在です。このときにはリビドーの生産と投射ではなく、まさにそれが流通する関係性の存立（つまり自分に対する欲望を親に抱いてもらうこと）こそが価値を作り出すという、いわばリビドー市場価値説がもっともらしく見えることになります。

現実の経済は必要の経済と欲望の経済の両方を抱え込んで、その両者の矛盾と差異から剰余価値と格差を生みだしているので、実際には貨幣経済と同様にリビドー経済においても、実体論と関係論のどちらかに押し切ってしまうようなことはできません。

貨幣経済において労働者は自らの労働力を維持する必要に迫られています。それゆえに労働者はいかなる劣悪な条件でも労働契約にとりあえず合意しなければならないように駆り立てられています。そしてこうした自然必然性に強制された労働を資本家がある種の機械連関のうちに取り込んでその労働を利用するわけです。自然必然性に支配されているがゆえに労働者には最低の賃金しか支払わなくてもよいので、資本家はその賃金との差額によって大きな利益を手にすることができます。つまり生命に支配された労働者の〈必要＝実体〉と、もはや生命には縛られていない資本家の〈欲望＝関係〉とが交差する地点、つまり同一の労働が位置づく二つの異なったコンテクストのギャップこそが両者に経済的な格差を実現するのです。

リビドー経済においても事情は同様です。現代の消費社会において愛は、一方ではエディプス的・性器的体制のうちで必要にもとづく経済のうちにあり、他方においては市場的・多形倒錯的体制のうちで欲望にもとづく経済のうちにあります。現実の愛の営みはこの双方の側面をもっています。そして必要と欲望のこの両義性のゆえにリビドー経済は格差を生じさせます。まずもってひとは自分や家族を再生産する〈必要＝実体〉のために性的エネルギーを支出します。これが性の家族制度、つまりエディプス的なリビドーの備給体制を形成します。そしてこの体制を背景として、それから逸脱する欲望する性の回路にその必要の身体が埋め込まれるときに高いリビドー価値が実現するのです。つまりリビドー経済における格差は、必要としてのリビドーの活動が、欲望としてのリビドー活動の中に取り込まれ、そこに生じるギャップから生じるのだと言えるのです。

例えば先の性の商品化の例で言えば、性的サービスが高い市場価値を持つのは、そもそも性のエネルギーが必要の回路の中でしっかりとした家族制度のなかに囲い込まれているからでした。そこでリビドー活動を再生産する〈必要〉に応じて行われているのと同一の性的行為が、こんどはその文脈から外されて、もはやその再生産とは関係ない買い手の〈欲望〉の回路の中に取り込まれます。そのとき買い手の側に生じる大きな剰余リビドーが貨幣に変換されて性の売り手に高い貨幣対価となって回収されるのです。このとき性の売り手が売り渡したものは家族的な性の回路からの逸脱です。そのとき売り手の側はみずからの〈必要＝実体〉の必然性を潜在的に危険にさらしているので、愛の〈必要〉回路が満たされない不安に陥りやすくなります。この時点ですでに性の売り手は貨幣的には黒字ですがリビドー的には疎外を大きくしています。

しかもここに仲介者が介入すると、この業者（資本）は性の売り手を囲い込み、エディプス権力のセーフティーネット（家族）から切り離して、この不安のゆえにその労働力をできるだけ安く買い叩き、買い手の欲望のためにできるだけ高く売るのです。売り手は愛の欠乏に直面しているので、自分をかりそめにせよ保護し面倒を見てくれる仲介者の檻から離脱できなくなります。戦前においてその檻とは高い壁や折檻、そして前借金の強制でした。戦後の消費社会においてそれは売り手が潰れないように供給される最小限のリビドーです。いずれにせよ女性はそこから抜け出ることができないのです。そうすることで自分が受け取るはずであった代価としての貨幣とそこに負荷されているはずのリビドーすら仲介者に搾取されてしまいます。こうして管理され囲い込まれた性産業においては、まさに〈必要＝実体〉と〈欲望＝関係〉の両方の論理を仲介者が十分に活用することにより、リビドー経済的にも、貨幣経済の面からも大きな剰余価値が生まれ、格差が急速に拡大することになるわけです。

しかしことは商品化される性にとどまりません。より拡張して考えれば、たとえば親に評価されることを目的として習い事や受験に一生懸命に打ち込む子どもたちや、子どもや妻の欲望追求のために意に沿わぬ労働を余儀なくされて自由を失っている父親なども同様ではないでしょうか。また夫の社会的欲望のために家族への愛を搾り取られている専業主婦もまたそうかもしれません。組織や上司に認められようと必死で働き、尻尾切りのように使い捨てられるサラリーマンもそうでしょう。こうしたひとたちは、自分の心に必要不可欠な愛（承認）をなんとしてでも獲得するために必死で働き、そうすることで大切な人々から〈必要＝実体〉としての愛を得ようと切望するのですが、しかしそれが必死であればあるほど、そこに余裕がないほど、その努力は他者の欲望追求、コミュニケーション拡大のための便利な手段にされてしまいます。愛への必要が切実であればあるほどそのひとのリビドー支出は買い叩かれ、そのひとへ還付されるリビドーは搾られていくのです。そしてそうであるほど不安は高まり、搾取者の指示におびえ、それにさらに敏感に反応するようになっていくわけです。

リビドーの回転速度

現代の資本主義は必要が基本的に満たされた社会においてなお成長を遂げなければなりません。そこで資本主義は生産と消費へと人々を駆り立てます。貨幣経済において事業資金は利子付きで貸し出されます。つまり借りてきた資金を蓄蔵してなにもしなければ利子が支払えなくなって破産するので、借り手はその資金を資本として投資し、生産規模を拡大して資本を回転させ、より多くの剰余価値を手に入れなければなりません。その回転のペースメーカーとして利子率が存在するわけです。利子率が高ければ高いほどこの回転は高速化し、剰余価値を急速に拡大しなければならなくなります。

貨幣経済におけるこの利子に当たるのが、消費資本主義のリビドー経済においては陳腐化です。投射されたリビドーは回収されないままに時間が経つといわば蒸発します。たとえば新製品はそれが新しい何かをもたらすがゆえに人々の欲望の対象となりリビドーの投射を受けます。しかしその商品はそのリビドー価値をそのままに維持することはできません。時間が経つと人々の欲望はほかの新製品に移り、その製品のリビドー価値は低下してしまうのです。

この価値低下は、必要に対応する商品においてはより生じにくいと考えられます。なぜなら商品の性能が低下しない限りそれはつねに必要とされるわけですから、その価値が著しく低下することは考えにくいのです。これに対して欲望に対応する商品の場合はそもそもその商品は必要なものではないので、商品の性能とは関係なく人々の欲望の動向、トレンド・流行に敏感に対応して商品価値が大きく変動するのです。

この陳腐化が高速度で進行している限り、消費資本主義は社交のモードを刷新し、商品をその耐久性をはるかに上回る速度で廃棄し、新製品を次々と投入できます。宣伝や記号の操作を通じて時代遅れの商品、時代遅れのファッション、そして時代遅れの人間をつねに作り出していくのです。陳腐化速度が速くなればなるほど、利子率が高くなるのと同様に消費資本主義はより高速により効果的に回転するのです。

陳腐化速度はモードの交代だけではなくイノベーションによっても加速されます。いわゆる性能の向上や機能の改良をつうじて資本は現在の製品をバージョン・アップします。そうすると現行の製品やサービスは新しく登場した新商品に比べて劣ることになります。またイノベーションはこれまでまったく必要がなかった商品やサービスを新たに開発することで、想像もできなかったような新しい需要を生み出します。またイノベーションは直接消費者と対面しない生産・流通過程の効率化においても生じます。たとえば同一の商品をはるかに安価に提供できたり、即時に配送できたりできるようになればそこにあらたな需要が創造されます。

一般に、製品のイノベーションはその製品ジャンルの草創期において頻繁に生じます。その後、その技術革新の伸びしろが頭打ちになって商品が成熟すると、それはモードの変容へと移行するのです。洋服や生活用品においては技術改良の余地は現在ほとんどないのでその変化はモードへと移行する一方、情報技術においては技術革新がいまだその変化の主要な手段でありつづけています。家電製品や自動車などはその中間段階にあると言えるでしょう。

いずれにしてもこうしたモード化やイノベーションにおいて重要なのは人々の欲望、つまりリビドーの投資の対象になりうるようなルアーをつねに開発し創造し続けるということです。それによって資本主義は必要としての需要が一巡した世界においてなお成長を可能とします。こうした資本主義の高度化は、恐慌や帝国主義、その帰結としての戦争を回避し、豊かな社会を作るためには欠くことができないものだったのです。

しかしながらそれは同時に、人々のそれなりに安定した生活の基盤を「時代遅れのもの」としてたえず否定する運動を意味しました。その結果人びとは現状に安住することができず、つねに不安を駆り立てられることになります。産業資本主義の時代の単純労働者はただ指示された仕事をこなす客体でした。しかし今日の労働者は、これまでの自分の感性を否定し、自分の居場所を否定し、自分の仕事やそのやり方を否定して、つねに変化と変革を自らに課す主体的な存在、前のめりの姿勢へと転換したのです。こうして今日、人びとの日常性、恒常性の危機が生じています。

消費資本主義は人々や事物の恒常性を不断に脅かし、そうすることによって「不安」を駆り立て、人々を生産や消費、就職や結婚へと駆り立てます。そしてその駆り立てられた行為を別の人たちの欲望の対象へと転換していくのです。しかし不安を駆り立てるには、人々の現状を陳腐化するだけでは足りません。より直接的に、より強力に不安へと人々を突き落とすために、資本主義はひとびとの安定した場所（ハビトゥス）を積極的に破壊します。人々の必要が満たされたときに消費資本主義が始まるのだとすれば、その資本主義は、さらに踏み込んで人々の必要が満たされた状態そのものを直接破壊するようになるのです。つまり消費資本主義は陳腐化の速度と規模を最大化したあとで一種の限界に直面し、そこに新自由主義が登場することになるわけです。

新自由主義とは何か

資本主義はその欠点を克服するために様々な社会的な規制を導入し、労働者に権利を保障して再分配を強化し、社会保障を充実させることでその矛盾を緩和して生き延びてきました。しかしながら賃金が高止まりして税負担が増えれば資本主義的経営は重荷を背負うことになります。そうした社会的規制が薄く人件費が安い新興国との国際競争に敗れ、国内の重税や各種規制のゆえに企業活動が停滞し、国家が肥大化して官僚や専門家が権威主義化し、それは結局のところ失業や国家財政の悪化を招くという福祉社会批判が生じます。ここで、労働契約を自由化し、資本の活動に対する社会的規制を緩和し、公共サービスと社会保障を民営化すれば資本主義は再び活力を取り戻すという主張が登場します。それが新自由主義です。福祉国家の肥大化に対して、かつて規制が少なかった古典的自由主義の姿を取り戻そうというわけです。このように考えれば、消費資本主義と福祉国家の複合体制が形成され、それが一つの限界に至りついたときに発動されるのが新自由主義なのだといえるでしょう。

新自由主義は国家に対して資本主義を強化し、再起動しようとするものです。新自由主義が労働規制を緩和し、正規雇用を削減して非正規雇用を増大させる直接の動機は人件費の削減にあります。欲望の経済において人々のリビドーのゆくえはきわめて動揺しやすく予測不能なので商品需要は不安定化します。それにあわせて機動的に人件費を調整しなければ企業は破綻するので、企業は固定的な人件費の比率をできるだけ減らそうとします。人件費を物品費に替えて、その日の需要に合わせてそのつど資材を発注するように、人間をその日の必要に合わせてオン・デマンドで仕入れようというのです。

労働市場を自由化して労働力を流動化することのメリットは、労働力が余っているところから不足しているところに機動的に労働力を移動できることにあります。労働力の価格が下がって機動化すれば生産効率が向上し、企業は価格競争力を手にいれます。労働者同士や企業間の競争が強化されれば効率化が進むと同時に技術革新が動機付けられます。こうして企業の国際競争力が向上すれば、それは結局のところ経済全体を活性化してその利益を労働者に還元できるのだというのが新自由主義の主張です。こうして経済全体が活性化すれば労働者はあるところで馘首されてもすぐに新しい職を見つけることができるし、むしろ転職を一つのチャンスとして、一つの企業に心身ともに従属することなくその状況に応じて自分の価値を高め、自分のライフステージに合わせて柔軟に働き方を選べるのだと新自由主義は主張します。

このように供給側が引き締まるのと並行して需要側にも新しい展望が開かれます。ひとつには社会保障に代わるあらたな保障・保険・安全ビジネス、医療・介護ビジネス、住宅産業や教育産業といった新規需要の創出です。従来の公的サービスが後退すれば、それを補う新たな民間需要が生まれるのは当然です。民営化された公的サービスは、かつての公的サービスが一様であったのに対して、多様なニーズに応えるという名目で多様な姿をとるでしょう。

労働規制の緩和と産業の自由化によって国民の中間層がごく一部の富裕層と大多数の貧困層に分化しますから、これまで一律だった市場が多様化し、多様な需要がそこには生まれることになります。たとえば教育は、これまで公教育というかたちで全国一律に低価格で規格化されたものが提供されていたのに対して、教育産業がさまざまな独自のプログラムを多様なニーズに合わせて、しかも驚くほどの高額によって提供するようになるでしょう。警察の一律無料のサービスが低下すれば人びとは警備会社と契約することできめ細やかな安全サービスを得ることができるでしょう。ただしそこでは警察以上のより細やかなサービスを享受できる人と、かつての警察のサービスも受けられない人の間に大きな安全上の格差が生じます。医療と医療保険、介護と介護保険も同じような道をたどるでしょう。

しかしこうした低所得者層にも新しい産業が対応するでしょう。低価格の労働力を使って貧困層向けの新しいサービスが提供されるはずです。時間とお金を搾取されてぎりぎりの生活を余儀なくされている大多数の貧困家庭向けに、パッケージングされた食べ物を決して安くはない価格で提供するファストフード産業や、高額な教育を受けられない人々向けに従来の公教育にはるかに劣る質の低価格のパッケージ・プログラムを提供する教育産業が生まれるでしょう。さらに貧困な途上国の労働力を用いて経営されるファストファッション産業などの、いわゆるデフレ産業が数限りなく生まれるはずです。また当然のことながら、低賃金の派遣労働力を資本に対してオン・デマンドに提供する人材派遣産業も隆盛を極めるはずです。

とはいえ労働市場の自由化とそれに伴う雇用の不安定化には負の側面もあります。もし人間が部品や物であれば適材適所にそれを配置するのは合理的です。しかし人間はある特定の条件にようやく適応してその精神と身体を形成している重みを持った生き物ですから、部品のように右から左へとそのありかたを変えることは困難です。したがって労働市場の流動化は、人間の生活の恒常性に対して破壊的に作用します。生活の恒常性が実際に破壊されたり破壊される可能性に曝されると、ひとは「不安」を抱くようになります。この不安のゆえに労働者はより低劣な労働条件に同意し、競争し、消費するように促されます。労働市場の規制緩和は、労働者の生活の恒常性を破壊して、人びとを〈欲望の経済〉から〈必要の経済〉へと差し戻し、その生活と人生をより強く資本と消費に組み込む作用を果たすのです。

新自由主義は人々を不安に突き落とし、生存条件を厳しくして安全地帯から人々を追い出し、より強く人々を生産と消費に駆り立てようとします。新自由主義は先進国の労働者の労働条件を途上国のそれに近づけることで国際競争力を確保しようとします。しかしそうすることで社会的格差が拡大して、人口の大多数を占める人びとの生活条件が切り下げられると社会の総需要は減少します。少子高齢化などで人口が減少する社会において格差が拡大すれば、総需要の減少はさらに加速します。低い収入に対しては安価な商品が開発されますが、そうすることで労働力の再生産費用は低下してさらに賃金は削減されます。生産と消費の全体を引き受ける社会的総需要が頭打ちとなるのです。こうして経済全体はデフレの様相を強めていきます。

総需要が頭打ちの状況でひとたびデフレが始まると信用が急速に収縮します。デフレの社会においては手元の貨幣はそれを蓄蔵するだけで時間とともにその価値が相対的に増大します。逆に銀行から借り入れをしてそれを何かに投資しても利子率を上回る利益率を将来にわたって持続できる見込みは厳しくなります。そうすると金融機関は借り手の返済能力への査定を厳しくするのです。これが信用の収縮です。その結果、貸し出しが全体として縮小し、結果として設備投資にさらにブレーキがかかり、経済はさらに縮小する悪循環に陥ります。

消費資本主義はいわば社会の中に無駄な消費を喚起することで成長を図ってきました。人件費は高騰し生産効率は悪化しましたが、それゆえに需要は拡大して生産も拡大しました。しかしいまや欲望に関わるリビドー経済は限界に直面し、もうどうあがいても、人びとのリビドーが商品に投射されにくくなってきた、もしくは投射されるような商品が提案しづらくなってきたのです。陳腐化を促進し、消費と生産の回転を向上させようとする「無駄づくり」の試みがもはや飽和し、資本主義を活性化させるどころか逆にそれを窒息させるように作用するようになりました。その限界を打ち破るために登場したのが新自由主義です。新自由主義が目指すのは無駄による需要の拡大ではなく、むしろ無駄の削減による生産の効率化です。企業体質を引き締め、生産を効率化した分だけ利益と成長を拡大しようというわけです。人件費を極限まで抑え、コストを徹底的に削減し、競争に勝とうというのです。しかし社会全体がそうした効率化を指向すれば、これまで無駄の創造によって需要を維持してきた以上社会全体の総需要は急速に減少し、全体のパイは縮小します。新自由主義とは自分の足を食べることによって食費を節約するタコのようなものです。

こうした新自由主義のデフレ社会においてリビドー経済はどのようなかたちをとるのでしょうか。

貨幣経済における信用の収縮と似たようなことがリビドー経済においても信頼の収縮といったかたちで生じます。人びとの生活の恒常性が破壊されて不安が強くなるとリビドーを投資してもそれが回収できる見込みが少なくなる、つまり相手に愛や物資を贈与してもそれがいずれ回収できるという信頼の余地が全体的に縮小するのです。人びとはコミュニケーションのリスクを冒すことをためらい孤立化する傾向が強くなる。こうして社交資本が総体として減少するのです。デフレの社会においては経済全体の収縮とともに、貨幣や商品に負荷されたリビドー流通の総量が減少していくので、リビドー循環のリスクを極小化して自分の心にリビドーを蓄蔵していればより幸福を感じやすくなるのです。こうして個室化や草食化、もしくは回避化が進むことになります。

リビドーのゲーム理論

正規雇用や社会保険、社会保障に守られているとき、ひとは自分の勤務先やその先に広がる社会に対して基本的な信頼感を保つことができます。この信頼感は、身近な他者との安定したリビドー経済の確保にとってプラスの作用をもたらすでしょう。結婚を通じて家族を作り、子どもを養育し、企業や地域社会において公共的な役割を果たそうとする利他的な動機は、人びとの日常の安定性、具体的には安定した雇用とセーフティーネットを下支えにしているはずです。

こうした利他的な関係性はリビドー経済的には極めて大きな快楽と豊かさをもたらします。というのもリビドー経済は、他者に対するリビドーの投射と回収を基本動作としていますが、この回収の見通しが確実になるほど投射は動機付けられ、より多くの心的エネルギーが動員されることになるからです。人間関係に信頼感があると、正のフィードバック・ループが作動して幾何級数的にリビドー量が増大し、人々の心が豊かになるのです。

たとえば家の修理をするときに、Aさんは軽トラックを持っていて、Bさんには大工の技術があり、Cさんには少しばかりの資金があるとしましょう。台風でAさんの家の屋根が壊れて雨もりが始まったときに三人に信頼関係があるならば、それぞれが労力や資金を出し合ってAさんの家の雨もりは問題なく修理できるでしょう。そしてその実績はBさんにとってもCさんにとっても天災から自分の家を守る保険となるはずです。その効果は家が物理的に守られるというだけではありません。人々が信頼と協力に基づいて行動することで社交資本は増大して、三人のあいだに大きな快楽と幸福が生まれます。

これに対して雇用の安定性が脅かされ、しかも社会保障がそれを補えなくなると、ひとびとは狭い意味で利己的になりかねません。それは人々の紐帯を破壊し社会に不安を生み出します。自分のことで精一杯になり他者の幸福を思い計る余裕がなくなるのです。それどころかそうした不安定な状態は社会に対する基本的な信頼感を損ないます。自分はきちんと働いているのにひどい仕打ちを社会から受ければ、他者や社会を潜在的な裏切り者とみなすようになるでしょう。自分が裏切られないように、もしくは裏切られても傷つかないように、他者に対する心の投資を慎重に見極めるようになるでしょう。社会総体の信用が収縮するのです。ここでは回避型のパーソナリティーが主流となってしまいます。

先ほどの例でいえば、Aさんの家が壊れたときにBさんやCさんが協力したとしても、今度はBさんの家が壊れたときAさんは協力を拒んでトラックを貸してくれないかもしれません。だからBさんはAさんの屋根を直す技術の提供を差し控え、Cさんも資金の提供に二の足を踏む。三人が協力していれば台風から家が守られて人びとの心も結束して豊かになるのに、相互に信頼関係がなければ誰の家も守られず、自分の家が守られる安心感もなく、壊れた家で何の役にも立たないトラックと資金と技術をそれぞれが抱え込みながら、隣人を疑うすさんだ心の状態にすべてのメンバーが陥るでしょう。社交資本は著しく減少して人びとの心のリビドーが増殖する可能性が失われてしまうのです[60]。

いつどこで自分がどうなるかがわからなくなるとき、ひとは不安に駆られていま現在における自分を短期的に守ろうとします。しかしそうすることによってかえって逆説的に自分を守ることができなくなり、それぞればかりかそれぞれが自分の存在を希薄化させ、リビドー全体の大きな損失に陥ることになるのです。

リビドーを投資するには、相手先から裏切られるリスクをあえて引き受ける覚悟が必要です。人はリスクを取ってあえてリビドーを投資する人、つまり報われるかもわからない愛と参加をあえて示す人を信頼します。それに応えてやらなければと意気に感じます。共同体の成員が自発的にリスクを引き受けるがゆえにその共同体は結束して信頼を強め、さらなるリビドーの追加投資が可能になるわけです。しかしながら新自由主義経済におけるリビドー戦略はこうした共同性のリスクに対して否定的に反応します。というのも新自由主義において人々は自らに忍び寄る辺なき不安に対して共同性の強化ではなく貨幣の私有によって対抗しようとするからです。その結果人びとは自分、ひいては貨幣を獲得できる自己の能力に頼るほかなくなります。

先ほどの例でいえば自分の家が脆弱であるとき、Aさんは仲間のBさんやCさんと過ごす時間を減らして労働し、その資金で損害保険に加入するでしょう。仲間との関係が失われることによる不安の増大を貨幣の獲得によって補おうとするのです。そのときAさんのリビドーは仲間ではなく貨幣に投射されることになる。寄る辺なき不安に強迫されて、ひとは自分の全資源、全能力、全エネルギーをこの種の市場商品に対して集中するようになります。しかしどれほどそこにエネルギーを投下してもいっこうに安心を得ることはできません。なぜならどれほど貨幣を獲得しても、かえってそのことが社会的紐帯からの孤立を招き、その獲得を動機付けた不安を強化してしまうからです。いうなれば仏教のいうところの「餓鬼」の姿に人間は次第に還元されていくわけです。

新自由主義が究極的に目指すのは、かつての古典的な資本主義と自由主義の組み合わせに戻ることなのでしょうか。そうではないと思います。というのも新自由主義の先にある資本主義は、かつてのような産業資本主義ではなく、徹頭徹尾、記号化・抽象化された資本主義だからです。恒常性を破壊され破綻した記号となった人々は、その破片となった自分自身をさらに破壊することで束の間の価値を生んで前進し、安定した幸福を意味するかのように思われる記号の断片に飛びつき、それをむさぼりつづけるのです。そこに蠢いているのは、対象aに飢えた餓鬼たちなのです。

格差の拡大に伴って、消費資本主義の欲望の段階から産業資本主義の必要の段階にまで生活水準が切り下げられてしまう貧困な人々も大量に発生するでしょう。たとえばこれまでは配偶者の収入によって一定の生活水準を維持できていた母親が、離婚によって突然、幼い子どもを抱えて必要の世界へと押し戻されたり、突然勤務先を解雇されて家賃が払えずホームレスになってしまうといった事例です。そのとき、自分を取り巻いている世界は記号から実体へとその姿を豹変します。商品とサービスの「意味」ではなく、それ自体の物質的有用性が生存のために必要になるのです。その必要の世界は記号なき物質の世界、いわば意味を剥奪された第二の自然の世界です。

だがそのとき社会は、産業資本主義の社会と違って、その貧困者の世界をたんなる必要の世界と見なすことはありません。その世界はまさに劣等な記号からなる世界であり、そことの距離によって記号のすべてが価値づけられるような底辺ゼロとしての記号世界を構成するのです。純粋に必要の世界はコンテクスト化されてそれ自体ひとつの表象不能な記号となります。意味を剥奪された物質、それと名指せない黒点は副次的に強烈な意味を発揮します。新自由主義はまさにこうした貧困記号を積極的に導入し、それをいわばスケープゴートのように作用させることでさらに人々に不安や危機感を煽り、それを動力としてさらに動員を強化していくのです。

リビドー経済が対象aに対してリビドーを投射しそれを回収する反復であるとしても、その向こう側にあるはずのリアルな次元、黒点としての存在を消し去ってしまうことはできません。そのリアルな次元というのは、すべての関係性から切り離され、それゆえすべてのリビドー活動能力を喪失する関係性の死の地点です。記号の世界の住人たちはその暗い領域、生命の〈必要の領域〉をそれとして摑むことができません。というのもそこは記号と意味が存在しない、たんに物質がうごめく領域だからです。しかしその暗さはすべての記号の背後にあって記号の世界のなかに染み出ているというべきでしょう。なぜなら記号の意味はその暗さを背景とした明るみのなかで、その暗さとの対比においてのみ成立するからです。したがっていかなる社交的関係性もまた、関係性の向こう側に広がるこの闇との対比において、そことの距離においてのみ、その意味と価値を得ているのです。一切のコミュニケーションはこの闇から逃れようとする無限の試みにほかなりません。このかぎり、〈必要〉のリアルな領域は〈欲望〉の記号の領域を支え、物質的なものは関係的なものの存在根拠となっています。しかしその支点は記号世界の内側から、その限界においてのみただ感受されるしかないものなのです。

このように考えてくれれば、価値の実体性や〈必要〉の回路はいまやそれ自体として独立に存在するものではなく、関係性と欲望の論理を突き詰めていったときにその向こう側に予感されるものだということがわかります。記号は実体へと行き当たり、また関係は存在へと行き当たる。新自由主義と消費資本主義は、人間の心身の実体性を解体しそこから利益を回収しようとすればするほど、その解体される当の心身の実体性をかえって要求するのです。このかぎり価値の実体性に依拠する労働価値説は、それに対立する市場価値説が健在であるかぎり固いということができます。

第三章　愛の社交主義のために

新しい価値論への挑戦

これまでの本論の考察によれば、労働力の価値がそのときどきの市場によってのみ評価される事態に対抗して、労働者の身体の生命的な支出それ自体が価値を生むと主張したのが労働価値説でした。労働価値説が人間労働の支出量という実体的なものに依拠して価値を捉えたことは、価値が市場の評価、つまり関係性において決まるという市場価値説に歯止めをかける機能を果たしました。そのかぎりで価値の実体性はむしろ価値の関係性、つまり市場価値説の限界にはじめから位置していたのです。価値は関係性のなかにあってはじめてそれを超えるかたちで現れてくるのです。

この章の目的は労働価値説とは違ったしかたでものごとの価値がものごとそれ自体に内在しているありかたを示すことにあります。市場価値がすべてだ、資本主義こそが万能だという論理を相対化し、むしろ市場価値や資本主義を〈もの〉固有の価値の方から評価するロジックを打ち立てようというわけです。

現代の世界において市場価値や資本主義、科学技術を全面的に否定することはできません。それらをトータルに拒絶して「もうひとつ」の代替的な価値論や生き方を提示することは困難だと私は思います。というのもそうした素朴な「オルタナティブ」の試みはコミューン的なものにとどまるか、資本主義の中にひとつの記号として吸収されてしまうか、歴史の車輪を逆転させてより強い抑圧を生み出していく危険にさらされているからです。

取るべき方向性は市場や資本や科学技術を全面的に否定するのではなく、その成果の上に立脚し、なおその問題性を内側から緩和することです。そしてそのためには市場や資本や科学の力を規制し、制御し、むしろ利用することが必要なのです。それらを統制する基本軸として〈もの（ひと）〉自体の価値とは何か、それをいかにして高めることが可能かという新しい価値論が求められるといえるでしょう。その価値論に依拠することで市場とは異なった、ものごとの価値に基づく関係性、つまり本来の意味での社交と社会のありかたが見えてくることを期待したいと思います。

価値がたんに実体でもなくたんに関係でもないとすれば、価値についてどのように考えたらいいのでしょうか。価値は〈もの〉と向き合うある特定の関係性のうちでのみ現れてくるが、しかし同時にその関係性を超越する〈もの〉としての性質とともに現象すると考えるほかないでしょう。関係性のなかにあってはじめて現れてくるその超越的性格が、価値があたかも関係から独立した実体性を持っているかのようにひとに誤認させてしまうというわけです。関係のうちに内在しながらそれを超越するかのように現れるこうした価値の存在性格を「内在的超越」と言い表すことができます。市場価値説は価値の内在的な側面を、そして労働価値説はその超越的な側面を説明する論理だったといえるでしょう。どちらの学説も真理ではあるが、ただし部分的に真理であったということです。

一般的に商品の経済的な価値とは市場において成立する交換価値にもとづいています。交換価値は人間同士の社交において成立します。あるひとが自分の商品を一万円で売りたいと思っても、それは五千円でしか売れなかったとします。そのときその商品が持っている価値は売り手の思惑を超越した存在性格を持っています。売り買いという関係性の中で、どうにもならない超越的なあり方に売り手は直面するわけです。これは買い手にとっても同じです。これが交換の局面における価値の超越したあり方、その実体性の真相です。

しかし交換価値はその商品そのものがまえもって他者の必要もしくは欲望の対象となっていなければ発生しません。とすれば交換価値はその成立の条件としてその商品と人間との根源的な関係性を前提としていることになります。商品の価値はその商品を使用することによって生じる価値（使用価値）が買い手にとって存在し、同時にその使用価値が売り手にとって存在しないとき、まさにそういう関係性のなかではじめて成立するのです。これが交換の局面における価値の内在的なあり方、その関係性の真相です。

価値が内在的超越として現象するのは市場における交換の局面だけなのでしょうか。交換以前の〈もの〉との根源的な関係性のうちにすでにこうした存在性格が成立しているのではないでしょうか。事物とその使用者との根源的な関係性において成立する価値はさしあたり使用価値という名前で呼ばれます。しかしながらその価値は〈もの〉そのものとの関係の中で実感される価値という意味では、それが必ずしも使用されたり有用であるときにだけ成立するものではありません。赤ちゃんは母親にとってもちろん価値ある存在ですが、しかしそれを使用価値と呼ぶのははばかられます。対象にリビドーが投射されその回収が意図されていれば、つまりその対象が何らかの欲望の対象となっていれば、それはすでに価値を持つといえるのです。それゆえにそうした価値のあり方を「リビドー価値」と呼ぶことにしましょう。

〈もの〉にたいして心はリビドーを投射します。そうすると〈もの〉は、あたかもそれ自体に価値を持っているかのように心に対して現れます。先に述べたナルシシズムの構図です。こうした〈もの〉の価値は〈もの〉と心の関係の内部で成立するのですが、しかしその関係を超えたものであるかのごとくに現れるわけです。これが〈もの〉との根源的な関係性における内在的超越ということです。

しかしそのように考えれば、結局のところ〈もの〉に価値を付与するのはひとの心次第ということになり、価値の自立性・超越性にそぐわないように思われるでしょう。しかしながらそうではありません。というのも人間はリビドーを投射する対象やその量を自分の意思で自由に決定することはできないからです。自我はそれをある程度はコントロールできますが完全ではありません。いわゆる「心を奪われる」かたちで、ひとは自分のリビドーを自分の意志に先立って、いわばわれ知らず何かに投射してしまうのです。リビドーが意思を超越するこの局面のゆえに価値が超越という存在性格を保持するといえるでしょう。だとすれば事物を交換するに先立って心はすでにしてその事物に価値を付与している、つまり交換以前にリビドー価値が先行しているのです。

市場におけるリビドー交換

市場において商品が貨幣と交換されるときには、商品の売り手は買い手の貨幣に、買い手は売り手の商品にリビドーをそれぞれ投射します。そしてその相手の所有物に対する投射量が、それぞれが手元に所有している商品や貨幣への投射量を上回るときに交換が実現します。それゆえ通常の交換においては、交換の事実によって双方のリビドー量はそれぞれ増大したといえるはずであり、二人の保有するリビドー量を足し合わせたリビドー総量も交換以前と比べて増大するはずなのです。というのもこの増大が起こらなければそもそも交換が成立すること自体ありえないことだからです。

このように考えるとき、商品の交換がその根底において〈もの〉に対する心の活動に支えられていることがわかるはずです。つまり市場における人と人との関係に対して〈もの〉にたいする人の関係が根源的に先立っているわけです。これがリビドー経済における交換の原則です。しかしこの原則は必要の経済においてしか妥当しません。「必要」の経済においては自分の生命の必要を満たす物資に対してリビドーが投射され、そのリビドーを回収するために市場において交換が行われるわけです。市場の動向によって突然、ある物資が生命に必要となることは原則として考えにくい。あくまで先に必要があって後に交換がなされるわけです。

これに対して「欲望」の経済においては容易にこの逆が成り立ちます。つまりそこでは市場における人と人との関係があってはじめて〈もの〉が欲望されるといったことが起こりうるのです。消費資本主義やとりわけ金融資本主義においては市場の動向こそが欲望の対象を作り上げることはこれまで繰り返し指摘してきました。とはいえこの場合においても市場における人々の社交はその関係の内部においてそこに還元できない〈もの〉としての実体性を必要とします。消費資本主義において人を魅惑する商品は〈もの〉としての神秘的な土台を必要とします。

たとえばパワーストーンやクラシックコンサート、高級化粧品やサプリメント、各種のセミナーやワークショップなど、高額であればあるほど商品に効き目があり、価値が高いと信じられることがあります。価格を高くした方がそれが売れるという、市場の均衡理論に反した現象が生じるのです。これは高い価格が提示されているとき買い手がそれに見合った価値が商品に内在しているかのように思い込むことによります。こうした「魔術」が可能となるのは商品が神秘化されているからです。使用価値が神秘化された商品は漠然たる威力としての〈もの〉としてのありかたを遺憾なく発揮し、むしろ貨幣の消費の事実をその使用価値の効力の内部に取り込んでいくのです。したがって需要と供給を価格が均衡させるという一般均衡理論の建前は消費資本主義においては別のしかたで妥当することになります。

またコンピューターの中で資金と商品をやり取りする金融資本主義においても、株の売り買いの思惑のただなかで、その株の〈もの〉としての性質、つまり記号や関係に還元できない傾向や力が発揮されます。それはその会社の実体的な経済活動、つまりその基礎的条件の影響を受けているのです。このように金融資本主義においてすら、関係性のなかでそれを超越する何か、つまり内在的な超越性がそこに存在しないと、売り買いの関係性そのものが成立しないのです。そこにおいては、関係性を成立させそれを駆動する自立する力をそのうちに秘めているような、そうしたいわば神秘的な存在として関係性のただなかに〈もの〉が現れてきます。客体の側でのこうした〈もの〉としての内在的超越のありかたに対して、それに主観の側で対応するのが、自分の意志によってはそれを完全に制御できないリビドーの投射活動なのです。

このようにリビドー価値説は〈もの〉に対するリビドーの支出を価値の実体とみなすという点で市場価値説から区別されます。市場価値説において商品の価値は市場の交換の結果として成立するものでした。しかしながらリビドー価値説はその交換のただなかに現れる〈もの〉の超越的な側面にかかわるのです。交換に回収されない〈もの〉との根源的関係のうちに価値を見るがゆえに、つまりその価値は市場の関係性のうちに解消されないがゆえに、リビドー価値説は市場価値説から明確に区別されるのです。

これに対して、人間の生理的な実質の支出を価値の実体とみなす労働価値説とリビドー価値説はどう区別されるのか、という疑問が生じます。労働の生理的支出にリビドーの投射を対応させるなら、リビドー価値説はそうした平板な労働価値説と本質的に変わりません。しかしながらリビドーはたんに物質的な概念ではなく、そのうちに社会的な関係性を含んでいるのです。マルクスの労働価値説においてすでに労働は生理的なものでありかつ社会的なものでした。こうした二重性を孕んだ労働価値説をむしろ引き継いで、リビドー価値説においてもリビドーは生理的エネルギーであると同時にそのうちに社交性を含んでいると言いたいのです。

第一章の比喩によればリビドーとは自動車を動かすエネルギーであるとともにその道でもありました。つまりリビドーは人間関係を作るエネルギーであると同時にその関係性そのものをかたちづくっており、さらに付け加えれば、その関係性の中でリビドーは生み出されます。リビドーは家族の中での人々の行為を生み出すエネルギーであると同時に、エディプス的な家族関係そのものを作り出し、その関係のうちで生産されたり蓄積されたりします。つまりリビドーの概念のうちには〈ものごと〉や他者との関係性がすでに含まれているのです。リビドーの概念は関係性に対して内在的でありかつ同時に超越的なのです。そうであるがゆえに価値の源泉を市場にも労働にも還元できない状況に対してリビドー価値説がある種の妥当性を持ちうる、と私は主張したいのです。

〈もの〉に力はあるのか

リビドー経済において〈もの〉が人間に対してそれ自体として超越した力を発揮するかのように思

われるのはなぜかという問題について考えましょう。人間の意識は自然の内部において生まれるのであり、したがって自然は人間の意識を超越する威力を保持しているかのように思われます。こうした超越的な自然観を引き継いだのが、〈もの〉の背後に力動する精神、つまり魂を見てとるアニミズム的な世界観でした。こうした力動的で有機的な世界観は一神教が支配した西洋の中世においてすら、たとえば「悪徳」といった抽象的な概念が一種のそれ自体で自律して運動するいわば人格的で実体的な存在として考えられるほど人類にとって密接なものでした。

このアニミズム的な世界観は近代の科学的な世界観、つまり機械論的（無機的）な自然観によって駆逐されました。〈もの〉はもはや漠然とした威力ではなく、こと分けされて魂を抜かれ、ただの死物に転化しました。そこでかろうじて有機的な存在として認められているのは人間、とりわけ人間の意思だけなのです。もっとも意思ですら化学・生理的なメカニズムによって条件づけられていると脳科学は主張するのでしょうが、とりあえずは人間の意識だけは自立して目的を設定しそれを追求する自由で有機的な主体であると主張してもそれほど奇異ではありません。しかしそれ以外の自然、とりわけ無機物がそれ自体意思を持っているなどと主張すればいまやオカルト扱いを免れないのです。

しかしその科学的な世界観を否定することなくアニミズム的な〈もの〉の世界を再構築することもできないわけではありません。つまり〈〈もの〉がある種の力を持っているように見えるのは主体としての人間が自分の心のエネルギー、つまりリビドーを〈もの〉に投射しているからだ〉という翻訳装置を、有機的な自然観と無機的な自然観のあいだに挟んであげるのです。人間以外の「物事」の力を根底において人間の心が支えているという理論を作ってあげると、たとえば「暗い森が吠えている」とか「山が私を見ている」といった主張もそのまま正当化できることになります。精神分析のリビドー理論をインターフェイスにすれば有機的な世界観を無機的な自然観というOS上で展開できるのです。

市場における人々の交わりが商品の力によって駆動されるように見えるのは人びとがその商品にリビドーを投射しているからです。商品という〈もの〉はそのかぎり威力を持ったフェティッシュな事物なのです。このように考えれば、貨幣もまたあたかも人間を抜きにして商品たちの関係性を成立させる威力ある〈もの〉だということができます。それはいずれにせよ人びとが貨幣に対してそれと意識することなく大きなリビドーを投射してしまっているからです。

貨幣をめぐるリビドーの運動形態

第一章ではアリストテレスにならってひとやものごとがとりむすぶ関係の中でそれらの潜在的可能性を最大限に発現させる状態を最高善と定義しました。基本的にひとは市場においてこの最高善の実現を目指します。

このことを江戸時代の日本の思想家である石田梅岩の思想において見てみましょう。梅岩によれば、商人は自分の私利のためにのみ行為するのではなく、その目指すところはものやひとを最大限に活かすことにあるというのです。余ったものを不足したところに移動すればものは最大限に活かされるし、ものによってひとも活かされるわけです。ここに梅岩は商人の倫理を見ました。人間を含むすべての〈もの〉のいのちが輝くようにつねに余剰を発見してそれをふさわしい場所へ回すことを梅岩は「倹約」と表現しました。[61]

そしてそれを可能とするには、商人は自らの狭い我を克服して、自分の偏狭な利益にとらわれることなくものの性質ややひとのありかた、それらの状況の全体をまっすぐに見通す目と心を養う必要があると考えました。つまり商人は、世界を構成するすべての要素が総体として繁栄するよう、天に恥じない清明な心を保つ必要があるわけです。こうしたまっすぐな心のあり方を梅岩は「正直《せいちょく》」と呼びました。[62]

梅岩によれば、武士がみずから修養して世の中をよく治めるように、商人もまた市井の臣として心を磨いて世に尽くすべきなのです。武士がその私利のために政治を歪めてはならないように、商人もまたその私利のために流通を歪めてはならないのです。武士がその奉公によって俸禄を受け取るように、商人もまたその奉公をつうじてそれにふさわしい利益を受け取ることを恥ずべきではない、これが石田心学の基本的な考え方です。石田心学は、アリストテレスのいう最高善、つまりすべてのものがその潜在的な可能性を発揮して輝くような社交関係（コミュニケーション）を物資の移動、つまり商業のただなかで実現しようとした思想だと言ってもいいでしょう。

市場においてひとはこの最高善の実現を目指して余った物品を商品として売りだし自分に必要な商品を購入します。ここでは最高善を実現する関係性、そしてその関係性を実現する項目としての商品、そしてその商品の交換を媒介する貨幣という優先順位が存在します。あくまで人間の最高善を人間関係のうちで実現するために商品が存在し、その商品の流通を媒介するために貨幣が存在するという石田心学の図式です。存在の順位としては、１人間関係（社交）、２商品（事物）、３貨幣（記号）となります。

この関係から人間の要素を取り去って表現すれば〈商品－貨幣－商品〉という図式が得られます。最初に余分な商品があって、それが市場で貨幣に姿を変えて、もう一度貨幣が商品となって人々の需要を満たすというわけです。この図式は人々のリビドーが転移する順番を示しています。この図式においての人々が貨幣を入手するのはあくまで欲しい商品を手にする手段としてですから、ひとが貨幣にリビドーを投影するのはそれが目的物を獲得する役に立つかぎりであり、したがって一時的なものに過ぎません。欲しい商品が得られたとき、抽象物である貨幣に投射されていたリビドーは速やかに撤収され、それは当の商品のうちに転移してさらには最終的な目的である具体的な人間関係〈社交〉へとそのリビドーは回収されるでしょう。いうなればそこでリビドーは〈具体－抽象－具体〉という運動形態をとるのです。リビドーが抽象的な量〈貨幣〉に投射されるのは一時的なことであり、したがって世界は依然として具体的な存在を保っています。これが石田心学にかなう市場経済におけるリビドーの運動形態です。

これに対して資本主義は、市場経済を利用しながら最終的には貨幣と商品の関係を逆転させてしまいます。つまりまずもって〈まずはじめにある最も重要なもの〉、つまりキャピタル〈資本〉として貨幣が存在し、その貨幣が増殖する手段として商品が購入されて、それがふたたび売却されて貨幣の姿に戻るわけです。後者の貨幣は最初の貨幣より大きくなっていなければなりません。つまりキャピタルが様々に具体的な物質や関係を経由して最終的な〈抽象物＝より大なるキャピタル〉へと還帰するわけです。ここでは先の市場経済とは逆に具体的な商品は資本が増殖するための手段でしかありません。石田心学が目的とする商品機能の十全な発現はここでは手段へと貶められています。このときこの関係は〈貨幣－商品－貨幣〉というかたちをとります。ここに人間の要素を加えてみれば、まずもって貨幣が増殖する手段として商品が存在し、その商品を生産したり流通させたりする手段として人間〈社交〉が存在するわけです。存在の順位は見事に逆転して、1貨幣、2商品、3人間関係〈社交）となります。

ここでリビドーはまずもって抽象的な量としての貨幣（資本）に投射されています。そして商品にリビドーが転移するのはそれがより大きな貨幣に転化するかぎりのことであり、したがってリビドーはただちに貨幣へと逆転移して資本の増殖とともに増大して回収されます。そしてそれが成就されさえすればそのための手段である商品からリビドーは速やかに撤収されてしまいます。関係や物事の具体性を価値増殖の手段へと還元するキャピタル至上主義にとっては、すべての良きもの、つまり善なるものは手段としての善でしかありません。このとき物質や人間関係はその可能性を発現させてそこに最高善を成就することが目的なのではなく、資本の増殖に役に立つ限りで利用されるのであり、いうなれば最終的にはどうでもよいもの、打ち捨てられるものなのです。リビドーは量の物質的な担い手である貨幣形態すらをも乗り越えて、その貨幣によって担われている抽象的な観念、つまりそのつど「より大きくあること」という抽象観念を最終的な固着先としているのです。

その運動は〈抽象－具体－抽象〉というかたちをとります。その運動のただなかにある資本主義者の目から世界を見ればその具体性はかりそめのものに過ぎず、その本質はより大きいか小さいかという量的なもの、抽象的なものでしかありません。真に存在するのは量であり、世界をその具体性において経験できなくなるのです。

商人の二つのあり方

石田梅岩がいう市井の臣としての商人は、ものごとを適切な場所に移動することによって、それらものごとのいわば機能を全面的に発揮させ、ひいては人間の潜在的な可能性を開花させることを最終目的としていました。そして自己の利益はそうした活動を持続するための手段でしかありませんでした。これに対して資本主義の商人の最終目的は抽象的により大きくあることであり、ものごとや自分の具体的な可能性はそのための手段でしかありません。

いくつか例を考えてみましょう。たとえば新聞社が言論機関としての使命にしたがうかぎり金銭的な利潤は言論活動を持続するための手段であり、その最終目的は正しい報道や真剣な議論を実現することであり、ひいてはそれを通じて世のあり方を適正に保ち、結果として世界を豊かにすることです。時の政権や広告主に逆らってたとえ記者がクビになったり新聞社が経営の危機に陥るとしても、ぎりぎりまで筆の正しさを曲げてはならないのです。新聞記者は市井の臣、社会の木鐸であり、言論の武士です。これが梅岩の考えにかなう新聞社のありかたです。これを実現するため言論機関としての新聞社は営業の圧力が編集に及ばないようにするための制度的な壁をもっています。

これに対して新聞社が資本主義的な情報産業である場合はどうでしょう。情報産業の目的は利潤の最大化ですから、新聞社が発信する情報は自社に利益が上がるものに限られます。たとえ正しい報道を心がけるとしても、その理由はそれが結果的に新聞社の威信を高めて広告収入を増大させるからなのです。しかし政権や広告主の圧力が高まって経営の危機に陥れば、文化産業、情報産業はまずもって政権や財界に取り入って延命を図るでしょう。新聞記者は自分と会社に金銭的利益をもたらす営業パースンです。しかしこれこそが資本主義的企業としての新聞社の正しいあり方なのです。

これは出版社にとっても同じです。部数はそれほど売れなくても、人々が人生の伴侶としたり読書会で入念に読まれるようなしっかりした本を出している出版社は、読者からも出版社のライバルたちからも一流の出版社として一種の尊敬を受けます。しかしその逆の性格を持つ出版社もあります。出版社は文化機関なのかそれとも文化産業なのか、出版社の場合どちらがよいという評価は一概には言えませんが、しかし両者が原理的に異なることだけはたしかです。なぜなら両者にとっての金銭的な利益の意味が全く異なるからです。出版事業を継続するために金銭的利益を得るのか、金銭的利益のために出版事業をなすのかの違いです。また両者にとって世界の見え方も異なります。一方において世界は具体的で豊かな差異にあふれたものですが、他方において世界の本質は数字であり抽象的なものです。しかしながら現実の社会においてこの両者の性格はたいていの場合曖昧であり両義的です。多くの場合、新聞社や出版社は文化機関であると同時に情報産業でもあります。私はこの両義性を否定しているのではなく、それを鋭く意識するべきだと考えています。

私はこの両義性を専門店においても感じます。私はオーディオを趣味としているのですが、専門的なオーディオショップはもちろん資本主義的な企業であり金銭的利益を目的として活動しています。だからショップにとって良いお客さんとは新製品が出ればすぐに買い換えてくれるひとです。機器とじっくりと付き合ってその性能を引き出すことなく、ちょっと鳴らした音が不満だからといって何十万円もの機器を次々と買い換える、そんなお客さんです。しかしながらショップと深く付き合っていくと、そういうお客さんは決して店から尊敬されていないことがわかります。逆にあまりお金はかけないけれどもそれほど高価ではない古い機器を使いこなして驚くような素晴らしい音を出している趣味人は、店員たちから一目置かれます。というのもそういうお客さんは、音の具体的なありかたに関わるオーディオショップの専門性にその本来の意味を回復させるからです。

オーディオを趣味とする人ならわかると思うのですが、いわゆる音の良さは機器の値段だけでは決まりません。それはかけた値段に比例することすらないのです。むしろ高級で大型の機器ほど設置条件に敏感になるのでいい音を出すことはそれだけ難しくなると言えます。音響機器はスピーカーから出る音によって振動します。ケーブルも壁も振動し、その振動は音の周波数特性につよい影響を与えます。それでこの振動をいかに制御するかが決定的に重要になります。振動をゴムなどで全部押さえ込んでしまえばいいかというとそうではありません。音はモコモコしてしまうので機器の振動もまた良い影響が出るように積極的に活かしてやらないといけないのです。たとえばあるスピーカーの設置方法に対して最適であるアンプの設置方法が発見されたとします。しかしアンプの設置は、先のスピーカーの設置が変化すればその最適なあり方を変化させます。そこに両者をつなぐケーブルの選択もからんできます。調整の可能性は事実上無限大です。

機器の設置方法、機器と機器の組み合わせ、ケーブルの選択、電源の取り方、すべての要素が最適の組み合わせとなるように、オーディオマニアは打ち震える喜びとともに毎日のようにいろんなところを直していくのです。すべての要素がその潜在的な能力を最大限に発揮するような完全な配置が実現すると、ハッとするような美しい音が出るときがあります。そのときには堪えられない達成感と美的快感で身体ごと振動し、それが音楽と共鳴します。この使い熟しの技法とセンスの上達こそがオーディオが一つの趣味であるゆえんです。趣味としてのオーディオとは、コンポーネント（構成要素）たちとの戯れ、いわば密接な社交のプロセスであるといえるでしょう。部品たちの物質的性質と音質に専心するとき世界はその具体性において現れます。趣味人はコンポーネント全体のうちから音質のボトルネック部分を見抜き、すべての機器を最大限に活かせるような最適配置を見いだすために、つまり質としての世界と正しく向き合うために、その感覚と心、いや人格までをも根底から問い直し磨き続けなければなりません。涙ぐましいその姿をきっと梅岩先生も目を細めて草葉の陰から認めてくれるかと思われます。

コンポーネントのすべての要素を最大限に活かすことがオーディオの目的だとするならば、それを高水準でやりとげている趣味人は、専門店としてのショップの業務にその存在の意味を与えるがゆえに、そこから尊敬と承認を得るのです。しかし趣味人たちの間でもっとも大きな尊敬を受けるのは、むしろオーディオショップとは無縁に自分で回路やスピーカーを設計してそれを楽しみ、素晴らしい音を出しているような人たちでしょう。

これは自動車も同じです。新車が出るたびに買い換える客だけでなく、自社のブランドの車を大切に取り扱い、丁寧なメンテナンスを心がけて何十年も乗っているようなお客さんも、また違った意味でディーラーから尊敬を受け敬意を持って取り扱われます。たとえそのお客さんがたいしたお金を店に落とさないとしてもです。そういうお客さんの姿は、自分が何のために仕事をしているのかというその意味を従業員に思い起こさせてくれるのです。

資本主義的な運動と最高善の追求は前者が後者を利用するかぎりでは一致しますが、しかしながらそれが齟齬をきたす時には乖離してしまいます。最高善を文字通り最高目的の位置に維持するためには、逆に最高善のあり方にかなうかぎりで資本主義を利用するという姿勢が求められることになります。ウェーバーによればかつての資本主義は、禁欲してただひたすらに資本を増殖させるだけの行為の意味を宗教的救済というより高次の目的のうちに見ていました。この宗教的救済の位置に最高善を置き直して、もういちど資本主義にその「意味」を取り戻す必要があるのです。貨幣経済とリビドー経済をその本来の経済のありかたに立ち戻ってもう一度評価し意味付け直す必要があるといえるでしょう。いうなれば〈もの〉としての資本もしくは貨幣が、最高善との関係でその力を正しくかつ最大限に発現するのはいかにしてかを問い直す必要があるのです。そのためには、〈もの〉そのものが持っている力、最高善に寄与しうるその価値のありようを精細に読み解いていく論理が必要となります。

事物に価値があるのはなぜか

たとえば目の前に料理があるとしましょう。料理とは未分化な自然にさまざまに働きかけて特定の事物としてそれを取り出してきたものだということができるでしょう。漠然とした〈もの〉に働きかけてそれを具体的な〈こと〉へと変換する「し・ごと」の成果だということができます。この「しごと」においては、自然の様々な要素、たとえばだしや醤油や具材などが適切に配置されていなければなりません。その結果、料理の見かけや味という一定の出力が得られるわけです。

この出力がもつ価値とは一つの量であり比較可能なものです。たとえばおなじような味噌汁であったとしても、一つの味噌汁は化学調味料入りの味噌をお湯で溶いた平凡なものであり、他方のそれは一つ一つの素材から丁寧に出汁をとり、京都の料亭にあるような卓越した見かけと繊細な味わいを保っている。そこには明確な価値の違いがあり、量としての優劣がついてしまいます。

それではこの価値量の実質とはなんでしょうか。現代の功利主義の倫理学は、これを人びとの選択によって定義できる「効用」として説明してきました。多くの人がAの味噌汁よりBのそれを選んだのであれば、その選好の事実をもってBの効用、つまりその価値がより高いといった説明をしてきたのです。この考え方は選好功利主義とよばれ、市場における自由な商品選択によって価値を定義する効用理論に根拠を与えるものだといえます。

この考え方の優れた点は、事物のうちに内在するはずの価値を定義する有効な方法を提示したことにあります。事物の価値はそれ自体で取り出して可視化することはできません。そこで人々の選択という観察可能な事実にもとづいて、選択された事物にはより大きな価値が内在していたはずだと、選択の結果からその原因である価値を逆説的に定義するわけです。この意味で功利主義は結果主義です。交換という事実に基づいて双方の価値を等しいとみなす等価交換の原則も結果主義という点では同じです。この考え方を少々拡張すると、より多くの人々が選好するであろうと思われる事物の価値は高いと予測することが可能となります。選好の既成事実ではなく選好の予測によって価値の予測、ひいては市場価格の期待値を導くわけです。

この選好功利主義によれば、ひとびとが市場において自由に商品を選択することによって各人の効用は最大化することになり、その結果、社会全体の効用もまた最大化することになります。そして人々に選好されるような商品が次々と市場に現れることによって社会全体の富も有効に増加することになります。この考え方は新自由主義を支える重要な理論的支柱となりうるものです。この考え方に従えば、市場の自由化（自由主義）と社会全体の幸福（功利主義）はすべからく一致するのです。

こうした結果主義にはむろん様々な問題があります。市場の自由化に伴う社会的格差の拡大という問題は既に論じましたが、それ以外にも、選択されなかったものにも高い価値があるという問題があります。先ほどの味噌汁の事例を考えてみましょう。毎日の食卓に出てくる化学調味料を用いた味噌汁と高級料亭で出てくる味噌汁、二つの味噌汁が目の前にあった場合、誰しもが高級料亭の方を選ぶとは限りません。人々の舌が化学調味料の強い味に慣れてしまっている場合、料亭の味噌汁は味気なく感じるかもしれないのです。だとすれば社会の多数がインパクトのある化学調味料の味を選択したとしても高級料亭の薄味の味噌汁に価値がないとは言えないのです。この事例は、売れる本は売れない本よりテクストとしての価値が高いのか、売れるレコードは売れないレコードより音楽としての価値が高いのかという問題と同じです。

だとすれば、物事の価値を見る場合に選好の事実という結果にのみ注目するのではなく、その物事それ自体の成り立ちを繊細かつつぶさに見ていく論理が大切だといえるでしょう。結果主義ではなく、物事のなりたちを追跡しそれを言葉にしていく批評的アプローチが求められるのです。

物事の中庸と強度

そのために、結果として出来上がった商品ないしは製品の選択ではなく、その製品が作り上げられていく過程に注目してみましょう。たとえば出汁をとる職人にとってカツオの出汁の濃度とそこに加える塩の量は厳密な関係にあります。塩分のないカツオの出汁はほとんど味がしませんが、そこに塩分を加えていくと次第にカツオの繊細な風味が湧き出るように現れてきます。しかしある一点を超えてしまうと塩辛くなってその風味が台無しになってしまうのです。塩分の最適点はカツオ出汁の濃度によって変化します。それぞれのカツオの濃度に対してそのカツオの風味を引き立てる味わいのピークが一点で決まるのです。しかもそのピークはカツオの濃度だけでなく、出汁の温度や具材、器の材質といった様々な周辺要因によって変動するでしょう。

実際には出汁はカツオと塩分だけではなく、味噌や昆布などのさまざまな要素からなっています。カツオにも銘柄や産地や製造方法などの違いがあります。味噌や昆布の選択とその濃度などにも無限のヴァリエーションが考えられます。こうした様々な要素を最大限に活かすようにそれぞれの要素の値（パラメータ）を調整し、塩分の最適点を判断するのが料理職人の仕事です。

どこにそのピークが存在するのか、料理の素人はどうやってそこに到達できるのかを外側から予測することはできません。しかし鋭い味覚と豊富な経験を持つ職人は塩分をわずかに変化させ、それによる味の変化からそのピークが近くにあることを察知します。そしてその最適なパラメータの組み合わせに端的に、おそらくは最短距離で接近するのです。

人格の高みを実現するためには極端を避けて中庸を維持することが大切だとアリストテレスは説きました。その中庸の「状態」を保つあり方が徳の高み（卓越・アレテー）をつくると考えたのです。たとえば勇ましさについては「怯懦」と「無謀」の中間が「勇敢」であり、快楽に関していえば「放埒」と「無感覚」の中間が「節制」という徳の地点だというわけです[63]。

このアリストテレスの思想から言えることは、怯懦と無謀というふたつの極の間に水平線を引き、その線上における「勇ましさ」のパラメータを変化させていくと、その「勇ましさ」が実現するいわば富士山状の価値を示すグラフが垂直軸方向に生起し、ある一点において価値のピークが出現するということです。そのピークから水平線上に垂直線を下ろしてみればそこが「勇敢」と呼ばれる最適ポイントになるわけです。したがって中庸とはたんなる機械的な中間や平均ではなく、あくまでそれが実現する価値のピークとの関連で定まるものだと言えます。リビドー価値説でいうならば、このグラフのタテ軸に相当するのがリビドー量であり、したがってリビドー価値に相当します。

勇敢以外にも人格を構成するパラメータは数多くあります。それらすべての要素の中庸を見出し、もっとも卓越するポイントに自己の状態を維持することができれば、総合的な人格としてその人の徳は高いということになるわけです。その高さのポイントこそがアリストテレスによれば素材としてのその人の潜在的な可能性をもっともよく開花しているありかた（エネルゲイア）であり、この地点に自らを保った状態こそが幸福（エウダイモニア）と呼ばれます[64]。

むろん料理職人にとっての技能の卓越とは、塩分という一つのパラメータさえ変化させればよいというわけではありません。温度、カツオ出汁の濃さ、そして客の状態やその関係性等々の無数のパラメータの組み合わせの中で一点の最適点を探り出す能力が求められているのです。

味噌汁を構成するそれぞれの素材がその可能性を最高度に発揮させるのは、他の素材たちとの関係性、つまりその配置においてです。特定の素材をとりまくその配置のことを「さかい」とよぶことにしましょう。味噌はカツオとの関係において、具材は出汁との関係において、そしてその出汁が最高の味わいを発揮するのは具材であるアサリとの関係において等々です。このとき味噌はその「さかい」において輝くのだと言えるでしょう。

味噌汁の内部の構成要素の配置だけではなく、その外部、たとえば器や店の雰囲気、その店を構成する建築的配置、温度や湿度、お客の状態といった外的要素も存在します。それもまた「さかい」です。一流の職人は、その日の気温や天候、部屋のしつらえやお客の状態などを勘案して微妙に味付けを変えるのです。そしてそうした一杯の味噌汁の味わいによって逆に、しとしとと降り続く長雨もまたその趣を引き出されることになります。特定の要素が最適点を取ることで、その要素だけでなくそれをとりまく「さかい」もまた引き立てられるのです。

このようにひとつのアイテムが最高の状態になるにはそれ以外の他の要素が必要であり、しかもそれぞれの他の要素がその内的可能性を最大限に発揮するためにはその要素の状態が最高となることが求められます。その決定的配置のうちにあって一つのアイテムの状態が決まるのであり、そのアイテムの状態においてそれをとりまく環境、つまり関係性の総体としての「さかい」の価値が引き出されるのです。この「さかい」は時間とともに刻々と変動します。それゆえにその特定のアイテムを構成する最適なパラメータの組み合わせもまた刻々と変化するでしょう。この変化を最適に維持することではじめてその結果の高さが維持されます。つまりベストな状態は最適なパラメータの組み合わせの連続、そのシリーズによって時間の中で持続するといえます。

「さかい」の総体を見抜き、それぞれの素材の潜在的な可能性が開花することで他の素材の可能性を開花させるような奇跡的なポイントのシリーズを探り出し、それをコース料理の中で実現しゆく能力は、料理職人の心、つまり技能的な人格の反映となります。そのつどの最適ポイントを探り出してそこをいわば「突く」ような「仕事」がなせるのは、技能的卓越、技能的であるかぎりでの人格の高さに職人が自己を維持しうるがゆえなのです。そして職人は、自らの技能的ポテンシャルを最大限に開花させようとする志向性を持ち、その志向性を充実させているかぎりで幸福なのです。

こうした人格の卓越的なポイントは、素材、つまり客体の側の潜在的可能性を最大限に開花させるポイントに対応しています。その意味でそれは客体の意図、つまり高くありたいと願う素材自身の志向性を成就する地点でもあるのです。このポイントに自己を実現することが味噌汁のいわば徳の高さを示すのであり、それこそがその味噌汁の幸福であると言ってもいいかもしれません。客体の側から言えば、料理職人の業をバックステージとして味噌汁はその志向性を成就するといえるのです。

この「志向性 (intentionality)」という用語は現代哲学の一つの潮流である現象学の基本用語です。フッサールが説いた古典的な現象学は、この言葉によって何かに向かう意識（主観性）のありかたを表現しました。[65] ここではその言葉を客観（味噌汁）の性質を表す用語として用いようというわけです。

客体の志向性といえばアニミズム的でなにやらオカルトの匂いがするでしょう。フッサールの現象学においては自然や世界といった客観は主観性の相関者であるとされています。そこに客体それ自体の志向性という概念はありません。しかし本論はフッサールの現象学を拡張して、客体の側の志向性を主観の側の志向性の相関者として導入しようというわけです。客体はそれと向き合う主観性の反映＝投影であるかぎりにおいてそれ自体の志向性を持つと理論上定義するわけです。このように考えれば、料理職人がその志向性を成就する時にはそれと相関して味噌汁もそれ自体の志向性を成就することになります。職人が幸福なとき味噌汁もまた幸福であり、味噌汁が幸福なとき職人もまた幸福なのです。

素材の志向性が高度に展開するときその素材は一定の「強度（intensity）」を出力すると定義しましょう。[66] 先の富士山型のグラフにおいて強度は垂直軸、つまり富士山の高さを意味します。この強度は、あるものごとがその内部と外部の諸要素の配置において出力する価値量です。事物はそのさまざまなパラメータのベストの組み合わせを探っており、そのことでより大きな価値の実現を志向している。つまり素材の「志向性（intentionality）」の向かう先は最高の「強度（intensity）」なのです。

〈もの〉をつくるということ

威力ある漠然とした〈もの〉の世界から「ことわけ」して具体的な「ものこと」として対象を取り出してくることは「わざ（業＝技）」と呼ばれます。この業を通じて〈もの〉が保持していた自然の威力のなにがしかが〈こと〉のうちにも分有されると考えられます。ここで「ことわけ」する業《わざ》もまたひとつの〈こと〉であると考えることができるでしょう。

その「ことわけ」の業《こと》においては、〈こと〉とともに「言葉」もまた分節化されます。このように〈こと〉には「言《こと》」が同根源的に対応しています。〈こと〉とともにその端《は》、「ことのは」が生まれるのです。[67]このように考えるなら〈もの〉をめぐって「事＝言《こと》＝業」はいわば一体的、同根源的にはたらき成立すると言えるでしょう。たとえば先の料理の例でいえば、広大で威力ある海から魚を釣り上げるとそれは「かつお」という名前で呼ばれます。この一連の作業が仕事、つまり〈もの〉のあるポイントを突いてある特定の〈こと〉を取り出す「業《こと》」です。[68]

しかしその「かつお」という〈こと〉は、それが大自然としての〈もの〉から一旦は分離されているがゆえに、もはやそれだけでは自然に由来する力、強度を十分に顕在化させることができません。「ことわけ」された〈こと〉どもは特定の配置を取り直してはじめてその関係性の中である種の強度を発揮するのです。こうしてはじめてそれらの〈こと〉どもはことわけ以前の、かつての暗く蠢めく〈もの〉の世界をひとに想起させます。

かつおが別の要素との関連の中で加工され、大地や太陽との関係の中で「鰹節」となったり、その鰹節が料理職人の手によって味噌汁に用いられたりするとき、自然に由来する〈もの〉の力がその連関を通じて再現されます。そのとき味噌汁を味わう人はその味噌汁の背後に自然の持つ威力のなにがしかを実感するでしょう。そうなったとき、特定の配置を取ったことどもの連関、つまり鰹節や味噌汁は、自然としての〈もの〉の象徴、つまりその「しるし」となるということができるでしょう。よい仕事によってことわけされたことどもは、このような連関をとることで自然美の象徴となるのです。

このとき配置されたことども、つまりその「さかい」としての「しつらえ」を通じて、〈もの〉を職人は再構成しているといえるでしょう。〈もの〉の威力を〈こと〉どもの配置と調整を通じて再構成しているのです。これこそが「ものづくり」なのだと思われます。ここでいうところの〈もの〉とはもはや漠然とした自然の威力ではなく、意図的に取り出されて再構成された〈こと〉であり、いうなれば〈ものごと〉とでも呼ぶことができるような作為的な〈もの〉です。しかしその〈ものごと〉は新たな設えのなかでかつての〈もの〉に宿っていた威力のなにがしかをそこに再現するのです。こうした〈もの〉を再現する技術は、ことに対応する「ことのは」、つまり言葉によっても追求されます。万葉集をはじめとした日本の古代の歌は言の葉を用いて自然の威力を人々に実感させる「ものづくり」のわざであったといえるでしょう。

ものごとはそれを構成する各要素の内実が時間とともに変容するにつれて時々刻々と変化します。ものごとを成り立たせる構成要素の諸関係が変化するのと同時に、その物事の総合的な強度もまた変化します。したがってそこには「同一」の〈こと〉は厳密な意味では存在しません。ものごとはいわば生きて流れているのです。そのかぎりで〈こと〉もまた漠然としたありかたを免れず、〈もの〉としてのありかたから最終的に自分を切り離すことはできません。そのかぎりで〈こと〉もまた〈ものごと〉なのです。しかし同時にその〈ものごと〉は、やはり「同一」の〈こと〉として「ことのは」によってしっかりと釘付けされています。だからその〈もの〉は〈ものごと〉なのです。変化しつつも釘付けされている、こうしたありかたを指して〈ものごと〉は振動しているということができます。〈ものごと〉が同一者として固定されていなければ、その〈ものごと〉が「変化する」ということもできなくなるでしょう。なぜならば時々刻々とそれが別の〈こと〉に変移しているとするならば、そこに生じるのは消滅と誕生だけであり、ある同一の〈ものごと〉が「変化」しているという言い方はできなくなるからです。変化とは、変化するものの根底に同一的な「何か」が存在して初めて可能になるのです。この「何か」(what it is) にあたるもの、つまり〈こと〉が、振動しながらも別物になることなく同一であるありさまは、〈こと〉の「は」こそが確保しているのです。その「ことのは」を概念と呼ぶことができるでしょう。概念に当たる英語は「コンセプト(concept)」です。この英語には心に「抱かれたもの」という含意もあります。ものごとの実相は刻々と変化しているのに、心に抱いてそれを同一なものとして保持しているという感じでしょうか。

ここでその「お椀」はそれ自身、それをとりまく様々な〈こと〉、つまり無数の概念を構成要素としてうちに含む一つの概念です。お椀はひとつの〈こと〉としてそうしたことどもの「さかい」のうちに位置づくとともに、同時にそのさかいをそのお椀のうちに映し出す一つの小自然のようなものだといえるでしょう。

「ことわけ」された〈こと〉どもは、先の例ではたとえば「味噌」、「かつお」、「塩」、「お椀」といったアイテムたちのことを指します。ここでそれぞれのアイテム、たとえば「お椀」は、そのお椀としてのあり方を最大限に発揮したいという志向性を保持していると考えましょう。そしてその志向性が成就するのは、そのお椀にふさわしい料理がそこに盛り付けられ、ふさわしいしつらえの中で味や風流がわかる適切な人物によってその味わいが吟味されるときだと考えられます。このとき料理が盛り付けられたその「お椀」は〈ものごと〉としてある強度を発揮し、そのお椀に対してその人物が発動するリビドーはそこで最大値をとるのであり、その「お椀」を味わうことによってそのリビドーはそのひとに同時に回収されると考えられるわけです。

リビドーとまなざし、そして欲望

リビドーは何よりもまず、まなざしに乗って投射されます。趣味人はみずからが位置するさかいのなかでそれぞれの地点が発する強度につねに敏感に反応しています。〈さかい〉のうちで強度が最も高いポイントにまなざしがいわば自動的に振り向けられるのです。このまなざしは実際の視覚による視線には留まりません。目が見えない人もまたいつも何かをまなざしています。まなざしとはいうなれば想像力によって対象を構成し、それを欲望する志向性のありかただといえるのです。

まなざしは総合された概念、つまりある特定の〈こと〉に対してあたかもそれがルアーであるかのように惹かれます。このまなざしに乗って心はその対象にリビドーを注入するのです。しかしひとたびそれに取り付くと、まなざしは聴覚や触覚などの五感を総動員して、どこまでもどこまでもその〈ものごと〉の内部に沈潜し、時々刻々と変化するその細部を無限に味わい尽くし、その細部からリビドーを地引き網のように回収しようとするのです。したがってまなざし、つまり志向性は、リビドーの注入器であると同時にその吸引器でもあります。

ひとは自分のリビドーがもっとも大きく動くこのポイントを一瞬のうちに見分けてそこにまなざしの照準を合わせます。ものごとのポイントを摑み、そこにまなざしを差し向け、リビドーの強烈なやりとりをするとき「ものすごい」力をひとは感受しその力に圧倒されます。

これに対してまなざしの次元を抜きにしていきなりお椀の内容物を口に突っ込まれても、それを十全に味わい尽くすことはできないでしょう。というのもまなざしによるリビドーの投射によってはじめて〈もの〉はことわけされ、それぞれの〈こと〉のポイントが精確に探知されるのだからです。そのポイントにリビドーを注入することで心は一瞬いわば飢餓感を感じます。そしてその飢餓感がその後の味わいをより引き立てるのです。

〈もの〉から〈こと〉を取り出し、その〈こと〉を配置してもう一度それに〈もの〉の威力を取り戻すことが「し・ごと」であるとすれば、仕事とはさしあたり、漠然とした〈もの〉のなかに強度の地点を探知し、欲望の対象としての〈こと〉をそこからかたどって、それを〈ものごと〉として取り出してくることを意味するでしょう。そのうえで、その〈ものごと〉の内部に深く沈潜してその〈もの〉としてのポテンシャルを最大限に引き出す配置を探求するもうひとつの「し・ごと」がなされます。後者の仕事は〈こと〉を再配置してそこに〈もの〉の威力を再現する「ものづくり」です。そして最後に、人為的に再現されたその〈もの〉の最終的な強度を味わいつくすのが「趣味」だといえるでしょう。〈ものごと〉の強度を極め尽くすという点では趣味もまた一つの仕事です。

〈もの〉と〈こと〉とはこのようにその性格をお互いに変転させながら、〈ものごと〉というひとつの存在の単位を形成しています。そしてこの「もの＝こと」のうちには当然のことながら人間である自分と他者も含まれます。ひともまたひとりの「ひと」という〈ものごと〉をまなざし、その内部に深く分け入り、その変化しゆく内部世界を精細に探検して歩くのです。これが〈もの〉としての「人物」との社交、つまり仕事としてのコミュニケーションなのだといえるでしょう。

ここで〈もの〉から〈こと〉を仕分けして取り出す「仕事」に従事する職人は、自分のリビドーの発動量を基準として各種のパラメータを調整することになります。そうしたピークに接近するとき、それに反応して職人の心はときめき、「わくわく」するでしょう。そしてそのピークを探り当てたと確信するときにはビリビリとした快感を感じるでしょう。この調整のさなかにおいてリビドーの投射と回収は近接していると考えるべきです。というのもそこで職人は自分の仕事にリビドーを投射しているにもかかわらずその心が不安定になることがないからです。職人はリビドーを投射しつつ瞬時にそれを回収しているのであり、そこで職人は作ることにより自分の心を満たしているのであり、そのかぎりで対象との間に強固なナルシシズム的な関係を構築していると考えられます。ものづくり、つまり要素の配置とそのパラメータの調整においては投資と回収との時間的齟齬がほぼ存在しないと考えられるわけです。

この状態においてこそ素材と人格の最高善がともに成就しているといえます。逆に言えば、自分が最も強いリビドーを対象に投射している一方で、素材の能力が最も開花する組み合わせがそこに実現しているといえます。ここでは素材の側の強度 (intensity) = 志向性 (intentionality) と心の側のそれとが共振し、両者を相互に幸福にする相互関係が成立しているのです。

分析と総合とリビドー

一杯のお椀においては、そのお椀を構成するそれぞれの要素は渾然一体となって容易に区別できるものではありません。たとえばお椀の出汁を味わっているときに、その味のどの部分が塩分で、どの部分がカツオで、どの部分が昆布なのかを識別することは通常の人には不可能です。すべての要素が入り混じって一つの味わいを作り上げているからです。他の例を挙げればテレビの画質のうち、どの部分がコントラストで、どの部分が色濃度で、どの部分が色調なのかを区別することは困難です。それぞれのパラメータが渾然一体となってひとつの画質を形作っているからです。同様にある音質を構成しているもののうちスピーカー、ラインケーブル、アンプ、電源に由来するものをそれぞれ区別することは困難です。お椀や画質や音質においてはそれぞれを構成している複数のパラメータが最適値を取ったときに、渾然一体となった〈もの〉としての威力がそこに発揮されています。構成要素であるそれぞれの概念のレイヤーが総合されて、その組み合わせによってひとつの概念の強度が成立しているのです。

二十世紀のフランスの哲学者・思想家であるドゥルーズとガタリによれば概念とは一つの襞に相当します。その襞もまたフラクタル構造のように無数の襞によって作られているのです。後者の襞たちに相当するのが概念を構成するさまざまな構成要素です。そしてその構成要素としての襞たちもまたそれぞれ一個の概念としてさらにさまざまな襞によってかたちづくられているのです。

フランス語で言えば、襞(pli)が要素の中に(in)包含されている、つまり含意(implication)されているわけです。それぞれの襞もまた一つの要素であり、それを構成している無数の襞を含意する小宇宙を形成しています。たとえばお椀という概念のうちには出汁や具材や和室のしつらえや春の長雨という概念が襞となって含まれています。そしてその出汁という襞のうちには鰹や煮干し、水などの襞が折りたたまれているわけです。だからドゥルーズとガタリにとってはすべての事物は無限の入れ子構造をもつ襞であり、それを引き延ばせば一枚の平面になるわけです。彼らはこの平面を「内在平面」と呼んでいます。[69]

その内在平面が複雑に織りなされて形成されたものごとにおいては、それぞれの小宇宙としての襞の集まりがこれまたそれぞれの襞の奥底からそれぞれの強度を生みだし、そのすべてが総合されて〈もの〉としての威力を最終的に発揮するわけです。しかし通常の人はその強度に圧倒されるだけで、それがいかなる要素のいかなる襞から由来しているのかを識別することは難しいでしょう。したがって〈もの〉としての力はあいまいなもの、その輪郭が定まらない判別不能な〈もの〉なのです。

これら構成要素を「分析」し、襞を外へと(ex)押し開いていくことを展開(explication)と呼んでもよいでしょう。分析とは展開することであり、一つの概念を数多くの概念を用いて説明することなのです。料理職人や趣味人は一杯のお椀を味わうことによって、そこに内包された無数のミクロな世界を精細かつ分析的に感じ取ることができるでしょう。カツオや昆布の出汁、具材といったものの存在を同時に味わい、そしてそれぞれの構成要素、たとえばカツオ節から、さらにそれらを構成している要素、たとえば日光やカビへとその感覚を差異化していくことができます。料理職人はその料理を味わう趣味人の立場を先取りしてその料理の概念を構築します。料理を享受する趣味人もまた、料理職人が料理を構成した手順をその味わいの享受においていわば再構成するのです。そういう意味では両者共々、料理の制作とその鑑賞を同時に経験するのだといえます。

　画質職人もまた画面を見ただけでそのコントラストや色濃度といったパラメータがいかなる構成で成り立っているのかをいわば本能的にそこに見て取り、そのパラメータの布置を頭の中に思い描きます。画質職人は、一つの出力、一つの強度、〈もの〉としての威力から、それを成り立たせている要素とその変数の布置を見分け、味わい、それぞれの要素のパラメータを変化させたときにどのような画質の変化が生じるかも同時に予感しているのです。

　もうひとつ例をあげましょう。ワインの世界には「ブラインド・テイスティング」と呼ばれる技があります。ワインのボトルを布で覆ってそれを味わい、ブドウの品種や産地、銘柄、作り手やヴィンテージ（製造年）を言い当てる行為がそれです。そうしたテイスティングにおいて分析者は、口に含んだ一口のワインから、それを構成する襞たちを無限に分解していきます。そしてそこに一つの「さかい」、つまりワインを育んだひとつの風景がぴったりとした輪郭をもって像を結ぶのです。

　ブラインド・テイスティングはあまりにも高度な技ですが、通常のテイスティングにおいてもワインの味わいをさまざまな要素に分解して表現します。たとえばヴァニラと呼ばれる樽の香りとか、洋ナシやイチジク、タバコや鉛筆、火山性や石灰性の土壌など、その味を構成するさまざまな構成要素に言葉を与え、一つの詩のようなストーリーにまとめあげて表現するのです。これらは構成要素に関する独自の解釈であり、創造的に構想されたイメージだということができると思われます。

ものごとの構成要素はその物理的な輪郭線の外部と内部という区別とは一致しません。たとえばワインを構成する要素にはアルコールであるとか、ぶどうの成分といったそのワインを作り上げている物理化学的な意味での内的な諸要素があります。しかし同時に、そのぶどうが生育した土壌やそれをとりまく乾燥した空気、イタリアの照りつける太陽、降り注ぐ雨などの気候といった外的要素もまたその一杯のワインの中に「含まれている」のであり、それを構成する〈ものごと〉、無数の繊細な襞だということができるでしょう。太陽や雨という気候の要素はワインの中に物理的に含まれているわけではありません。しかしそれらの要素はワインという一つの〈ものごと〉のうちに自分を映し出しているわけです。それらのいわば外的要素もまたワインのなかに自己を表出することでそれを構成するのであり、その意味においてワインの内部に「含まれている」のだということができるでしょう。無数の襞が寄り集まって一つの物事を構成しているとき、それぞれの襞は「総合」されています。このように構成要素としての襞が総合されるとき、それぞれの襞の強度も同様に総合され、一つの〈ものごと〉の強度を形成しているのです。

リビドーはそれらの構成要素、つまり襞の表面を駆け巡ります。たんにひとつの襞を舐め尽くすだけではなく、その襞の内部に分け入り、その襞を構成している襞の襞、襞の襞の襞にまで分け入って、それの一つ一つを愛撫し味わい尽くします。その襞の世界、そこにひろがる「さかい」の隅々までを犬のようにクンクンと探検 (explore) するわけです。そしてそれら襞のすべてから、その平面が帯びているエネルギーを回収し、それを総合して「さかい」全体の出力としてひとつの強度を再構成するのです。このときものごとはかならずしも他者のリビドーの投射を受けている必要はありません。他者との関係に先立って、自分とものごとの関係において、ものごとはすでにそれ固有のリビドーを帯びているといえるのです。なぜそのような超越した力を帯びているのかと言えば、それはものごとがそもそも人間を超越する〈もの〉、つまり自然の威力にその起源を持つからなのです。人間がものごとにリビドーを投射できるのも、人間がそもそも〈もの〉の一部であり、自然の力を持って生まれているからです。だからこそすでに〈もの〉はそれと向き合う人間との関係において、〈もの〉自身のリビドーを発揮すると言えるのです。

脱我としての欲望

ものごとに内在する力を地引き網のように引き上げるこのリビドー戦略は、徹底した快楽主義とでもいうべきものです。そしてこの快楽主義においてはエクスタシーとでもいうべき忘我の境地が実現しているといえます。先に述べたように、快楽の長期的な最大化を実現するためにリビドーは自我という審級を構成し、その自我がリビドー投資の戦略を担います。そこにおいては自我が現実原則に基づいて計算と制御を執り行うのですが、しかしこの快楽主義においてはそうした自我の計算が働く余地は著しく少なくなっています。なぜなら快楽は投資と回収という時間的齟齬をもたず、そのために現実原則に基づく快楽計算を発動する余地が少ないからです。また自我のリビドー価値を高めて、他者との有利なリビドー交換比率を実現しようとするリビドー資本主義の動機もそこにはありません。そこに存在するのは、各要素のパラメータの調整において直ちにそこに快楽を実現しようとする、いわばおのずからの心の動きだけなのです。そこでは忘我の境地が実現しているといえるでしょう。
　こうした忘我の境地には人類の伝統的な思想が教えてきた自我の超克とたしかに似たところがあります。仏教やキリスト教などの伝統的な宗教の多くは、自然や他者を自我が支配することには限界があることを自覚し、それゆえに欲望の運動を自我の拡張から切り離して、それを超越者に向かって開くことを教えています。そこには自我を超克して絶対者に向かう信仰の運動が成立し、超越者との関係において脱我や法悦の境地に至る宗教的な快楽が生まれます。これに対し〈ものごと〉のうちで忘我する快楽主義は超越的というよりは世俗的なものです。それは身近な他者との交際や人為的に作られたものとの関係において自我を消失させるのです。しかしながら宗教的な超越者の歴史的起源が自然の威力（マナ・モノ）のうちに存在したと考えれば、神のうちへの超越も、ものごとのうちへの超越も、その運動の原理そのものは同じだと言えるでしょう。自己の外にある威力、生命的なもの、その力に触れて、それへと自己を同化（ミメーシス）させようと熱望する運動という点ではそれは変わらないのです。

　神にせよものごとにせよ、その繊細な「声」を聞き取ってその強度がもっとも高い地点へと導かれようとするには、いずれにせよ我《われ》への囚われは躓《つまず》きとなります。自我を脱していわば無心に自分の眼前に開かれる高みへと同化する、こうした自他未分化の境地を維持する必要があるのです。

　自我の性質とは自己を同一なものとして保ちそれを拡張するというものでした。これはコナトゥスと呼ばれました。〈ものごと〉の内部の探検においては時々刻々と変化するもの的世界に自己はミメーシスしていますから、そのかぎり自己同一的な自我は消失しています。コナトゥスはいまや純粋な生命力として、自我の保存や拡張を乗り越えて、ただひたすらにものごとの襞の細部、内在平面の上に広がっていくのです。

こうした自我消失状態においては、目の前の素材はあたかもそれ自身の志向性を成就するかのように、いわば自己組織的にかたちをなしていくかのように現れます。無心に対象と向き合う料理職人の自己はそこで消失しているので、その職人の世界ではあたかも料理がひとりでに自分を組織して出来上がっていくかのように思われるのです。無心にキーボードを叩く小説家や哲学者にとっては文章がひとりでに湧き出てくるかのような経験だといえます。踊りと一体化している踊り手にとっては身体がひとりでに動き出すような喜びの経験だといってもいいでしょう。

この宇宙がそれ自体として組織化され運動しているかのように思われるのは、それを産出する神が自己としてのありかたを離脱し、被造物である宇宙と一体となって喜びながら生成しているからではないかと私はふと考えたりします。スピノザが言うようにこうした生成する宇宙それ自体が神なのかもしれません。こうした生成の論理、「なる」論理をただひたすら生きること、それこそがいうなれば神的なものに触れる経験であり、そこには計算するエゴ以前の純然たる欲望の幸福があると私は思いたいのです。

資本主義か、それとも

脱我のエクスタシーにおいてもまた対象と自己との境界が消滅し、それが一つの境をつくるかたちで強固なナルシシズムが成立しています。しかし欲望の追求が自我の強化を伴う場合と自我の消失を引き起こす場合では、ナルシシズムのあり方に決定的な違いが生じます。

リビドーが自我を強化する目的で自己愛的に他者に投射される場合を考えてみましょう。この場合、自己のリビドーの投射を受けた他者が自己に承認を与え、他者自身のリビドーを私の自己に投射し返すことにより、リビドーはその分だけ増大して自己に回収されることになります。このとき自我は肥大し、それによって自我は快楽を覚えるわけです。このプロセスが中断すると自我はリビドーが回収できず苦しみを覚えるので、自己愛は他者の承認を無限に欲求することになります。このとき自我を〈キャピタル＝第一に存在する重要なもの〉としてまずもって設定し、その価値増殖を図る自我資本主義が成立していると言えるでしょう。こうした自我資本主義において一切の〈ものごと〉へのリビドーの投入は自我の価値増殖、つまりエゴの強化のための手段でしかありません。これが自我を強化するナルシシズムのありかたです。

このナルシシズムにおいては、ものごとや他者の内部に深く沈潜してそれを味わい尽くすというよりは、第一章で述べたようにそれを記号化、ルアー化しているということができるでしょう。ものごとを記号化している時には、そのアイテムが出力する結果的で瞬間的な強度だけが問題となります。その強度を自我の内に取り込み、自我の強度を瞬間的に高めるときに瞬間的な快楽が得られるのです。したがってそのアイテムが陳腐化して強度が弱まった場合、そのアイテムは廃棄されるか取り替えられてしまいます。消費資本主義・自我資本主義にとって、ものごとはそうした皮相の次元においてのみかりそめの存在を許されているのです。いずれの資本主義も自己愛の強化とアイテムの記号化・陳腐化をその原理として駆動しています。

これに対して自我の消失の中でものごとが探求される場合、目的は自我の価値付けではなく、ものごとの内側に入り込んで最大限の快楽を味わい尽くすことにあります。その快楽は、ものごとの陳腐化に対して一定の抵抗力をもっています。なぜならばそのアイテムの強度が一時的に低下したとしても、それを構成する要素を再び配置しなおすことで、その強度を再生させうるからです。ものごとの内側に立ち入り、それを構成している要素やそのパラメータを調整したり、そのアイテムが位置づくコンテクストを変化させたりして、そのアイテムの強度をもう一度再生させるのです。小文字の対象aを追求するエロスは、次々と対象を取り替える悪しき無限の反復から離脱して、その対象のうちに踏みとどまり、対象aの別様のありかた、そのモード、その活用「可能性」を変化させるのです。ふたたび〈こと〉を活かし、そこに〈もの〉の力をふたたび取り戻す行為は、従来型の消費資本主義から歓迎されるとはかぎりません。なぜならそうした行為が主流となれば、人びとは古いもののモードをそのアイテムの内側で更新し続けるだけであり、新しいものが売れずに生産は壊滅的な打撃を受けるだろうからです。

いくつか例を挙げてみましょう。たとえば百貨店で洋服を買ったとします。その洋服は買った時には流行の先端なのですが、次のシーズンには最初の新品の輝きも失われ、その年の流行（モード）に合わなくなっています。そのときには、世間のモードにあわせてその洋服を破棄して買い換えるのか、もしくはその当のアイテムに手を入れて、そのアイテム自身のモードを変更するかの選択に迫られるでしょう。

大都市の大規模なゴミ処理場には、自治体が運営するリサイクルショップが併設されている場合があります。そこでは数十年前の質の良い洋服が数十円や数百円で売られていたりします。それらの洋服はその使用価値はそのままに、しかしその記号価値という点では完全に時代遅れになっています。しかしその時代的な差異を肯定的な意味へと転換することも十分に可能です。祖母や親から受け継いだ古い服、一九七〇年代や八〇年代の服を、そういう時代を表す一つのアイコンとして着こなすこともできるのです。そうしたいわば「時代を引用した」デザインはとてもお洒落です。それは現代の日本においてイギリスやフランスといった遠方の国を表す文化のイメージをアレンジして一つの洋服をデザインするのと同じです。地理的な遠さと同じく、時代的な遠さをひとつのイメージの要素として利用するわけです。

そのためにはアレンジメントが必要です。たんに七〇年代の服そのものではなく、それに手を加えて、現代から見て七〇年代風の洗練されたデザインに加工する必要があります。それは過ぎ去った時代をいまの時点へと積極的に引用することにほかなりません。ボタンや金具を取り替えたり、袖やウエストを絞ったり、裾を上げたりしてみるわけです。そのうえで異なる今風のコーディネイトを試みたり、その服を着ていく場所や場面を工夫したりしてもいいでしょう。オリジナルを尊重してもいいし、オリジナルなものをあえて取り替えてみてもいい。それはいうなれば対象に対して何かを「なし」てその価値を「上げる」こと、つまり過去のものを今の時点において「し・あげ」ることであり、過去において存在しいまや失われてしまった〈もの〉の威力を現代においてもう一度、今度はことなったモードにおいて再構成する「ものづくり」の仕事なのです。

こうした〈もの〉の享受と再生の技術を磨いていくと、エゴの価値を高める自我資本主義とはまた異なった独特の誇らしさを自分に感じることができます。ものへと沈潜して夢中になってそれを仕上げるとき、自分と〈もの〉とが一体となった幸福を感じるのです。それはたんにものを手段として用いて自我の価値を上げるナルシシズムとは違って、対象と自分が一体となってモードをともに変容させて、ある〈もの〉へとともに仕上がっていく、つまり〈ものになる〉ことへのナルシシズムです。そのナルシシズムとは自我のありかたを根底的に固定してそれを強化するものではなく、〈もの〉へと自ら生成して力を得るように「なる」ことへの喜びなのです。

レストアとリノベーションの快楽

こうしたアレンジメントの可能性を自動車において考えてみましょう。いわゆる新車が一番価値があり、年数が経つにつれてその価値が減じていくという考え方は、減価償却という会計上の取り扱いに現れています。減価償却は物品の価値を扱う現代の制度なのです。しかしながら自動車は、手をかけて部品を交換しながら大切に乗る時には、たんなる節約以上の喜びを持ち主にもたらすでしょう。

この意味での自動車の再価値づけ、つまりそれが〈ものになる〉かどうかの試みは、十年十万キロを乗り切った頃からようやく始まります。自動車の内装が汚れてしまい、パワーウインドウが故障し、オーディオが壊れ、スターターが不調になったとしましょう。まあもうそろそろ潮時で買い替えを検討する頃です。しかしながらエンジンをはじめとした基幹部分に問題はなくよく走ります。そこで内装部品をプロの業者に依頼して（もしくは自分で時間をかけて）分解し、内装をスチームクリーナー等を用いて丸ごと水洗いして徹底的に清掃し、廃車になった同型車種からパワーウインドウとスターターの部品を調達し、オーディオを修理して外装を磨いたとしましょう。その結果、新車でそれを購入したときに近い状態にレストアすることができたとします。それなりに費用はかかりますが新車を買い直すよりははるかに安価です。

ここでレストア（restore）という言葉は、「ふたたび」を意味する接頭辞（re-）に「とっておく」という意味の「ストア（store）」を組み合わせたものです。レストアとは、原状回復、つまり元にあった状態を回復してその当初の活力を取り戻すことを意味します。レストアの名詞形はレストレーション（復元）です。これによって得られる喜びは、たんに修理して元通りに走れるようになったというにとどまりません。それだけなら新車購入の悦びに対抗できないでしょう。そこに生まれる喜びは、死につつあるものにもう一度生きる力と役割を与えたというエンパワーメントの自信、力を与えることが〈できる〉ことへのいわば男性的なプライドです。周辺機器に手を入れることで、エンジンやシャーシのような無傷の基幹的な部品をもう一度活かすことができた悦びです。アレンジメントを整え、自分のリビドーを機械に注入し、事物と一体化することにより死物を生物に変え、活かされた〈もの〉の内部で確かな手応え、つまりリビドー・レスポンスを得る快楽がそのとき生まれるのです。

レストアされたものはオリジナルな状態を回復しているのですが、しかしそれはたんに元の状態に戻っただけではありません。当然、当時と今とのあいだには時間的な差異が存在します。その製品を取り巻く「さかい」、つまりコンテクストが完全に変わってしまっているわけです。レストアの操作は当初の状態へと復元することによってかえってそこに時間的差異を生み出します。その差異から生まれる意味とは同時代の車とのデザイン上の差異であり、持続による希少価値であり、かつての時代を思い起こさせるその象徴的機能なのです。その差異こそがレストアによって生み出される新しい〈もの〉、つまり魅惑する新たな威力です。

この操作は希少な車種を対象とする場合は、その時間的差異を通じてより大きな記号的価値・市場価値を作り出すこともできます。いわゆるヴィンテージ・カーというジャンルがそれです。しかしそこまでゆかなくとも古い車に手を入れてそれを活かし続けることはそれ自体不断の創造的行為であり、そこには誇らしさと大きな喜びが伴います。

もう一つ例をあげましょう。古くなった建築物のリノベーションについてです。空き家や古い家をその使用目的や使用方法を転換して更新する技術がそれです。

ここでいうリノベーションとは、重要な歴史的建造物を専門家たちがその学術的知見を通じて文化財として修理し保全することではありません。そうした文化財保全はそれはそれで大切なことではあるのでしょうが、しかしそうした保存や保全はそこに住む人たちから住む環境を自由に構築する力を専門家たちが奪ってしまう側面をもっています。建築物に対する居住者主権が剥奪されてしまうのです。

またそれは、住宅などの古くなった設備をたんに新品で置き換える、日本語化されたいわゆるリフォームやリニューアルではありません。「リノベーション(renovation)」という英語の言葉は、ラテン語の「リノバチオ(renovatio)」に由来するのですが、これは「ふたたび」を表す接頭辞(re-)と、新しいものに改変することをあらわす動詞の「ノヴォー(novo)」に基づいています。つまりリノベーションとは、再利用すると同時に新しい何かをつくりだす「刷新」を意味しています。レストレーションがオリジナルな状態を復元することで結果的に差異を生み出すのに対して、リノベーションははじめから新しい転換を意図しているのです。

二〇世紀前半におもに活躍した経済学者のシュムペーターは「イノベーション」という概念の原型を築いたことで知られています。彼によれば需要と供給とが一定の価格において市場で均衡するとき資本主義やその社会は停滞してしまいます。その停滞を打ち破るのがイノベーションです。イノベーションとはたんに新製品の開発ではなく生産の方法や流通などのあらゆる分野で新しい手法が登場し、従来の市場の均衡を破るような変化を起こすことです。ここでシュムペーターが独創的であったのは、経済活動における革新が、未知のものの単純な発見ではなく、すでに旧知となった既存のものを新しい文脈のなかで組み合わせることによると論じた点にあります。このイノベーションという考え考え方を、すでに広く知られていて、これまで利用されているような素材たちの新たな組み合わせを考えること、つまり「再結合 neue Kombination」という概念によって彼は表現しました[70]。

あるものを何度も利用するとひとはその利用を身体化し、無意識化してしまいます。たとえば難しい作業に従事しているときひとはその仕事の対象に没入していて、その作業を可能にしている自分の腕や指を意識することはありません。身体は技術連関のうちでいわば道具として自動的に働き、それゆえ無意識化されているのです。イノベーションを引き起こすには、この習慣化され無意識化された身体や道具の存在、その作動にまずもって〈気づく〉ことが必要です。そしてそのうえで、その身体や道具の作動を別の文脈の中に意識的に置き直して、その作動に別の機能を果たすようにさせるとき身体や道具はイノベートされます。この身体と道具の組み替えによって生じる生産や流通、消費のパターンの変化こそがイノベーション（技術革新）なのです。

我々の先の分析によれば、マルクスは剰余価値の起源を労働力が位置する文脈の置き換えのうちに見出していました。労働者の労働をこれまでとはまったく異なる機械連関へと結合するとき剰余価値が生まれたのです。これと同様に、シュムペーターはイノベーションにおける価値の創造を素材への気づきとその「再結合」のうちに見出しています。マルクスの剰余価値やシュムペーターの革新は、ゼロから一を生み出す創造（クリエーション）ではなく、一と一の新たな組み合わせからいわば三を生み出す産出（ジェネレーション）のうちに価値の源泉を見ているのです。新しい文脈のうちで素材たちを組み替えるこうしたイノベーション（革新）は、廃棄へと向かう素材たちを再び組み替えることでそれらを活かそうとするリノベーション（刷新）の概念とこうして交わります。後者のリノベーションが前者のイノベーションからあえて区別されるとすれば、それは貨幣経済や資本主義体制の生産連関内部における技術革新や価値創造のみではなく、そこに包摂されない世界の再結合と刷新、つまり生活のあり方全体にわたる革新を〈廃物を通じて〉意図している点においてだと思われます。

巨大な建築物の多くは石造りであり高い耐久性をもっています。クレムリンや紫禁城のように支配と暴力の象徴であった王侯貴族の城館が、革命の後に人民の政府の建物として利用されたり、それ以外にも多くの場合、博物館や美術館、レストランや宿泊施設に転用されています。建物を取り壊して建て替えないのには、たんに建設費用を節約したり、歴史的建造物を保全する以上の大きな意味があるのです。

それは、その使用目的を転換したことを可視化し、権力の交代を印象付けるということです。あるものごとはその直線的な生命が終わりを告げた時、また別の線の中で再び活かされます。そのとき古い要素があえて保存されているがゆえに転換の鮮やかさをかえって表現できるわけです。また古い要素の方も一つの線の中でただ古くなるのではなく、別の線の中に置き直されることで、あらためて〈古いもの〉として、かえって時間的奥行きと持続性を表現する新しい記号として再生するのです。

政治権力の交代のように大きな時代的な転換ではなくとも、もっと身近な転換の事例はいくらでも挙げられます。醤油工場の石造り倉庫をショッピングセンターにしたり、古民家を地域のコミュニティーセンターに変えたり、また同じ居住目的でも、家父長的な住まい方を前提とした古民家に手を加えて、現代的な核家族の機能的な住まいに転換したりといったようなことがそうです。リノベーションにおいてひとは、古い要素を破壊するのではなく、むしろそれと一体となって新しい文脈のなかでふたたび生まれ変わり、その転換そのものを生きつづけるのです。

リノベーションの素材となるのはたんにものごとだけではありません。そのもっとも重要な素材は人です。私たちは世界の中で人を利用しながら、同時にそれを身体化し無意識化して生きています。私の周りの人たちが私の期待通りに道具として動いてくれることがいわば「あたりまえ」になっているのです。そのとき私はその人を見ているようでいてじつは見ていません。しかしあるとき私はそこにかけがえのないその人が「存在」していることに「気づき」ます。そして自分がその人をその奥行きにおいて十分に見てはいなかったこと、その人の潜在的な可能性に思いを致していなかったことに「気づく」のです。そのとき私はその人に感謝を捧げ、さらにその人の可能性が花開くように、その人の笑顔が輝くように、その人に対する接し方を変え、その人を取り巻く境を変化させるでしょう。私はこうして資源たちと人びととを「再結合」するというわけです。ものやひとのリノベーションはしたがって一体的なものであり、決して切り離すことはできないのです。

もとからそうであったオリジナルな状態へと対象を復元するレストレーションはたんに過去に復帰することを意味しません。復元されたものは現在に存在しており、過去との関係でその固有の価値と意味を発揮しています。リノベーションもまた過去の要素を活かすかたちで意図的にそのコンテクストを組み替えます。いずれの場合でもそこに生み出されるのは、いまだかつて一度も存在しなかった、それ自体がオリジナルな〈もの〉なのです。死せる廃物と私はそこでふたたび、そしてあらたに、力を帯びた〈ものになる〉というわけです。

復元と刷新は、〈過去に向かうというかたちをとって未来に向かう〉という開かれた時間・空間構造を持っています。過去、つまり一度死んだもの、死のうとしているものに向かうというかたちをとって、未来、つまり生きていてその終端が未定なものをそこに展望することだとそれはいえるでしょう。

第一章で詳しく述べた自我のナルシシズムが〈未来に向かうというかたちをとって過去へと向かう〉という閉じられた時間・空間構造を持っていたのとこれは対照的です。自我のナルシシズムにおいてひとは、未来を展望するにあたってそこに失われた過去を回復しようと望むのであり、そのかぎりでそれはメランコリックだったのでした。

これに対して過去の復元と刷新は、たんにかつてのものの価値を上げるだけではなく、いうなれば過去をもう一つの意味で「仕上げること(elaboration)」だといえるでしょう。過去にあった物事はおそらく一つの意図や意味、こうあるべきという理念を持って作られたものだったのでしょう。しかしながらもはや今日の時代においてそうした事物は、改善の余地があるもの、つまりその元来の意図を十分具現化できずに挫折したもの、それゆえ滅びゆくたんに古いものとして立ち現れてきています。その当時においては十分に完成したように思われたとしても、今日の問題関心から見るならばその当時の意図と結果はもはや失敗したものとして、つまりアレゴリーとして現れるということです。したがって復元は、当時の意図と結果を尊重してそれをそのまま回復することを通じて、その元来の意図を今日の時代に継承し、今日との時代的差異においてそれを更新します。また刷新は、そのアレゴリーとしての要素を今日においてむしろ意図的に再編集し、そうすることで対象を新しい理念のもとで現実化するのです。過去の事物に介入し、その失われた希望を現在において継承し、それを実現する。これが過去を「し・あげる」ということです。

たとえば先ほど例を挙げたように君主の城館は経済的搾取と暴力支配のゆえに絢爛豪華に装飾されていました。アダム・スミスはこうした虚飾を否定しましたが、しかしながらその装飾は支配を正当化し美化するものであると同時に、その細部において自然との宥和や抑圧の廃絶、平和な未来をどこかで先取りしてもいるわけです。そうした絶対的理念の先取りが装飾のうちに息づいているがゆえにこそ、装飾は礼拝の対象に奉仕する装飾として実際に機能するのです。したがって城館や美術品がいかに過去の悪しき圧政の遺物であったとしても、その過去の建築物のうちにはなお未来の先取りの要素が存在するといえます。復元もしくは刷新の作業はそうした両義性に着目して、過去果たされず挫折した意図をその形象のうちに読み取り、その遺志を継いでそれを仕上げることになります。

過去の権力の象徴は今日の目には、その正当なる意図を持ちながらもそれを挫折させてしまったもの、つまりアレゴリカルなものとして現れてきます。リノベーションの作業は、そうしたアレゴリーたちを活かし得る理念と意図を設定し、その理念のもとでもう一度それらの諸要素を組み替え、それら諸要素のもとでその理念にふたたび力を与えるのです。そのときそのアレゴリーたちが織り成す連関はふたたび象徴としての力を回復するのだと思われます。かつて地域の権力の象徴であった城館は、今日ではたとえば地域再生のセンターとして依然として地域の象徴であり続けるでしょう。

場合によってはそれは象徴となることなく一つの機能的な連関として機能しつづけるのかもしれません。たとえば再生された古民家は、とりたててそれが何かの象徴になることがなくとも、人々の生活を維持しそれを快適に保つ機能を無言のうちに果たすことができるのです。

ものあわれを知るわざ

ものごとが持つ力を受け取りそれを味わい尽くすことは日本の伝統の中に深く根付いた美のありかたでした。江戸時代における国学の大成者である本居宣長は、源氏物語を研究した『紫文要領』という書物の中で「物のあはれ」について次のように述べています。

「世の中にありとしある事のさまざまを、目に見るにつけ耳に聞くにつけ、身にふるるにつけて、其のよろづの事を心にあぢはへて、そのよろづの事の心をわが心にわきまへ知る、是れ事の心を知る也、物の心を知る也。（略）わきまへ知りて、其の品にしたがひて感ずる所が物の哀れ也」[71]。世の中にはさまざまなことが生起しているが、そうした物やわざには心があり、その心を知るには、その物やわざをよく見てよく聞いて、そのありようにしたがってそれを自分の心に味わいつくすことが必要である。そのときに感じるのがものの心、つまりもののあわれである、というのです。

そもそも〈もの〉とは漠然とした自然の威力を指す言葉でした。その〈もの〉から〈こと〉がとりだされてきたとき、〈こと〉は人為のもの、つまり「わざ（事）」となります。その「こと＝わざ」は〈もの〉から取り出されてきた以上、〈もの〉の力をその身に帯びています。人の心を動かすその力のことを宣長はものの心だと言っているのだと思われます。ものごとにはその心があり、それを味わうには、そのものごとを外側から取り扱うのではなく、それと密接に接してその中へといわば沁み入っていくことが必要だというのです。ものごとをいわば内側から生き直す、それはいかにして可能となるのでしょうか。

『うひ山ぶみ』という学問の心得を説いた本の中で宣長は、すでに失われて久しい古代の人たちの心持ちを知るにはその人たちが残した言葉に接して、そのひとたちと似たような古風の歌や文章を実際に書いて詠んでみることだと述べています[72]。ひとの「わざ（事）」を知るには、その「わざ」によって残された「ことば（言）」から出発して、自分もまたその同様の「ことば（言）」を生み出すような「わざ（事）」を実際に行ってみることが必要だというのです。痕跡を生き直す自らの「わざ」を通じてひとの「わざ」が知れる。「ことば（言）＝わざ（事・行為）＝こころ（心・意図）」、この三つは密着していわば溶け合っており、その三者一体を実際に自分が生きてみることが宣長にとっての学問の方法なのです。そうした実践的ないわば「まねび＝まなび」を通じてはじめて、いまは亡き人や、すでに失われた物の心が知れるというわけです。

「あわれ」とは漢字で「哀れ」と表記されるように、力強く拡張していくというよりは、失われ衰滅していく「しみじみ」とした感覚を表しています。西洋の伝統にものごとの「強度」を志向する傾向があるのに対して、日本の伝統は、いわばその「弱度」、すなわち仏教のいう諸行無常や、四季の移り変わりといった衰滅のうちにその美意識を見出してきたといえるでしょう。仏教の慈悲の思想に現れているように、失われてしまうがゆえに、いまここの一度きりの出会いの瞬間を愛で大切に味わい尽くそうとするのです。失われていく〈もの〉の心と同期しようとする〈ひと〉の心があってはじめて、その〈もの〉の心、その「あわれ」が心に染み入ってくる。だからそうした心のありかた、宣長が云うところの「まごころ」が自分のうちに準備されてないならば、自分の心は開かれず、何を見ても何を聞いても、ものの心を感じとることはできないのです。

　もののあわれを感じることなくものごとを外側から操作して処分していく心のありかたを「からごころ」と宣長は呼び、そうした心のありかたを否定しました。本居宣長が活躍していた時代を支配していたのは儒学をはじめとした漢学であり、中国《から》というその外的な権威のまなざしを内面化して、その枠に従って自分や世界を見て取り、それに従って外側からそれらを処分していくいわば植民地化された心のあり方こそが、宣長にとっての「からごころ」だったのです。そうした外の視線に自分が乗っ取られていては、目の前に広がる外部の自然のこころだけでなく、自分の身体や自分の心という内的な自然とも正しく向き合って、それらが発する声を聞きとることはできないと宣長は考えたのだと思います。

ものごとに対する「からごころ」的態度の究極は、今日では、一六世紀から一七世紀にかけてイギリスで活躍した哲学者のフランシス・ベーコンがそう述べたように、自然を拷問にかけてその真理を自白させる科学的実験のありかたに現れています。ベーコンは「自由で解放された自然」に対して、「人間の技術と干渉」によって「拘束され苦しめられた自然」について語り、「事物の本性は、その本来の自由な状態においてよりも、技術によって圧迫されたとき、その正体をあらわす」と述べています。[73]たとえば目の前のコンクリートの柱の強さを最終的に知るにはそれが破壊されるまでゆっくりと力を加えてみなければなりません。そのときメリメリという断末魔の声とともにコンクリートはその強さという真実を自白します。薬品の致死量を知るには同様に動物を拷問にかける必要があります。動物は生死の境においてその薬品の致死量という真理を自白するのです。ものごとの秘密、いわばその「正体」を拷問によって知るには、科学理論を内面化して固く武装した「からごころ」が必要です。ものの心やその哀れを「心にあぢはへて」いたりすれば到底このようなことはできないでしょう。

いわゆる科学的な立場のみが真理であると主張し、それ以外の〈もの〉との向き合い方に身を閉ざす一面的な科学主義や、それに基づいて物事を一方的に操作する近代科学技術にも、そうした拷問としてのありかたが引き継がれています。それは拷問におけるいまわの声のみを真理とみなし、それ以外の訴え、「自由に解放された自然」の声に耳を閉ざすのです。

また資本の増殖を目的としてすべての物事をその立場からのみ裁断して操作していく資本主義のありかたも、一種の拷問に相当するでしょう。ものが売られ目の前から消滅してゆくときのそのいまわの際において成立する対価のみが、その〈もの〉の価値、真理なのです。そうした外部操作的態度は身近な家族や友人、自分の心や身体でさえも同様に処しかねません。拷問という固いアプローチに対してすべての自然はその心からの声を沈黙させてしまうでしょう。

これに対してものごとと密接につきあい、それ自体に浸透することでその心に触れ、ものと自分の心をともに開きあい、その双方がいわばそれ自身を取り戻す柔らかい心のありようこそが、「まごころ」の名によって指し示されているのです。ものごとが基本的に衰滅しゆくがゆえに、他者や事物に対してそのつどの刹那を慈しみ、活かせる要素があれば手当てして少しでもそれを活かしていく。こうしたリビドーの動きこそが、ものの内側に入り込み、その心を感受できるのだといえるでしょう。

美と崇高にみる快楽の技術

西洋における美の概念はまずもって均衡や調和のうちにあります。かたちや色彩といった視覚的な諸要素だけでなく、音という聴覚的要素、また触覚、味覚や嗅覚といった感覚的諸要素が互いに調和し、それぞれの諸要素がそれ以外の要素たちのすべてを活かし切っているとき、それらの連関が実現する強度は高みに昇り、それを感受する心は美を感じます。このような美的な対象は、それをめぐる人びとの同様に美的なコミュニケーションの中で生み出され、そしてその人びとに享受されるのです。コミュニケーションが美的であるというのは、それぞれの人がその心に従って振る舞うことによってすべての人々が互いに調和し、それぞれの人が他の人たちすべてを活かし切り、互いにそれぞれの可能性を最大限に開花させるという意味です。サロンやサークルなど、高みを目指す人々の自由な社交、つまり人間たちの美しい関係こそが美しい作品をつくりだす基礎となるのです。これが西洋近代における美の古典的な概念です[74]。

西洋近代の文化においては美しいものを共同して追求するとき、先のヒューマニズムがもっともよく発揮されるといえるでしょう。というのも西洋の美学は、それぞれが自由でありながらも他者と調和するかたちで自らの潜在力が顕在化するありかたこそが人間本来のありかただと考えたからです。こうした美やヒューマニズムの理念はおもにアリストテレスに発し、ルネサンスや近代の古典期にかけて時代を象徴するものとなりましたが、その後、これらの理念が社会の限られた教養ある市民にしか享受できず、その外部に「人間」と呼ぶにはふさわしくない抑圧された人々の存在が自覚されるにつれて、古典的な美や素朴なヒューマニズムはリアルを糊塗する表層的なものと意識され、先鋭的な感性を持つ人びとに対する説得性を失っていきます。

そこでもう一つの美学的概念が登場します。それは崇高です。崇高とは、均衡や調和といった美的連関を凌駕する巨大さや深淵、暗黒や破綻に直面したときの心のありようを指しています。広大な星空に吸い込まれて己の小ささを思い知るとか、革命などの歴史的出来事に直面して動揺するとか、偉大な人格に圧倒されるといったときがそうでしょう。「ものすごい」とか「衝撃的」とか「深く感動した」といった言い方は、この崇高に直面したときに思わず口から出てくるのです。

一八世紀までの古典的近代に対して、一九世紀のはじめごろから美と調和の破綻にこそリアリティを見出すロマン主義が興隆します。ロマン主義にとっての主要な美学カテゴリーは崇高でした。都市における洗練された調和の外に広がる荒々しい外部世界や、世間の常識を超越する主体の精神の偉大さ、理性的計算に汲み尽くせない私的な心情とその深淵など、調和する社交のありかたを切り裂く破綻の契機こそが芸術にインスピレーションを与えたのです。一九世紀の後半や二〇世紀になると、すでに人々に受け入れられた既存の調和（美）を平凡なもの・制度的なものとみなし、それを震撼させる「新しいもの」を不断に追求するモダニズムの運動が発生します。モダニズムとは、歴史の先端に崇高を追い求める運動だったといえるでしょう。

こうした西洋の歴史における感性的な快楽の追求は、必要を超える欲望によるものでした。こうした見ることや聞くことにおける欲望の系譜は、資本主義の発展と補完的関係を保ちつつも、そこに完全に回収されることのない、ものごとに深く浸透する快楽の歴史をかたち作ってきたのです。

ひるがえってみるに日本にも快楽を高め維持する技術の伝統は存在していました。そのひとつが、先に述べたように、記紀神話や万葉集以来のやまとことばによって担われてきた「もののあわれ」の美意識です。それと並んで、仏教における諸行無常や禅の思想的影響を受けた「わび・さび」の美を挙げることもできます。「わび・さび」は、有り余る量や力ではなく、もしくは均整や調和でもなく、むしろ存在の過小、その欠落、我の破綻のうちにリビドーを投射し、そこに美を感じるありかただということができます。

一三世紀の初頭に成立した新古今和歌集の撰者である藤原定家は、「見渡せば花も紅葉もなかりけり浦のとまやの秋の夕ぐれ」（新古今和歌集）という有名な歌を残しています。定家はこの歌で、期待すべき存在物、つまり美しいものとしての「花や紅葉」が「ない」というところに興を感じています。あるべきものがそこに存在し「ない」ということが、そこにあるべき「花や紅葉」の存在を読み手にかえってより強く印象づけるのです。さらには、あるべき華やかな「花や紅葉」が「ない」がゆえに意識はその対象を失い、代わりにその「さかい」である、うら寂れた港の傍らに建つあばら家、「浦のとまや」の存在が前景に現れてきます。「花や紅葉」はその存在によって人の感興を呼び覚ましますが、しかしその粗末な寂れた苫屋はその存在そのものを主張しているのではありません。むしろそのあばら家は、うら寂れたその存在のありようによって、そのさかいの何もなさを強調するのです。寒々しい夕暮れの木枯らしが吹きすさぶだけのなにもないありさま、その「無」を意識させるのです。無であるがゆえの有、有であるがゆえの無、いうなれば〈有無のあわい〉〈有無の境〉をこそ、この歌は表現していると言えるでしょう。

これに対して、一五世紀の初め頃、能楽の大成者である世阿弥は、能の奥義を記したとされる『風姿花伝』第七において「いづれの花か散らで残るべき。散る故によりて、咲く頃あれば、珍しきなり。能も住するところなきを、先づ、花と知るべし。住せずして、余の風体に移れば、珍しきなり」と述べています。能における「花」、つまり人々の注目を集める美は、まさに失われて別物に姿を変えるがゆえにこそ目に留まるのだ、それはまさに実際の花がいずれ散るがゆえに人々の注目を集めるのと同じである、能のあり方も、現状に甘んじるのではなく、つねに変化していくがゆえに注目を集めるのだ、というのです。世阿弥のこの文章には、諸行無常であるがゆえに今の刹那に集中せんとする仏教の慈悲の思想に通じるものがあります。まさに「有」と「無」が接する刹那への慈しみが、文字どおり〈美の境〉として書き記されているといえるでしょう。

先の藤原定家の歌が全体として有を通じて無に至ったのに対して、ここでの世阿弥は、花がいずれ失われてしまうという無の真理から、いま現在の「花」の存在を際立たせています。何かが存在しうるのはその本質が無であるからという論理によって、世阿弥は「無」から「有」を証し立てているのです。

いずれにせよ、「有」と「無」の「あわい」におけるこうした美的感覚は、西洋の崇高とは似ているところもあるが、しかし異なるものです。崇高の概念は、自らの内に抱く調和への希求が巨大なものや暗黒の無を目前にして破れる時に生じる無限や永遠の感覚、その時に生じる内面的な昂まり、戦慄を指しています。これに対して日本の「わび・さび」は、自我の自己保存が破れる点に焦点を当てるという意味では崇高の概念と似ていますが、しかし意識は自我の向こう側にある巨大な無限や永遠へと赴くのではなく、逆に自我が自らに執着しているがゆえに捉えきれなかった小さく繊細なものへと回帰し、はかないがゆえのその存在と一体化するのです。そうすることで意識は、はかなく小さな自己自身や、その場を共有している他者の〈存在〉を、そのはかなさのゆえにいま・ここの刹那において強く実感します。この存在感覚が、本居宣長のいう「もののあわれ」と通底していることにあらためて言及する必要はないでしょう。

鈍化する幸福

こうした「有」と「無」の「あわい」における相互参照、いうなれば弁証法は生理学的な根拠を持っています。身体や精神を外的刺激から防護するためだと思うのですが、人間の感覚は光の強さや音の大きさ、触覚の強さなど、物理的な刺激が強くなるほど加速度的に鈍くなるように造られているのです。

たとえば人間が感じる音の大きさは、ようやくかすかに音が聞こえるようになる音の物理的な圧力を基準としてその比をデシベルによって表現します。たとえば二〇デシベルが「葉っぱのカサカサ音」、四〇デシベルの音は「静かな図書館」、八〇デシベルは「目覚まし時計の音」、一二〇デシベルは「飛行機の爆音」などと表現されます。このデシベル表示はアンプのボリュームやメーターにも採用されているように、ひとの聴覚の実感としての〈音の大きさ〉に対応しているように思われます。

しかしこの聴感上の差を実際の物理的な圧力の差に変換してみると、二〇デシベルが十倍、四〇デシベルが百倍、八〇デシベルが一万倍、一二〇デシベルが百万倍に相当します。デシベル表記が人間の聴覚上の実感に対応しているとすれば、物理的な刺激が桁違いに大きくなっても人間はその違いをたかが数倍程度に対数的に圧縮して知覚していることになります。

物理的刺激が強くなるほどますます幾何級数的にその刺激を圧縮して知覚するので、そこにおける繊細な差異をひとが識別することは難しくなります。だとすれば逆に感覚を鋭く保つには物理的刺激の水準をできるだけ低く保つ必要があることがわかります。つまり「有る」と「無い」の敷居、そのあわいこそが、もっともひとが何かの存在を鋭敏に感じ取れる感覚のポイントだということです。

これと同じことに経済学もまた気付いています。限界効用逓減の法則がそれです。この法則を分かりやすく説明すると、喉が渇いたビール好きの人に対して一杯のビールがもたらす満足度（効用）は、二杯目、三杯目となるにつれて減少していくというものです。つまり資源の全体的な投下量が増大するにつれて、その資源の一区切りが実現する満足度（限界効用）が次第に低下していくという一般的な傾向をその法則は示しています。外部から注入されるビールという刺激の量が増えれば増えるほど、そのビール一杯分に対する人間の感覚は鈍くなるということです。

この法則は、所得の高い人に高い税率を課してそれを貧しい人たちに再分配する福祉政策を正当化します。というのも金持ちゆえに鈍感になった人から貧乏ゆえに敏感な人に資源を分配すれば社会全体としての幸福量は増大するからです。功利主義は社会全体の幸福量を増加させる政策を正当化しますから、限界効用逓減の法則は功利主義の観点から再分配政策を正当化するのです。

ところが面白いことにこの法則は、再分配を否定する新自由主義的な政策も正当化します。ある人に対する商品の供給量が増加するにつれてその人はその商品に飽きて一商品あたりの満足度は相対的に低下します。毎日同じ遊園地に通っていたらそこは次第につまらなくなるでしょう。だから資本主義の活力を保つにはつねに新商品を開発して（新しいアトラクションを準備して）、新鮮な需要を創造しつづけることが不可欠なのです。この法則は市場の停滞を突破するイノベーションのために税の軽減や規制の緩和を主張する新自由主義的な政策の根拠ともなるわけです。

いずれにせよ現状で享受している刺激量と新しく手に入る刺激量との差（限界量）によって人々が幸福（効用）を感覚するのだとすれば、人々は豊かになればなるほど幸福を感じにくくなる、つまり資源の獲得に伴って幸福感が麻痺していくということが一般的な傾向としていえるわけです。

だとすれば年収五〇〇万円の人に対して年収一千万円の人が二倍幸福なわけではないことがわかるはずです。むしろ年収が上がれば上がるほど一万円が実現する快楽量（限界効用）は低下していきます。その結果そこに生じるのは、すべては満たされているが、しかし心躍るもののない平坦で退屈な世界です。欠乏はたしかに快楽や幸福を生みません。しかしありあまる過剰もまた快楽や幸福を飽和し、それに対する感受性を麻痺させて生きる力と悦びを失わせます。これは一九六〇年に公開されたフェリーニ監督の映画「甘い生活」の状態です。この映画の登場人物たちはローマの社交界に出入りする上流階級の人たちなのですが、地位も名誉もお金もすべてが満たされているにもかかわらず、毎日とくにすることもなくパーティーに明け暮れ、無気力だがしかし毎日忙しく、死んだ魚のような目をして暮らしています。フェリーニはこの映画でこうした飽和した生活を批判的に、しかし耽美的に描いています。

ノルウェーのディープ・エコロジーの提唱者であるアルネ・ネスは、人間の感覚が刺激に応じて鈍化することから、それをいわばリセットするためのキャンプ「フリーリュフツリーヴ」について論じています。[75] 文明生活に慣れきってしまうとそれを退屈に感じてさらなる刺激を求め、結局のところその刺激によって感性を麻痺させてしまい、さらに強い刺激を求める悪循環にひとは陥ります。これに対して森林の中で文明的な装備を排除した必要最低限のキャンプ生活を定期的に体験することがノルウェーの伝統には存在するとネスは言います。水道もなければ電気もなく、夜は漆黒の自然の中で数週間を過ごす。文明の強い刺激を遮断して自然の静けさと孤独のうちで感受性を回復させるのです。こうした文明生活の意図的な中断はもう一つの効果を発揮するでしょう。つまり感覚を回復して都市に帰還すれば、逆になんでもないベーシックな都会生活の有り難み、つまり有るはずが無いところにまさにそれが有ることへの悦びを実感できるはずです。屋根があるとか、水が出るとか、そうした基本的な装備のうちに新鮮な快楽を感じることができるのです。ネスのエコロジーが「ディープ」であると主張されるのは、それがたんなる生態系や資源の持続性を主張するだけでなく、自然や人間に対する人びとの感じ方を変容させ、深くすることを意図しているからです。

また最近の日本では断捨離がブームです。[76] このブームの背景には禅の思想があります。自我は思考を通じて自然を自分の制御下に置こうとします。つまり思考は「我」の拡張したあり方なのです。ひとはあれこれとおもいわずらうことで我を維持することに疲れ切っています。禅はそうした一切の思考を中断し、「我」に覆われて見えなくなった根源的な生命のありようを復元しようとします。しかし禅僧といえども何かを思いわずらい、手を動かさなければ生きてはゆけません。とはいえ中断する所作を生活のうちに取り入れ、思考と無の「あわい」に意識的に身を置くことで、必要最小限の思考と必要最小限の生活資源のうちに無限の充実と快楽を禅は実現しようとするわけです。

禅にとっての「思考」の次元を自分の所有物や人間関係に置き換えたのが断捨離の思想です。物や人間関係をただ闇雲に増やしていけばそれぞれの意味と価値が見失われ、ぶくぶくと肥え太ったまま鈍い感性に陥ってしまいます。そうした物にあふれる生活は人間の生き生きとした生命力を窒息させてしまいます。そこで断捨離は、ものごとを整理する過程においてかえってそれぞれの物品や人間関係の意味を再吟味し、それらを最小限に絞り込むことでそれらの存在価値を最大限に高め、〈ものごと〉の輪郭を鋭くし、それらの存在を際立たせようとするわけです。

刺激の増大による幸福感の麻痺といった事態に対して消費資本主義はイノベーションや新商品の開発を通じてさらなる強い刺激を与えようとします。これに対して東洋の伝統的な技法は刺激の軽減を通じた感受性の再構築を提唱します。それらの技法は生と死、有と無のあわいの次元に身を置くことによって新鮮な快の〈さかい〉を維持するのです。刺激に対して自分を駆り立て次々と量を膨れ上がらせていくあり方に対して、伝統的な技法はその駆り立てを中止し、逆に量を削減することでかえってそのものの質に立ち返ろうとするわけです。

資本主義の内的飽和

一九七〇年代にローマクラブの『成長の限界』[77]という本が一世を風靡しました。人口と世界経済の幾何級数的拡大が資源不足と汚染という両面においていずれ限界に陥り、経済や生態系が致命的な破綻を迎えることをこの本は警告しました。この危機を回避するために新しい資源の発見や開発、汚染防止技術、資源節約技術、灌漑や品種改良の技術の開発が進んでいくとしても、そうした回避的試みは破滅的災厄をたかだか数十年未来に押しやることしかできず、しかもその間にさらなる成長を招いてより大きな災厄を結果するというのです。限界の技術的回避ではなく成長の直接的な抑制だけが、破滅へと人類が突進することを防げるというのです。

この本の指摘するところは説得的であり、当時の個別的な予測がどの程度正確であるかに議論はあるものの、しかしその大枠において経済規模の幾何級数的成長がいつか限界に直面することそれ自体は疑いようがありません。この本は経済成長に関して資源や汚染といった量的な側面からその限界を指摘したのですが、今日ではそれに加えて成長の質的な限界も明らかになりつつあると言えるでしょう。

資本主義は商業資本主義から産業資本主義、そして消費資本主義へとそれぞれ限界に直面するたびに「進化」、つまりイノベーションを経験してきたのでした。とはいえ今後、消費資本主義が実現する快楽は基本的に飽和していくと考えられます。消費資本主義は飽和した需要に対して新しい欲望を喚起します。しかしイノベーションを通じて提示される新しい快楽の余地はしだいに飽和限界に近づいているのです。個々の刺激の強さが感覚を飽和するのと同様に、刺激物そのものの展開の余地もまた飽和しつつあると思われます。これが成長の質的な限界、内的な飽和です。

わずか百数十年前、明治時代に初めて鉄道が敷かれるまでは、九州から東京（江戸）へは船を除けば馬か歩いていく他に手段がありませんでした。そこに鉄道が登場し九州から東京まで座って移動できるようになり、また電気や蒸気機関、映画やラジオが登場することによって情報や流通、交通のありかたが根底から変化しました。これは人々の空間や時間の観念まで変えてしまうまさに決定的な変化でした。また戦後間もなく洗濯機、冷蔵庫、テレビ、電話といった新しい家電製品が普及しましたが、それはまさに日本人の生活を根底から一変させるほどのものでした。その後、自家用車、高速道路、カラーテレビ、エアコン、航空機、海外旅行などが登場しました。それらがもたらした変化は依然として大きなものでしたが、しかし明治期の鉄道や電気の登場、戦後間もなくの家電の登場ほどではありませんでした。最近では一九九〇年代以降に進展したＩＴ革命が情報機器の飛躍的な進化をもたらしました。しかしながら考えてみれば、携帯電話やパソコン、インターネット、ハイビジョンテレビがもたらした変化は、鉄道や自動車、電報や電話、ラジオや白黒テレビ、冷蔵庫やエアコンなどがもたらした変化に比べればそれほど生活を大きく変えたとは言えないでしょう。産業資本主義はこうして新しい技術的な商品を開発することを次第に困難にしていきます。こうして新商品の余地が飽和していくのです。

消費資本主義においては欲望を喚起する間断なき刺激によって感覚が飽和します。私たちの五感は、街頭広告やショッピングセンター、テレビやネット、本や雑誌や新聞、レストランやカフェ、スポーツジムや宿泊施設などを通じて、いたるところで間断なく刺激されます。そこでは様々なサービス業がひとりの人間の二十四時間を奪い合う争奪戦を繰り広げています。分捕ったその時間に見合う分だけその産業は成長するのです。サービス産業にかぎらず自分の職場や身の回りのプライベートな人間関係のすべてから何かをインプットされ、その返答を要求され、コミュニケーションをひとは強いられます。ひとはつねにせわしなく何かの快楽の可能性のようなものに駆り立てられるのです。そうした状況に置かれてしまえば睡眠時間は切り詰められ、感覚と脳が酷使され、神経はいつか疲れ切ってしまうでしょう。消費資本主義が既存の刺激を強化し新しい刺激を開発しても、それに反応する感覚の余地も時間の余地も飽和していくのです。人口が減少すればそれはなおさらです。

消費資本主義がこのように飽和することによってリビドーはその投資先を見失ってしまいます。それゆえリビドーの投資は、抽象的な量、つまり金融資本へとますます多くシフトするほかありません。貨幣収入が増えればその使い道が思い浮かぶものですが、それほど欲しいものがもはや存在しないので金融商品を購入するほかないのです。そこにあるのは増大だけを目指す数字への抽象的な欲望です。つまり人々の欲望は生活における生産や消費という具体的ありかたから抽象の世界へと次第に撤退し、そうすることでますます欲望の限界に到達しつつあるのです。

そうなると高度に発展した消費・金融資本主義において、飽和限界にまで高められた刺激のただなかで世界との関係が逆に希薄化・抽象化するといった逆説的事態が生じます。ありあまる快楽の可能性のただなかで退屈と生の倦怠、つまり快楽水準の低下が生じるのです。こうした飽和限界に直面すると資本主義は、人々への資源配分を強制的に切り下げることで強烈な欲望や必要をもう一度喚起しようとします。資本主義は放置すれば自動的に格差を拡大しますから、社会的な再分配を削減して競争を強化する新自由主義的政策をとればこれは巧まずして実現します。

資源と快楽が飽和する一方で、こうして膨大な人々が貧困ラインへと接近し、生活の必要すら十分にまかなえない窮乏状態に陥っていきます。しかもそこではものごととの密接な社交の可能性が復活するどころか、生存の急迫に追い立てられた膨大な人々が各種の産業から目一杯刺激されて、仕事においてもプライベートにおいても休みなく駆り立てられるのです。猫や犬、馬や牛などの動物にえさを与えず、愛情をかけず、散歩もさせず、騒音の中に放置し、休息も与えないなどの虐待をすると動物は狂ったようになってしまいます。人間も同じです。

こうした閉塞状況においては富裕層も貧困層もその両者ともどもその生活は単純な反復と退屈に陥り、希望を見失います。そうしてそれを補うように薬物や性やギャンブル（投機）といったより強い刺激へのアディクションが生じるのです。その最悪の帰結が戦争です。かつてレーニンは帝国主義戦争は産業資本主義の発展の結果として必然的に生じると主張しましたが、今日において戦争やテロリズムは、内的に閉塞した状況に対する突破口として、刺激への飢え、「とにかく何かが変わることへの期待」を動機の一つとして生起すると言えるでしょう。

新しい社会主義のために

これに対して真の快楽主義、徹底的に貪欲なリビドー経済は、資本主義が提供する快楽が飽和状態に陥っていることを自覚して、ものごととの密接な社交のうちにリビドー投資の可能性をなお展望しようとします。そうすることでリビドー社交主義はその快楽に資本主義を従属させるのです。つまり快楽のリビドー経済に役にたつ限りで貨幣経済の自律的な運動の余地を残すわけです。

このようなリビドー経済を実現する基礎的条件とは何でしょうか。新しいリビドー経済が物や人との持続したコミュニケーションに依拠するとはいえ、欠乏に曝されてはそれを実現することはできません。新自由主義は人々を低賃金で不安定な労働に駆り立て、そうすることで人びとから時間を奪い、生活の恒常性と基礎的条件を危機にさらします。しかしながら新たなリビドー経済は生活の基礎的条件が安定することをまず何よりも必要とします。

生活の基礎的条件とは、まずひとつには人間の生存について必要な諸条件、つまり衣食住という生存に関わる必要条件を意味します。そしてそれが満たされたうえで、自分の人生と社会の「善さ」についてのさまざまなチャレンジが可能となるような欲望条件の二つを意味します。つまり「欠乏からの自由（freedom from poverty)」と「卓越への自由 (liberty for exellency)」の二つの自由が同時に保障されるような社会的条件こそが、生活の基礎的条件だと言えるのです。

かつての古典的自由主義は契約の自由を通じて格差や欠乏を生みだし、多くの人びとから実質的な自由を結果的に剥奪してきました。これに対して現代のリベラルな自由主義、とりわけロールズの正義論やセンの基礎的能力の議論は、こうした自由剥奪の側面を反省し、さまざまな自由（社会的機能）を結果的に実現するように、国家や社会が各種の資源やチャンスをひとりひとりに保障すべきことを主張しています。たとえば居住の自由、移動の自由、意見表明の自由、栄養摂取の自由、医療や教育の自由、情報へのアクセスの自由など、人間がその能力を展開するに当たって基礎となるさまざまな自由をリストにしてその全部を保障しようというのです。こうした自由を具体的にデザインし、それを社会のすべての人々に保障することが国家の任務となるのです。こうした新しい自由主義の主張は、人びとの恒常性を堅持し、社会に由来する不安をできるだけ緩和しようとする点で、新自由主義とはまったく反対の方向を向いています。現代の自由主義は、いわゆる新自由主義とリベラルな自由主義との両極のうちで揺れ動いているのです。

新しい社会主義、快楽の社交主義は、したがって新自由主義に対抗するリベラルな自由主義の伝統とタッグを組むことではじめて可能となります。市場自由主義と選好功利主義がタッグを組んで新自由主義の陣営を構築したのに対して、正義論や機能主義といったリベラルな自由主義と社交快楽主義がタッグを組んで、新たな社会主義の陣営を再構築しようというわけです。

新しい社交主義は、産業資本主義の暴虐に対抗して発達したかつての古い社会主義や社会民主主義の遺産を継承します。かつての社会主義が要求した欠乏からの自由、生存と必要の自由という基盤の上に立って、さらに社交主義は卓越への自由、社交と欲望の自由を要求するのです。こうした卓越の自由をその理念とするという点で、社交主義は、必要の充足を要求する従来の「社会保障」に加えて、欲望の追求を可能とする「社交保障」制度によって裏付けられる必要があります。社交主義はたんに生存の基礎的条件が物質財によって保障されるだけではなく、ものやひととの濃密なコミュニケーションの条件が脅かされないことを人間の新しい権利として国家に対して要求するのです。

資本主義とのつきあい方

社会主義といえばどんなイメージが思い浮かぶでしょうか。医療や教育など生活に必要なものは最低限満たされるとしても、権威的な官僚主義のもと暗い工場労働や食品店での行列など、楽しさがなく物資が不足した耐乏生活が思い浮かぶのではないでしょうか。逆に資本主義といえば、百貨店やスーパーにあふれんばかりの商品が並ぶ快楽生活を思い浮かべるかもしれません。必要といえば社会主義、欲望といえば資本主義。これは私たちの脳に染みついたステレオタイプなイメージです。

しかしながら新しい社交主義は従来の資本主義以上に欲望の追求に忠実です。これに対して資本主義はそれほど欲望や快楽に忠実ではありません。先ほども述べたように、資本主義とは第一のものとしての資本を増殖させるかぎりで人々の欲望を駆り立てそれに応えようとします。逆にいえば資本の増殖に役に立たないほどの快楽、とりわけ貨幣経済を回転させず、時間の浪費にしか思えない快楽を資本主義は一顧だにしないか、むしろそれを排除する傾向を持つのです。

消費資本主義はさまざまなルアーを提供し、ラカンが言うところの小文字の対象aに相当するアイテムを人々の眼前にばらまきます。ひとはそれにリビドーを投射して欲望を抱き、それに食いつき、より大きなリビドーを回収します。そのとき商品は、それが新しいものであることが必須の条件となります。新発売、モードの新作、最先端の携帯電話やパソコン、新車、新築、新婚、新人、若さ、とにかくピカピカに〈新しい〉というその皮の部分だけが重要なのです。

そもそも消費資本主義は商品の中身にはまったく無関心です。この〈新しさ〉というその皮の部分にすべてのリビドーが投射されるのであり、その中身は皮を支える物質的素材でしかありません。なぜなら消費資本主義において商品は、その皮が剥かれてリビドーが消失したとき、実質的な機能には何の変化もないにもかかわらず、それは古くなった、時代遅れとなったと言われて捨て去られるからです。産業資本主義においては商品の現実的な実用機能が摩耗して原価が償却されていくのですが、消費資本主義においては商品が身にまとう幻想的なリビドーこそが償却されていきます。このように消費資本主義は商品の内部に立ち入らないまま、皮だけ剥いでは中身を次々と打ち捨ててしまうのです。

これに対してそれぞれの商品の内部へと深く浸透していくような快楽主義はどうでしょうか。それはいうなれば「もののあわれ」を知る「まごころ」の快楽主義です。先ほども述べたように、古くなった商品にレストアやリノベーションを徹底的に試みて素材に潜在する可能性を味わい尽くすわけです。そうしたいわば再創造的な消費は、消費者が部分的に生産者の立場に立ち、その観点からものごとの成り立ちを再構成するものです。したがってそこで消費者は、消費者である限りで市場経済や資本主義をそのベースとしながらも、部分的な生産者としてその外部に立っているといえます。そしてその生産者としてのあり方から、ふたたびあらたな消費のありかたを展望するわけです。このとき消費者はこうした消費と生産の蝶番の運動によって資本主義から部分的に抜け出て、それを超越した経済へと足を踏み入れています。このときには貨幣と資本主義をもはや主要な媒介物とすることなく、そこにあるものの再活用や資源の共有というかたちをとって、襞の襞の奥底を探求する快楽活動をリビドーは展開しているのです。

人間相手の社交の形態もまた消費資本主義におけるそれとは異なるでしょう。消費資本主義における人びとの交わり方の基本は社交の相手に投射したリビドーを回収すること、つまり交際相手がその表面に帯びているリビドーを摂取することにあり、それによって自己という記号のリビドー価値を高めることにあります。それは市場における売り買いに強く条件付けられており、それ以外の交わり方においても人びとは商品が身に帯びるリビドーを通じて交わりのエネルギーを維持しようとします。

たとえば雑誌に掲載されているような最新のファッションを身にまとった人たちが、恋愛においては高価なプレゼントやイベントを、結婚においてはブライダル産業が提供する商品やサービスを、友達との会合にも素敵なカフェやレストランを利用し、それらの商品の反射するエネルギーによって交際の高みを維持するわけです。そこでは商品が社交に対してとる関係は装飾となります。

これに対して物事の内実に入り込む快楽主義においては、商品、もしくは〈ものごと〉そのものの内部で社交がおこなわれます。洋服を再生させるセンス、古い家をリノベーションする技術の共有、ダンスを洗練させる改善の余地、そうしたさまざまな〈業＝事《わざ》〉を相互に練磨する素材として〈ものごと〉が機能するのです。そのとき人びとは、ものごとの心を把もうとすることを通じて、同時に自我の固い殻を薄くし、結果的に他者の心にも触れることになります。〈もの〉のもつ豊かな可能性に誠実であろうとすることが、計算する武装した自我を溶かして、人びとの心を裸にするのです。そのとき〈ものごと〉は社交を装飾するのではなくて、社交の具体的あり方を引き出し発展させる超越の契機として機能するわけです。そこでは〈ものごと〉が社交に対してとる関係は内在的な超越となります。

かつてプロテスタントの人びとにとって聖書を読解するサークルはそのまま信仰の共同体を意味しました。人びとは神の心を把もうとして聖書を読む交わりを営んだのです。そこで神や聖書は人々を結びつける超越的な媒体としての役割を果たしました。次々と新刊を買い込んではそれをひとりで読み飛ばしていくよりは、聖書がそうであったように一冊の本をじっくりと仲間たちと読み込む読書サークルを形成すれば、そこで人々は自分たちが読み取ろうとしたテクストの内実に対応して社交の実質をかたち作っていくことになるのです。

たとえば中央公論社が一九六〇年代から七〇年代にかけて刊行した『世界の名著』というシリーズがあります。このシリーズは古今東西の哲学書や思想書の古典を当時の最高の研究者たちが平明に翻訳したもので、上下二段組でぎっしりと印刷され、しかもハードカバーでとても美しく、年月に耐えるようにしっかりと装丁されています。この本はいまやインターネットや古本屋でわずかな金額で購入できます。私も相当このシリーズの古本を購入しましたが、どの本も新品同様でほとんど開いた形跡がありませんでした。莫大な人的資源と労力を用いて生産され、高額をもって購入された立派な本たちが、まったく読まれることなくうち捨てられているのです。もったいないとはまさにこのことです。この本を購入して徹底的に読み込む読書会を組織すれば、たった五百円あまりの原資で人類の最高の知性に触れる至高の読書体験が相当な期間味わえるわけです。しかし多くの人々がテクストの細部とそこから広がるイマジネーションにいつまでもうつつを抜かしていれば、いま以上に新刊は売れなくなってしまうでしょう。本の業界の一員でもある私などはそんな事態にはちょっと居心地の悪さを感じます。

　このように資本主義は商品によって快楽を提供するとしても、その商品の内部へと深く消費者が沈潜して時間を消費することを好まないのです。それよりは手元にあるものをすぐに捨て去って、次の商品を消費者が購入してくれることを資本主義は望みます。つまり資本主義は快楽を中途半端な形で打ち切り、一種の欲求不満状態をつくりだし、そうであるがゆえにさらなる消費へと駆り立てるという回転性質を持っているのです。したがって消費資本主義は一見すると快楽を実現するように見えるけれども、しかしその実は快楽を挫折させ、欲望にタガをはめる側面を持っています。これに対してリビドーを解放する社交主義、つまり本書が強調したい意味でのエロティックな社会主義は、物事それ自体が持つ価値のあくなき探求を通じて、それに関わる他者とのこれまたその襞の襞をねちっこく追究する快楽を準備するのです。つまり薄い快楽から濃い快楽、表面のエロースから奥行のエロースへと移行するには、資本主義から一定の距離をどうしても取る必要があるのです。

　それでは快楽の社交主義は資本主義を打倒し、それに代わる新しい社会体制を準備すべきなのでしょうか。私はそうした二項対立や単純なオルタナティブ主義には躊躇を覚えます。というのも快楽の社交主義は消費資本主義の社会の中にすでに息づき活発に活動しているからです。その活動を高めつつ、生活の中で資本主義が果たす比重を逆に低め、それを相対化して内側から乗り越えることができればと考えます。消費資本主義が快楽によって人々を誘惑してその快楽を中断するとすれば、社交主義は消費資本主義をいわば一つの乗り物として利用し、その快楽の主張を限界まで推し進めることで消費資本主義から逆に距離を取るのです。重要なのは消費資本主義を外側から拒絶したり打倒するのではなく、その建前をむしろ推進し、消費資本主義の中に息づいている社交主義をそこからゆっくりとていねいに剥離し、資本主義から社交主義を救出することなのです。

社会の系譜学

社交という用語は、もともとのソーシャルという言葉に立ち返ってみるならば社会という言葉と同じです。自由な状態に置かれた人々がさらなる「善さ」をもとめて自由に関係性を織りなすありかたが近代の初期において社交的と呼ばれたのでした。しかしながらこのソーシャルという用語は産業資本主義が確立するにつれて異なる意味を帯びるようになります。つまり古典的な意味での自由主義国家が成立し、元々の意味での社交的な関係性（自由な合意と契約）が法によって保証されるようになると、その社交の領域は国家の管理下に置かれるようになり、社交的というよりはむしろ法的な領域として定義されるようになっていくのです。

巨大な工場を経営する産業資本主義は古典的な自由主義国家の枠内で法と契約の原理を遵守して活動します。そこで資本家が労働者をどれほど悲惨な状況に陥れたとしても、労働契約は自由な同意によって結ばれているかぎり合法的ですから資本家の経営は国家の法的な保護を受けます。警察はつねに資本家の味方です。戦前の遊郭において事実上の児童強姦が「水揚げ」の名の下に制度化されていたとしても、それが自由な契約と同意によると見なされていた以上、日本国家はそのシステムをむしろ積極的に正当化して援助し、楼主や買春者を強制猥褻や強姦罪で逮捕することはありませんでした。劣悪な労働契約に抗して労働者が団結して実力行使に出たりすると警察（国家）は労働者を弾圧します。三池闘争において警察は工場にピケを張る労働者を会社の財産権の侵害者と見なしていました。警察は資本家の所有権を守るとしても労働者のあるべき所有権を守りませんでした。また水俣病においてはチッソの工場がその排水によって漁民たちを次々と殺傷していても、その排水そのものを違法と認めない以上、工場に対する漁民たちの実力行使において警察は漁民たちを逮捕し、検察はこれを起訴しています。

つまりかつて自由に人々が関係を取り結んだはずの社交の領域はいまや強制と搾取の領域と化してしまったのです。そうであるにもかかわらず自由の名の下にそこを国家が保護するという不合理な状況が生じてしまうわけです。ここでソーシャルという概念は契約と合意という公的な領域から逃げ出して、生活を営む私的な領域へと移行します。法的には自由で平等なはずなのだが、社会的には不自由で格差があるという言い方がこうして成立するのです。いまや社会的、社会党、社会主義、社会問題というときの社会という言葉は、古典的な自由主義国家や資本主義が分泌する格差や貧困、つまり労働や福祉、差別、公害や環境破壊といった領域を指す暗い言葉となりました。

このようにして自由主義に対抗する社会主義とは、市場経済や資本主義の負の部分をコントロールするために労働規制や環境規制、経済政策を導入し、社会的格差を是正するために所得の再分配や社会福祉を充実することを意味するようになったのです。多かれ少なかれこうして古典的自由主義や資本主義は修正されて、今日では現代的な社会国家、福祉国家が成立しているといえます。いまや社会主義といえば、人々の自由な経済活動や生活に介入する、官僚や専門家による中央集権的な統制というイメージが生じることになりました。人びとの最低限の必要は満たされるが、しかし快楽とは無縁という社会主義の暗いイメージがそれです。

しかしながらもともとは社会といえば人びとの自由な交わりを指す明るい言葉だったのです。かつて社会主義が産業資本主義の悲惨を批判しそれを乗り越えると主張したとするならば、いまや社交主義は消費資本主義の限界と悲惨を批判しそれを乗り越えると主張します。社交主義という新しい言葉によって、欠乏からの自由を説いたかつての社会主義を継承し、それを新しいかたちで復権させる必要があると思われます。ものごとや他者との密接な交わり、その豊かさを基軸として資本主義による荒廃に対抗する思想こそが、新しい意味での社会主義だといえるでしょう。この社会主義は資本主義にいきなり取って代わるものではなく、はじめは資本主義の内部で、のちには資本主義をその構成要素として、それを制御しつつそれを利用するものだといえます。

こうした意味での社会主義が資本主義の内部で、それを規制するものとして機能しているもっとも身近な事例を考えてみましょう。たとえば家族や友人関係があります。自分の資本を増殖させる手段として相手を取り扱うのではなく、むしろ相互に与えあう親密な関係性がそこには存在すると思われます。稼ぎ手が経済的資源を被扶養者に贈与する代わりに、被扶養者は扶養者に対してさまざまな身体的・精神的サポートを与えます。むしろ「養われている」という事実自体が「養っている」人にその存在理由を与え、その人の価値を根底から支えるわけです。そうした社交的関係を維持するために、そしてそれが維持されているがゆえに、扶養者は労働したり資本の増殖活動に従事します。そこで社交は資本の手段ではなくその目的となっています。家庭の時間を確保するために労働時間が存在するのでありその逆ではありません。ここでは社交は資本に対して補完的でありながら同時に対抗的なのです。

アメリカや日本は資本主義が社交をもっとも強力に規定している社会の一つだと思います。そうした強力な規制があるかぎり社交は資本が想定する枠内でしか機能しえないのです。しかしヨーロッパの国々ではかなり様子が違います。たとえば工業先進国の代表といえるドイツでさえも、ごく普通の労働者が夕方には家に帰り夕食を家族と取ります。毎年数週間の長期休暇も当たり前です。この場景を肉眼で目撃するだけでも残業や超過勤務に慣れ切った都会の日本の労働者には衝撃的です。ドイツでは日曜日には大都市でもほとんど全ての商店が閉まってしまいます。レストランや映画館は営業していますが、しかしそれでも日曜日がお買い物の日であることに慣れきった日本人はそのことに驚きます。まさに書き入れ時に休んでしまうのですから。

日曜日には人々は教会に行ったり、お弁当を作ったり、フルーツを携えたりして公園でひがな一日過ごしたりするのです。レストランは高価ですから庶民は誰かの家に集まってパーティーを催します。また通常の店舗が閉まる代わりに公園で蚤の市が開かれます。日本に比べて人々は不便でやや退屈なのかもしれませんが、だからといってとりたてて不幸なわけでもないようです。資本が与える刺激という点では退屈であるとしても、人々はかえって感受性を高め、ものやひととのコミュニケーションの技術を磨くことでそれを乗り越えているように思われるのです。このようにヨーロッパの国々は日本と同じ資本主義の国でありながらも、それを内側から限界付ける社交的規範と、その社交を保障する社会的条件を日本より強力に確保していると言えるでしょう。

資本主義の濃度

まずもってキャピタルとしての資源（実体）が存在し、その増殖の手段として様々な関係性を織りなしていくのが資本主義だとすれば、社会主義（社交主義）とはまずもって人々や物事のあいだに複雑な関係性を張り巡らし、そのネットワークを増殖させたり強化する手段として個々の資本を利用するものだといえます。いうなれば資本主義と社会主義とは関係の上に実体を置くのか、もしくは実体の上に関係を置くのかという点で異なるのです。しかしながら現実には両者は共存し相互に補完的な役割を果たしています。というのも資本主義は、社会の中に存在している関係性の網の目を利用しながらそれを資本の増殖に適合するように規制し、また社会主義の方も、資本の活動を関係性の増殖のために利用しつつも資本の活動を内側から規制しているからです。

したがって様々な社会において資本主義と社会主義の比率には違いがあり、それぞれには濃度があると言っていいでしょう。日本や米国のようにより強力で濃い資本主義と薄い社会主義の社会と、成熟したヨーロッパのようにより薄い資本主義と濃い社会主義の社会が存在するわけです。とりわけ北欧の国々においては日本人の私の目から見れば、資本主義は社会の中に埋め込まれていて、社会的な関係性の基盤を維持するひとつの道具として生かさず殺さず利用されているようにしかみえません。

北欧のように洗練された福祉社会を論ずるに当たって従来の論じ方の枠組みは、必要と欲望の対比であったということができます。つまり資本主義に特化した経済はごく少数の人々の際限なき欲望を満たす一方で社会の大多数の人々の必要を満たさない格差社会を形成する。しかしながら高度な福祉社会は所得の再分配を通じて無制限の欲望追求に歯止めをかけながらも、社会の大多数の人々の生活上の切実な必要を保障するものであると。

しかしながらよくよく他国の社会を観察してみれば、はるかに高度で洗練された欲望の技術がそこに根付いていることに気づかされるのです。厳しい冬に閉ざされる北欧の国々にも冬と夜の生活を楽しむ技術は溢れているし、貨幣経済という点ではさまざまな困難を抱えているイタリアやギリシャといった南欧の国々、キューバのような中南米の国々にも金銭を媒介としない社交の豊かさが存在します。それはものごとやひとの潜在的な可能性を引き出すような様々なテクノロジー（たとえばダンスのテクノロジー）の数々と、人生が豊かであることを明るく肯定するヒューマニズムの倫理です。

市場や消費が与えてくるルアーの刺激ではなく、ささいで繊細な生活の細部から健全な快楽を引き出し、これを素直に肯定し追求するこうした価値観を西洋ヒューマニズムと呼んでも良いと思います。こうした西洋のヒューマニズムを支えているのは卓越のなかで対立や問題を解消する古代ギリシャ以来の哲学の伝統であり、被造物である人間の核心に神的なものを見出して人間の生命力の発現を神への信仰と結びつけた、宗教的な背景をもつ自由主義の伝統なのです。

不生産労働の優位

とはいえこのように主張すればそれはユートピア思想にすぎないという批判が起きそうです。ギリシャやキューバにはそれ固有の塗炭の苦しみがあり、北欧やヨーロッパにも社会の停滞と行き詰まりがある。それを日本から見て美化するのはたんなるロマン主義であり現実の苦境を見ていないという反論はごもっともです。なにより新自由主義が浸透する現代の日本においては大多数の人たちが生計を維持するためにやっとのことで必死で働いているのです。

しかしながらそんな日本社会においても無償もしくは軽度の労働で生活の基礎的条件をまかなっている人は膨大な数存在しています。乳幼児やこども、リタイアした高齢者、恵まれた学生、親の収入や年金で暮らしている人、遺産の相続を受ける人、不動産や金融資産で生活している人、地主、生活保護をはじめとした福祉政策の対象となっている人などです。専業主婦もまた育児や家事や介護といった仕事が過重でないかぎりこの部類に属するのかもしれません。そのような人たちは現代社会における有閑階級を形成しています。

こうした現代の有閑階級はヴェブレンがそれについての本を書いた時代とは異なって決してたん

なる特権階級、つまり社会の少数派ではありません。総務省統計局の労働力調査をホームページで閲覧すると、[78]二〇一六年現在の就業者数は六千三五一万人です。二〇一五年の日本の総人口は約一億二七〇〇万人ですから就業者は人口全体の約半分にすぎません。だとすれば生産力の上昇の程度や社会の様々な条件を勘案しながら非就業者の数を増やすか、もしくは就業者の労働を軽減して就業者を非就業者へと質的に近づけることはそれほど空想的な絵空事ではないと思われます。

しかしそんなことをすれば社会が成り立たないと思われるでしょう。なぜならいまでも働く人に働かない人が一人ずつ吸い付いてようやく社会が成り立っているのに、これ以上働く人間を減らせば社会の大黒柱が根元から食い荒らされていずれ倒壊するように思われるからです。むしろみんなが豊かになるには逆に働いていない人を働かせて一億総労働社会にしなければならないように思われるかもしれません。

そうした思い込みの背後にあるのは、就業者ひとりが形成する富によってもう一人の有閑人間が養われているというタガメ図式[79]です。だが今日の社会の実状を見るかぎり実際はそう単純ではないのです。なぜならば就業していない人たちはたんに就業者の生き血を吸って生きているのではないからです。そうした生き血を吸うタガメ図式が社会全体において成り立つのは生産力が不足していて社会に富が希少である社会においてのみです。

一八世紀のイギリスの経済学者であるアダム・スミスは『国富論』において「不生産的労働」という概念を導入しました。[80]十八世紀前半のイギリスでは富といえば国王や貴族、教会が所有する貴金属や贅沢な奢侈品のことを意味していました。社会の特権階級は貿易を通じてそうした「富」を蓄積することが国富を増強することだと信じていたのです。これに対してスミスは国民の富はそうした贅沢品ではなく「生産」に役立つ有用な生活物資、つまり資本の蓄積によって計られるべきだと主張しました。有用な生活物資とはスミスによれば人びとの生活に直接役立つ食料や日用品を意味しています。有用な日用品は人々を養い、ひいてはその人びとの労働と生産活動を可能にします。だからこそ日用品は特権階級の奢侈品とちがって国民の真の富と言えるのだというわけなのです。

スミスはこうした考えに基づいて生産的労働と不生産的労働を区別しました。生産的労働とは先述の通り、人びとの生活に直接必要な食料や日用品を生産する農業や工業の労働です。これに対して不生産的労働とはそうして生産された富をたんに消費することによって成立する労働、召使いとか学者とか政治家や聖職者がなす労働です。不生産労働は社会にとって不必要な労働だというわけではかならずしもありません。とはいえ生産的労働は資本を生産するがゆえに国富の増強に役立つのに対し、不生産労働は日用物資を消費して国富を減少させる性質をもっています。したがって全体としての国富をそのどちらの労働に割り振るか、その比率によって国富が増えるか減るかが決まるとスミスは考えたのです。ここでは生産労働は社会のいわば「穀作り」、不生産労働は社会のいわば「穀潰し」ということになります。これは基本的にヴェブレンのいう産業とビジネスの対比に対応しています。

非就業人口に対する所得保障の強化やベーシック・インカムの議論に対する批判は、こうしたスミスの考え方にその源流があります。貨幣を生む人に課税してそれを貨幣を生まない人々に再分配することは社会福祉の観点からある程度はやむを得ないとしても、その再分配を際限なく強化していけばその再分配を支えている根っこ、つまり生産労働という根っこを枯らしてしまうという批判です。

国家は企業や国民の経済活動に課税することで財源を確保します。現代の税務署は貨幣を仲立ちとしない物々交換には原則として課税しないので、ここでいう経済活動というのはあくまで貨幣経済を意味しています。課税によって得られた財源が当の貨幣経済を促進する社会的基盤に投資されるとき貨幣経済の規模（総額）は成長します。国家の再分配政策によって経済成長が促進されるとき、さらに国家の税収は伸びることになり、さらに強力な再分配が可能になるわけです。だとすれば所得保障や福祉政策は資本主義の強力な成長が可能であるかぎり維持されることになります。これに対して社交主義が主張する非生産的人口全体への所得保障（社交保障）は、貨幣経済を促進しない社会的基盤への投資を含みますから、結局は貨幣経済の縮小を招き最終的には挫折するのではないか。この批判は実はアダム・スミスの生産的労働と不生産的労働の議論と同じです。富をたんに消費するだけの不生産的労働に国富を振り向ければ国の経済規模は縮小してそれだけ国富は減少するという議論がそれです。

老人福祉とは枯れ木に水をやるようなものだといった政治家がかつていました。ちなみに最高善はそれ自体として最高目的であり何かの手段ではないから、そういう意味では最高善は「枯れ木」です。最高善にうつつを抜かしていると個人も国家もその根を枯らしてしまう。スミスだけでなく多くの経済学者の頭の中を依然として支配するのはこの論理です。しかし見方を変えれば最高善が実現している状態は枯れ木ではなく、まさに花咲き誇る状態ということもできるのです。

とはいえこうしたスミス的な図式は、繰り返しになりますが、生産力が低く富が過少である産業資本主義以前の社会においてもっともよく妥当するものなのです。今日の社会においては逆に生産力と富は過剰です。現代の社会においてスミスから学ぶことができるとすれば、生産的労働に富の源泉を見ようとした存在としてのスミスではなく、不生産的労働の産物である特権階級の奢侈品のみを富とみる重商主義の見方に抵抗して、むしろ生産的労働と不生産的労働の適正なバランスをとろうとした存在としてのスミスだといえます。スミスの言うとおり、たしかに法律家や政治家や宗教家やその召使いの人口とその収入が、農民や職人のそれに比べて著しく大きな社会は貧しくなるでしょう。しかし逆に法律家や政治家が存在しない社会においては農民や職人の労働を十分に有効に活かすことはできないのです。つまりすでにスミスの議論において不生産的労働こそが生産的労働が成り立つ条件を形成しているとも言えるのです。問題は両者の適正なバランスなのです。

今日の生産力が過剰な社会においてはこの両者の適正比率は産業革命以前のスミスの時代よりもはるかに不生産的労働の側に傾いています。今日の社会においては就業していない人たちこそ逆に就業者の就業条件を作りだしているといえるのです。なぜなら生産に対して需要を作り出す役割を生産していない人々が担っているからです。もし就業していない人たちが日本社会から消え失せてしまったとしたら、就業者はいまの二倍の取り分で豊かに暮らせるでしょうか。決してそうはなりません。なぜなら仕事がなくなってその人たちの就労それ自体が脅かされてしまうからです。

私が生計を得ている大学という教育産業も同じです。大学生や予備校生といったある種の有閑階級が社会から消滅し、高校を卒業して直ちに労働する効率的な社会に取って代わったとすれば、大学に関わる産業はこの世から消えてなくなります。全国の七〇〇を超える大学が廃校となり、数十万人の教職員が失業し、それに関連する産業のかなりの部分が消えてなくなるのです。それはおそらく日本経済全体に途方もない悪影響を与えることでしょう。福祉や医療産業についてもまったく同じです。いうなれば「穀潰し」がいるから「穀作り」が可能となっているわけです。「穀潰し」を一掃した極限的に「効率的」な社会においては、倍増した高卒者にも十分な仕事が行き渡ることなく、そのかなりの部分は失業者となるほかないと思われます。

つまり現代の日本社会においては労働によって形成された貴重な富が有閑者によって浪費されるというタガメ図式は単純には成立しないのです。むしろ逆に有閑者の貴重な消費によって労働の条件が形成され、それによって労働者が「養われている」側面がより強くなりつつあるといえます。「枯れ木」こそが「生き木」を活かしているのであり、社会の主要な問題は供給力ではなく需要量なのです。全体としての総需要の伸びが頭打ちとなる社会において労働生産性がこれまで以上に高まって社会の生産力がさらに向上するほどこうした傾向は強まります。これから先、ロボット技術が進歩して生産性が飛躍的に向上すれば、誰が働くのかではなく誰が消費してくれるのかがますます焦眉の問題となるでしょう。したがって今後ますます必要となるのはいかに人びとに（従来型の）仕事を与えるのかではなく、そうした仕事がなくてもいかに人びとが消費できるのか、つまり豊かに暮らしていけるのかという問いへの転換なのです。

これからのあるべき社会とは、ありあまる生産力とますます高まりゆく生産性をもって就業者の労働をさらに効率化し、もって就業者に余暇時間を与え、それと同時に就業していない人に十分な物資やサービスをスムーズに供給できるような社会です。資本主義は産業革命の時代から需要の不足に悩み続けていました。産業資本主義は恐慌を引き起こし、それに対応するため帝国主義へと陥り、ひいては世界大戦へと突入して、自国や他国の人命とインフラを大規模に破壊することでふたたび需要を創造してきました。そして消費資本主義はこうした全面的破壊を回避するとしても製品を次々と廃物化することで生きながらえてきました。つまり資本主義はつねに破壊によって前進してきたのです。かつて日本の高度経済成長が朝鮮戦争を契機としたことを指摘するまでもなく、また最近ではショック・ドクトリンの現実をみるまでもなく、破壊と災厄こそが資本主義を生きながらえさせてきたのです。

極限まで生産力が発展した今日の社会において、これまでのような貧富の差と戦争と公害を回避して資本主義が生き延びるには、破壊ではなく、就業していない人口を十分にゆたかにゆとりをもって生活させるところに需要の前線を求めるほかありません。そのための社交保障制度を整えて生産力のはけ口を制度化しなければなりません。今日の社会において育児と教育と介護はもっとも非効率で時間がかかる営みです。過剰化した生産力をここに振り向けなければ出生率はさらに低下し、資本主義の生命線である労働人口、需要人口の再生産がそもそも不可能になってしまいます。スミスのいう生産的労働への傾斜配分は今日では育児と教育、そして福祉と文化という不生産的労働にこそ向けられるべきなのです。

寄生と労働の弁証法

かつて産業資本主義の時代にもっとも重要なものは労働であり労働する人間の精神と身体でした。なぜならそこでは労働こそが価値の源泉だと考えられたからです。これに対して労働することなく他人の労働の成果を横取りして生活する人々は寄生者とよばれて蔑まれました。アダム・スミスの古典派経済学やかつてのマルクス主義においては、特権階級となった聖職者や時代遅れの貴族といった人々だけでなく、地代や家賃によって生活する地主や、利子生活者、知識階級、(とりわけマルクス主義においては) 管理職や経営者ですら、労働者の労働に寄生する存在であるとして否定的に評価される傾向がありました。そういう意味ではマルクス主義はアダム・スミスの正当な嫡子だったのです。

したがって産業資本主義の時代においては自らが価値の源泉であることを労働者たちが自覚して団

結し、社会に巣食うそうした寄生虫どもを追放し、価値の生産者にふさわしい地位と待遇を回復することが社会革命を意味したのでした。そのための決戦がゼネラル・ストライキです。ゼネストこそ、労働者たちが価値の最終的な生産者であることを寄生者どもに思い知らせる決定的な契機だとマルクス主義は考えていたのです。付言すればストとスト破りとの攻防とは価値の生産者が労働者であるのかそれとも労働を組織する資本家であるのかを決める戦いだったといえるでしょう。こうした状況は戦後の日本では高度経済成長期から三池闘争を経て一九七〇年代まで続きました。

これに対して消費資本主義の社会においては価値の主体はもはや労働者ではなく消費者です。価値の源泉とは社会的に有用な労働によるとマルクスは述べましたが、その有用さを決定するのはいまや消費者の選択です。市場における消費者の購買行動、商品を選択する行動こそが、どの商品に、つまりいかなる労働に価値があるのかを決定するのです。ただ消費するだけの存在はかつて寄生者と呼ばれました。しかし商品の供給能力が需要をはるかに上回る世界においては、消費者、つまりかつての寄生者こそが膨大な商品群を目前として、そのうちの〈何が生産であったのか〉を決定するのです。たとえば新刊を新刊書店で購入することは本の出版（生産）にダイレクトに関係します。そこで消費者は何が社会的に有用な労働であったかを出版社や著者に対して顕示します。消費者が選択した本の生産は社会的に有用なものであり価値を形成するが、選択しなかった本の生産は社会的に無用であり、まったく何らの経済価値も形成しないたんに私的な労働になるわけです。そこでお客様は何が生産であり誰が生産者であったかを決定する神様です。こうしてリビドーの投射こそがそのままに生産の社会的な有用さを生む決定的な労働となり、寄生者という存在そのものが原理的に消滅したのでした。

したがって消費資本主義の社会においては社会変革の主体はまずもって消費者であり、ひいてはその消費者の消費行動を操作しうる流通やマスコミ、広告代理店や情報産業ということになりました。これらの情報産業は消費者のリビドーの誘導役、その操作者だと考えられました。こうした状況は日本では主に都市部において一九七〇年代から二〇〇〇年代すぎまで続きました。

これに対して今日の社会においてはその消費がもはや市場から距離を置きつつあります。つまり何が社会的に有用な労働であったかを決定する役割から消費が離脱し、それゆえに労働や生産との関係性をますます希薄化しつつあるのです。たとえば古書店や図書館である特定の本をどれだけ回転させたとしても本の生産にそれが直接関係することはありません。また一冊の哲学書を何ヶ月もかけて読書会で濃密に読み込んだとしても、その間、その本の売り上げが伸びるわけでもありません。ここでは読書体験が本の生産から切り離されているわけです。

たとえば住宅を地元の大工さんや友人たちと一緒にコツコツとリノベーションして家づくりを心底楽しみ、家の構造をすみずみまで理解し、家それ自体を味わいつくしたとしても、それが住宅メーカーや工務店の売り上げに直接関係することはありません。住みかをつくるリアルな経験が家の産業的生産から切り離されているのです。おなじように雑貨を蚤の市やバザーで売り買いしても、新しい雑貨の生産とは何の関係もありません。むしろ古い味わいのあるものにこそ価値があるという考えが社会の主流になれば、雑貨の生産の障害となることすらあるでしょう。

もはや人々は商品の消費者ではなくて物事の享楽者になりつつあります。つまりいかに物事にリビドーを投射しそれを回収したとしても、その快楽は生産の経済に影響を与えないのです。こうした享楽経験は現在の生産にフィードバックすることはもはやなく、過去の生産物や生産関係に寄生しているといえるでしょう。

自ら生産することもなく、また生産を規定する消費に手を染めることもなく、既存のもの、いまそこにあるものをたんに利用する。これをさしあたり寄生と呼ぶことができるでしょう。この寄生のテクノロジーを磨き上げることがこれからのリビドー経済の主流を形成するのだと思われるのです。なぜならば世界は明らかに生産物で溢れかえっており、需要の充足に伴って生産関係が過剰化しているからです。その過剰を帝国主義戦争によって解消しようとしたのが産業資本主義であり、人々のリビドーの操作によって解消しようとしたのが消費資本主義でした。その二つの資本主義の飽和とともに、リビドーはついに生産から離脱して純粋な消費、純粋な社交へと次第に撤退しつつあるといえるのです。人々は寄生することで廃物と化した商品を有効利用します。それは産業的生産から切り離されてはいるが、その消費行為によって無効な商品を有効化しているという意味では生産です。この意味で寄生とは純粋な消費であり同時に純粋な生産なのです。

万国の労働者よ、寄生せよ

二〇〇〇年代の一時期、山田昌弘氏が提唱したパラサイト・シングルという概念が流行したことがありました。これは学校を卒業しても親の家計から独立しない若者を指す言葉とされています。この本が出版された当時は、パラサイトする若者は正社員のいわゆるＯＬなどが典型的であり、親の生活インフラを利用して豊かさを謳歌する階層を指していました。しかしその後には若者の雇用環境が変化し、いわゆるニートやひきこもり、派遣労働が増加すると、いわゆるパラサイト・シングルは正社員という身分を剥奪され、たとえ就職しても生活の基礎的条件を自前で賄えない若者を意味するようになったのです。若者たちはいつまでも実家にパラサイトせざるをえずにそのまま中年となり、ひいては年老いた親の年金で中年となった自分を養うという状況も生じました。こうした現実を背景にパラサイトという概念は、豊かさから困窮を示すものへと意味を変化させながらも、二〇〇〇年代を生き続けたのです。

この概念が流行した当時としてはいずれにせよパラサイトの概念は否定的なものでした。若者は経済的・精神的に自立しないまま年をとるわけですから、将来両親の世代が彼らを養えなくなったときに大きな社会問題化するのではないかと論じられたのです。これ以外にも若者が晩婚化することで少子高齢化がさらに進行し、また世帯として独立しないことによって内需の縮小に拍車をかけ、優秀な労働力が減少して国力が低下するといった議論もありました。とにかくパラサイトはかつてアダム・スミスが批判したように、独立精神の喪失と生産力の低下という、不生産的労働を象徴する否定的で克服すべき問題だと受け止められていたのです。

しかしながらパラサイトか自立かという二者択一は今日の社会においてすでに大きく揺らいでいます。たとえば若者のパラサイト先である父親がサラリーマンであったとしましょう。しかしその父親は本当に経済的に自立しているといえるのでしょうか。むしろその父親こそ会社にパラサイトしているのかもしれません。

たとえその父親が自営業者であったとしても、彼はお得意さん、つまりはその時々の市場の動向に依存しているといえるでしょう。というのも独立した自営業者といえども市場の状況が変わってしまえばたちまち経営に行き詰まってしまうからです。だとすれば自営業者の父親が持ち前の営業力によって得意先を確保し、利益を上げて生計を維持しているとすれば、若者もまた両親との関係を良好に保つ努力をしてさまざまな生活条件を確保しているといえるはずです。父親は市場で貨幣を獲得しています。これに対して若者は家族の中で現物のやり取りをしています。しかしながら双方とも経済であるという点では両者の間に本質的な違いはないのです。

このように考えればある状態が自立しているかパラサイトなのかは視点によるといえそうです。会社員は家族に対しては経済的に自立しているが、会社に対してはパラサイトしている。自営業者は会社に依存していないけれども、時々の市場動向にパラサイトしている。若者は親やパートナーに経済的にパラサイトしているが、会社にも市場にも直接従属しているわけではないといったようにです。

しかしながらそうはいってもいわゆる外で働いて稼いでくる大人と、家に引きこもってその収入によって生活している子どもを同一視するのはいかがなものかという反論もあるでしょう。生産や流通の中枢で汗水垂らして働いている労働者と、その人々が納めた税金で扶養されている福祉対象者をどちらも生存条件を外部に依存しているという点で同様に寄生者だとする議論は乱暴だと考える人もいるかと思われます。生存条件として何かを必要としているという点では同じだとしても、その必要のありかたが違う。一方は能動的な活動によってそれを調達しているのに対し、他方は他者の生活基盤に受動的に従属し、自分の運命を他者にゆだねているように思われるのです。

そこで自立か寄生かという対立軸に代わって、ここでは依存か寄生かという軸を導入したいと思います。依存も寄生も他者を自己の生活の条件としているという点では同じです。ここで依存とは選択の余地なく他者の生活条件に拘束された状態を指します。したがって相手先の状態が変動すれば自分の状態もそれにつれて強制的に連動することになります。依存においてはそこから抜け出すことは困難であり、したがってそこには自由も恒常性もありません。この意味で乳児は親に依存しているといえるでしょう。また麻薬のような薬物がなければ生きていけない状態も依存です。なぜならその依存状態が自分の生存戦略に不利になることが明白だとしてもそれと手を切ることができないからです。薬物に依存することによって薬物の供給者に依存してその支配を受け入れることになります。依存の相手先を複数にし、より多くの依存先に依存するかたちで危険を分散しても基本的にこの状態は変わりません。一つの薬物に依存しないようにと次々に薬物を乗り換えたとしても、また複数の薬物に同時に手を出したとしてもそれが依存であることに変わりありません。そこに自由はなく、むしろその状態は自分の自由の余地を破壊していくのです。

これに対して寄生とは自らの適応戦略の手段として相手先をある程度自由に選択している状態です。したがって状態が悪くなれば相手先を変更して自分の恒常性を保つことができます。ある薬物が身体に悪いとわかって別の薬物に切り替えることもできるし、それをやめることも、また整体やスポーツなど別の手段をとることもできる状態がそれです。寄生の相手先は一つであってもいいし複数であってもいいのです。問題はそこに戦略的で自由な選択の余地が存在するかどうかなのです。

成長した若者が親の庇護のもとで生きるとき、何かやりたいことがあってそれを維持するために最も好適な条件として親元での生活を主体的に選んでいるとすれば、それは依存ではなく寄生です。というのも若者は親との関係が自分の目的の障害となればより好適な条件を求めて自分の生存条件を自由に変更できるからです。しかし逆にその変更可能性がなく、その関係性がお互いに良い状態を作り出さないことが自明となったとしても、その関係から抜け出せないのならそれは依存です。

このように考えるなら、もし父親が会社を自分の生活条件としているとしてもそこに依存しているのか、それとも寄生しているのかを区別することができます。後者であるかぎり父親は自らの自由を根底から失っているわけではない。自営業者と市場の関係もまた同様でしょう。ひとは生物であるかぎり自然環境や社会環境を自らの生活の条件とせざるを得ません。その意味ではひとは何かに「依存」せざるを得ません。しかしその依存が戦略的かつ主体的に行われ、そのために自由な選択の余地があるかぎりそれは寄生と呼ばれるべきです。

ある関係が依存状態か寄生状態かはその関係が良好なときにははっきりとはしません。その関係が悪化してもなおその関係が維持される場合、そこには強制の要素、つまり依存があることになる。したがって「共依存」というのはある関係がおたがいを苦しめて自由の余地を奪い、双方を破滅させかねないことが自明となったとしても、その関係から両者が心理的に抜け出せない状態です。これに対してある関係がお互いの利益にならない状態になったときに、その関係が自発的に解消されるのならそれは寄生だということになります。良好な「共寄生」状態が維持されている場合、共依存とは異なって、お互いがお互いから利益を得つつ自立した自由な状態を保っているといえるのです。快楽の社交主義に参加しようとする大人は依存状態から離脱して、むしろ戦略的な寄生の技術を磨く必要があるといえるでしょう。

最近のビジネス書などでは不安定な雇用条件に対して個々人が究極的には個人事業主としての気概を持つべきだという議論も数多くあります。いわゆる究極的な自己責任論です。寄生的戦略の観点から見ればそれはそのとおりなのですが、しかし労働者は個々人としてその生存戦略を考えるだけではなく、むしろ団結して寄生が十分に可能となるような労働条件や社会的な諸制度の整備を要求すべきなのではないかと思います。世の中の生産手段を維持するためではなく、その生産手段を主体的に利用して自由になるために人間は労働しているのです。だとすればワレワレをして生産手段に寄生せしめよという要求はまったくもって正当です。このように考えれば人間の自由にとって重要なのは依存を排して寄生を選ぶことだということになります。

しかしもっと突っ込んで考えてみると事柄はそれほど単純ではありません。依存ですら絶対悪ではないのです。逆説的ですが経済的・社会的な依存者こそが強者となり、一見強者と見える存在こそが依存者に従属することすらあります。たとえば生まれたばかりの乳児は完全な弱者ですが、しかし家庭はその子どもを中心に回るでしょう。稼ぎ手は自らが厳しい労働に従事する意味をその子の存在に見いだすでしょう。親は乳児に食物を与え、その代わりに乳児は親に存在意味を与えるのです。

中世の偉大な神学者であるトマス・アクィナスが述べたように、中世においては農民は聖職者に食料を与え、聖職者は農民にその存在意味を与えるというお互いに存在を支え合う関係がありました。ただこの支え合いは対等ではなく、トマスにおいて存在の秩序として上位に位置するのはあくまで聖職者です。なぜなら農民は聖職者の動物としての腹を養うのに対して聖職者は神に由来する精神的本質を農民に与えるからです。中世においては生産労働に従事しない聖職者の方が生産する農民よりも神に由来する存在の点で上位であるとされていました。ここでは物質的基礎の点で自立していると思われる農民が物質的依存者である聖職者に存在秩序の点で従属しているのです。

しかしながら一六世紀に宗教改革が生じると修道院や教会に籠もる無為徒食の聖職者が批判され、むしろ農民や労働者の労働の中にこそ信仰の基礎があるという考え方が生まれました。近代においては存在の順序が逆転して生産に従事する労働者こそがむしろ神に近いとされ、聖職者は物質だけではなく宗教的観点からも寄生者や搾取者と呼ばれて弾劾されることになります。大地の上で耕作する者、大地に自分の足で立っている者がもっとも自立しており、存在の秩序においてもっとも上位に存するというおなじみの労働の自立性が近代においてこうして打ち立てられました。

ところが近代が終わろうとしている今日、またふたたび労働の自立性は大きく揺らいでいます。現代の生産力過剰の時代にあっては労働にその目的、意味を与えうる者こそがふたたび存在秩序の上位に位置するのです。それは消費者であるかもしれず、また労働によって扶養される者かもしれません。だとすれば現代の家庭において乳児は中世の聖職者のごとくに働き手にその労働と存在の意味を与えているのかもしれないのです。また現代の福祉社会においては病気や障害を持ったり通常の労働に適さない人こそが、その社会や国家が存在する意味を与えているという見方もできるでしょう。近代の終わりとともに誰が自立しており誰が依存しているかという存在の秩序は大きく転換しているのです。

このように考えると現金を稼いでいる人間が自立しており、その現金によって生活している人間が依存者であるという図式がもはや自明ではないことがわかるでしょう。依存者は主体的な寄生者である場合もあるし、依存者こそが自立しており、依存されている者こそがその存在の意味において依存者に依存していることもあるからです。たしかにサービス業や管理職、知識階級、聖職者や地主などが従事する不生産的労働とは、工業労働者や農民などが汗水垂らす生産的労働が産出した物的な富を消費することによって成り立つ労働です。しかし今日の社会においては物を作り出す生産システムはそれ以外のシステムに依存して成り立っています。法律はむろん、福祉や家族、教育や倫理、防衛や警察といったさまざまなサブシステムに支えられて生産は成り立っており、それらの外部条件が変わってしまえば生産の実状もまたあっというまに変化してしまうでしょう。このように今日の社会では生産そのものが非生産によって成り立つフィードバック・ループが強力に作動している以上、生産と不生産の区別は基本的に溶解してしまったといえます。生産は消費にむしろ依存しており、その消費は物や人とのコミュニケーションに依存するというかたちで、生産それ自体が依存的な性格を否応なく帯びているのです。新しいコミュニケーションのあり方、新しい消費行動、新しいライフスタイルの創出、もしくはただ生きている存在の持続といった非生産的活動こそが、新しい需要とそれに応える生産の可能性を切り拓くことはもはや論をまたないと思われます。

このように考えれば現状の資本主義経済の役に立つかどうかという短期的視点でリビドー経済を規制することがいかに愚かであるかがわかるでしょう。対象aを無限に追い求める主体のように、提供される商品を次々と購入して廃棄することにのみリビドー経済を制限しているかぎり、消費や社交の側が新しい生産の条件を作り出すことはできないのです。そうであるかぎり消費や生産は現状の生産のありかたを維持するばかりで根底的なイノベーションが発生しないといえます。

それはまた一生懸命に働くサラリーマンがその労働をもういちど可能にする限りの「レクリエーション」として「余暇」を享受するだけでは、その労働の評価がじり貧になるのと似ています。というのもその快楽はこれまでの生産をたんに反復することを目的とするたんなる息抜きであるかぎり、その生産をイノベートすることができないからです。むしろ一見役に立たない自由な遊び、つまり自分の心を耕す教養の経験こそが労働のありかたを変える発想の基礎となりうるのです。労働や生活のあり方、そのための道具を組み替えればもっと生活が楽しく豊かになるという、たえざる工夫の積み重ね、つまり再結合の悦びによってこの教養は培われるのです。そしてそのためには、既存の生産連関をたんに維持することに身を捧げるのではなく、むしろそれに戦略的に寄生して、自分自身の時間と豊かさを取り戻し、よき快楽、善き生き方をみずからの心と身体を挙げて最大限に探求する必要があるといえます。そのための勇気を持つ必要があるのです。

戦後の日本の家電業界は製品のスペックや耐久性を上げ、小型化し、故障を少なくし、しかも低価格化によって世界を席巻するほどの国際競争力を発揮しました。しかしいまでは苦境に陥っています。よく論じられているように、日本企業は家電製品を小型化したりその性能を直線的に上げたり高機能化することには得意でも、生活において製品が果たす役割を再考したり、新しいライフスタイルを提案することが不得意であると言われます。生活それ自体のイノベーションをイメージすることが苦手であるのは、人間のよりよき生き方、いうなれば倫理をそこに見通すことができないからです。倫理とは思想であり哲学です。人間はどのように生活し、どのように〈もの〉とつきあい、どのようにひとと交わり、どのように働き、どのように死んでいくべきかについての根本的な思想の欠如、生活の豊かさをめぐる教養の欠如がいまや生活技術のイノベーションを妨げていると言えるでしょう。ＩＴ産業やロボット産業だけでなく、自動車、食品、交通、リゾート、住宅、衣服といったあらゆる産業分野において、より公正であり、真の意味で豊かな生活のイメージと実感を持てるかどうかがその発展の可能性の鍵を握っているにもかかわらずです。

快楽が現状の生産に従属しているかぎり資本主義は需要の飽和とともに頭打ちになっていきます。とすれば資本主義を延命するためにも短期的には資本に役に立たないリビドー経済を、つまり物事や人との濃密な関係の試みを強化する必要があります。そうしたエロティックな社交主義があるとき資本のあらたな活動を指し示す基礎、その転てつ機として役に立つというわけです。

このように快楽を追求するリビドー経済と資本主義とは相互に対抗する関係でありつつも補完しあっています。日本社会はこの両者がおのずからとりうる最適なポイントへと自己を再調整する努力をなすべきだといえます。現状の日本社会はあまりにも資本主義や貨幣によって評価される経済活動に従属しすぎています。さまざまなサブシステムの一つとしての資本主義というよりは、唯一至高のメインシステムとしての資本主義、まさにキャピタルとしての資本主義なのです。そういう意味では現状の資本主義は資本の増殖のためになら生活のすべてを動員する資本全体主義と呼べるでしょう。資本全体主義はその外部に何も残さないがゆえに自律して運動しています。しかし資本全体主義は資本主義を延命させるイノベーションの余地、その余裕を社会から奪うことによって結局のところ自分の手足を食べるタコようなものになり早晩行き詰まります。もし資本主義が生き残りたいと思うのなら、自分に依存したり寄生する外部をむしろ積極的に養い、逆にそこに依存なり寄生なりをして、そうすることで社会を構成するサブシステムの一つという適正な地位へと席を移動しなければなりません。

ベーシック・インカムを超えて

だとすると問題は生産された物資やサービスを就業していない人に配分する具体的なやりかたに集約されます。かつてケインズや田中角栄は社会の有効需要の不足に対して、財政出動や公共事業によって需要を作り出そうとしました。そうすることで仕事がない地方の土建業者や労働者に富を配分しようとしたのです。今日ではそうした大規模な公共事業が困難となり富の再分配は生活保護をはじめとした各種の福祉政策にとって代わられつつあります。そうした延長線上に社会のすべての人々に基礎的な資源を直接給付するベーシック・インカムの議論が盛んになっています。

私はそれに大筋では賛成するのですが懸念もあります。つまりそれは給付を受ける人間の精神の問題です。毎月ATMに一定の金額が自動的に振り込まれるような社会において人間は自らの価値や誇りを維持できるでしょうか。そうした自動振り込みによって人間はその恒常性を保持できるのでしょうか。問題はベーシック・インカムのインカムの解釈です。

コミュニケーションにともなうリビドー回収と一体となってそのインカムを実現するのが理想的だと私は思います。軽労働やなんらかの奉仕労働、貨幣を生まない労働、ひいてはそこに存在するだけで需要と愛を作り出すいわば「存在労働」は何らかのコミュニケーション（社交）とセットとなって遂行されるでしょう。ひとはそこに大切な物や人が存在すると感じるだけでその存在と交流しています。そうした社交のなかで生存に必要な資源もまた配分される方がより人間的ではないかと思うのです。福祉事務所からではなく人との関わりの中で人を通じてインカムを得る。つまり人間の顔をしたベーシック・インカムです。基礎的な社交的条件の保障という社交主義の理念はベーシック・インカムの議論と結果的には同じなのですが、インカムを何らかの報酬として、究極的には存在して消費するだけで他者の役に立っている事態への報酬として、誰か特定の顔が見える人を通じて得る方が、人びとの〈存在の誇り〉にかなうような気がするのです。社交保障の理念が社交を支える基礎的条件の保障にあるとすれば、その基礎的条件もまたできるだけ何らかの社交性のなかで実現するべきだと思います。ベーシック・インカムというよりはむしろベーシック・ソサエティ、つまり基礎的な社交的単位の保障こそがより根源的な気がします。そしてそのための具体的なコミュニケーションの設計とデザインこそがこれからの社交保障の任務となると思うのです。しかしいずれにせよ新自由主義の餓鬼地獄を回避したいと思うなら、自由主義社会は既存の資本主義を乗り越えるこうした方向に向かうほかありません。逆に言えば資本主義社会はこのように変質することではじめて足腰強く持続できるのだといえるでしょう。

ここで問題にしたいのは経済成長や福祉資源の「量」ではなく「質」です。「欠乏からの自由」と「卓越への自由」の双方が実現された状態、つまり最高善との関係に対して経済成長がもつ意味が重要なのです。もっとも最悪なのが経済の量的規模が拡大しても分配が行われずに格差が拡大して大多数の人から最高善の可能性が奪われる新自由主義のパターンです。次によろしくないのが財とサービスの分配が行われるにもかかわらず、それが人びとの自由を結果的に拡大せず、人びとの最高善につながらないパターンです。困窮している人に生活保護が支給されてもそれが生活の質的向上に結びつかない消費やギャンブルに消えるといったおなじみのイメージを思い浮かべてもいいでしょう。資源が最高善を結果する「効率」が低い状態がこれです。これに対して一番望ましいのが貨幣経済の量的規模も拡大し分配も行われ、しかもそれが自由と最高善の拡大につながるパターンでしょう。しかし資本主義の量的拡大が成長の限界に行き当たる以上、この道は今後ますます難しくなります。

この三つの道のほかにもう一つのルートが残されています。それは経済の量的成長は抑制されるが社会的資源の分配が成功してそれが自由と最高善の拡大につながるというパターンです。全体として貨幣経済の規模が限界に至るという事態は、個々人においては貨幣獲得のために消費される時間を削減するチャンスを生むことになります。お金はないが時間があるというパターンです。最高善の実現のためにこの時間を利用する技術を養えば、貨幣経済の規模がたとえ縮小してもそれが最高善とむすびつく「効率」を高めることができるのです。個人の規模でこれを言い換えれば、現金収入が頭打ちとなっても時間が生まれて、生活における快楽技術が向上してその分だけ自由と幸福感が増すような状態にそれはあたります。収入総額がたとえ減少しても現金収入と最高善の変換効率の向上によってそれを補っている状態、ガソリンの供給が減っても燃費の向上で依然として快調に走行している状態です。

こうしたよい意味での効率化を実現するには、再分配される資源の支出先が間接的な社会資本から人間の成長可能性そのものへと次第にシフトしていくことが必要です。社会全体が経済成長の上り坂にある時代には公共投資は道路や新幹線や港湾など産業基盤となるインフラに向けられていました。こうしたインフラに投資するならばさらなる経済成長が見込まれ、ひいてはさらなる税収と公共投資が期待できたからです。こうして社会全体が豊かになれば、それは人々をより良い状態に導くことができると思われました。

しかし生産力が過剰となる成熟した社会においては、インフラに投資してもそれが経済成長に結びつく効率が低下します。したがってインフラへの投資は一からの巨大開発ではなくむしろ既存インフラの補修や維持、改良に留められ、その代わりに社交の基礎的条件の保障へと振り替えられるべきなのです。ここで期待される成長はもはや産業規模の量的成長から最高善へとむかう個々人の質的成長へと次第に切り替わっていく必要があります。固く巨大な物資から、生活を直接支える身近なサービス、そのサービスを実行するＮＰＯ等の育成、その労働者の所得保障へと投資先をシフトさせることが今後ますます求められるはずです。「コンクリートから人へ」というスローガンは依然として色あせていないと思われます。

問題は貨幣経済の成長か貨幣以外の快楽の追求かの二者択一ではなく、人びとの最終的な自由と快楽をもっとも高い状態に保つ経済バランスの実現です。貨幣経済や資本主義を全面的に否定するわけでもなく、かといってそれに全面的に依存するわけでもないベスト・ポイントを探り、そのポイントへと経済のありかたをシフトさせていくことが必要なのだと言えるでしょう。

成熟した社会において今後大規模な経済成長を展望することはたしかに困難です。少子高齢化や商品の成熟に従って経済規模は今後縮小していくかもしれません。しかしその後退戦において人々の最高善を求める活動を支援するならば、その支援に役立つ商品の需要も一定程度維持できると思われるのです。そのためには商品と最高善のあいだの変換効率を高めるような商品やサービスの開発、イノベーションが必要です。社交主義の社会においては最高善に効率よく変換可能な商品にはそれだけの需要が見込まれますが、逆にその変換効率が悪い商品は誰からも相手にされなくなるでしょう。そしてそうした商品やサービスをきめ細かく展開していけば、人びとの最高善を実現しつつ貨幣経済の足腰を——たとえ後退戦だとしても——一定程度維持していくことはできると思われるのです。こうした第四の細くて長い道を歩むほかに展望はないと思われます。

経済デモクラシーの系譜

生産力が過剰な社会において鍵となるのが、ものごとや他者との密接なコミュニケーション、そのエロティックな快楽であることを述べてきました。そうした快楽を実現し味わいつくす知識と技術、つまり教養の練磨こそが、質的進化のうちで展開する経済を主導するのです。ここでこうした教養の過程がこれからの政治をも導くことを明らかにしたいと思います。

これまで民主主義に対する基本的な考え方は「必要」をベースにしたものでした。貴族たちを圧迫する王に対して、自分たちの利益を守るために貴族たちが団結し、王権を制限する取り決めを王とのあいだに結んだのが憲法の古い起源です。とりわけ王の恣意的な課税に対して被課税者である貴族や市民の代表が集合して対抗するところに議会の存在理由があったのです。二十世紀になると地主やブルジョワジーたちからなる議会に対して、労働者たちが無産政党の結成や普通選挙運動を通じてその代表を送り込もうとしました。これもまたブルジョワジーが構築した体制に対抗するためでした。少数の権力者による収奪に多数で対抗する、これが経済的な意味でのデモクラシーの起源です。

民主主義の民、デモクラシーのデモスとは困窮し抑圧された多数者でした。ひとびとの切実な〈必要〉が既存の政治体制に踏みにじられるがゆえに、生存がかかった一人一人がその全存在をかけて多数を形成し、生命に発する必然性の威力によって少数者の独占を打破することをそれは意味していました。この威力によって権利は有産者から無産者へ、本国から植民地へと拡大してきたのです。民主主義とは「数の力」であり、したがって権利や利益の拡大を要求する側は「一致団結」する必要があり、そして実際にそれはかなりの程度可能でした。なぜなら〈必要〉は生理的な必然性を基盤とするがゆえに基本的に要求は誰にとっても同じものだったからです。これこそが産業資本主義の時代における典型的な民主主義の姿であったということができるでしょう。

この時代の民主主義に対応するために政治権力は、たんに市場を自由に放任するありかたを放棄し、資本主義を修正して圧倒的多数である無産者を体制に取り込もうとします。産業資本主義は需要の不足によって恐慌に陥り、貧富の格差が拡大してさらに需要の限界に直面するので、国家は公共事業と福祉政策を実施すると同時に労働者の利益に配慮して有効需要を創出し、経済成長と国民福祉の双方を一挙に達成しようとします。資本主義に対する国家の介入を認めるこうした考え方は、一般にケインズ主義や修正資本主義と呼ばれます。一九二九年の世界恐慌に対してアメリカのルーズベルト大統領が実施したニューディール政策が有名です。

戦後の日本においても経営者と労働者の対立は高度経済成長を経験すると弱められていきます。政府は産業を積極的に保護して国民の所得を倍増させ、累進課税で所得の再分配を実施し、教育や医療保険を整備し、福祉政策を実行し、公共事業を行って雇用を保障し、新幹線と高速道路と箱物といった社会資本を整備し、産業の需要を維持するわけです。資本主義をある程度社会主義化して国民の多数派を豊かにすることで政治への信任をつなぎ止めようとするわけです。

戦後の日本にとって経営者と労働者の格差以上に深刻だったのが都市と農村の格差でした。自民党、とりわけ田中派の基本政策はこの格差に対して国民の多数派であった地方在住者・出身者の利益に配慮するものでした。「票は力」であり、地方は一致団結して議員を国会に送り込み、その数の力で都市から農村へ富を還流させせました。しかしこうした政策はのちに土建国家などと揶揄されることになります。

二〇世紀末の消費資本主義の時代になると従来型の民主主義は成り立ちにくくなります。なぜなら必要が満たされない困窮した人々や自由や権利が剥脱された人々は社会の少数派になり福祉の対象として管理されてしまうからです。社会の多数派にとって必要は充足されてしまっており、多数派の要求はもはや生存の危機に基づいてはおらず、それぞれの欲望に応じて多様化して一致することも団結することもなくなりました。

多数派の市民たちにとってその多様な欲望を充足してくれるのはデモやストライキではなく、会議でもなく、選挙でもありません。それはデパートであり、マイカーであり、レストランであり、海外旅行なのです。この転換は依然として貧しさに呻吟する地方ではなく、豊かさを享受する都市から始まりました。そして政治はこの都市の消費生活を地方に拡大することを目指したのです。いまや人々は自らの欲望を市場において顕示し産業と政治に対応を迫ります。これが消費資本主義におけるデモクラシーのあり方です。投票所で一票を投じるよりはデパートで何かを買うことの方が自分の生活をダイレクトに変革し、政治をインダイレクトに変容させる。ここでは、民、もしくはデモスは、それぞれの対象aをばらばらに追求する砂つぶのような個人だということができるでしょう。

そこでの一致点といえば、このような欲望の追求を最大限に可能にする社会状況の整備、つまり貨幣と商品の潤沢な供給ということになるわけです。人々の関心は産業から消費へと移行し、工場や現場からサービスへと移ります。ここでの政治は市場功利主義もしくは民営化路線とよばれるものになります。

一九八七年に中曽根政権が国鉄を分割民営化したとき人々がそれに賛同したのは、国鉄や国鉄職員のサービスに人々が不満を抱いていたからでした。スト権ストのように労働者が団結してみずからの権利を勝ち取ろうという労働組合の民主主義の論理は「トイレが汚い」という「利用者の声」によって凌駕されたのです。生産者が生産の論理によって権利を獲得するという産業資本主義における民主主義は、消費者が消費の論理によって権利を獲得する消費資本主義の民主主義によって乗り越えられました。ここで都市の市民は企業や労働組合に所属する労働者から市場における利用者へと転換したと言えるでしょう。中曽根政権によってまずもって都市に基盤を置く労働者、つまり労働組合に組織された労働者の生産デモクラシーは壊滅的打撃を受けました。ところがその後の日本の政治権力はふたたび田中派の系譜に担われます。なぜなら地方においてはいまだ数の力による生産デモクラシーが健在だったからです。

残存する地方の生産デモクラシーを本格的に排除したのが二〇〇一年に成立した小泉政権でした。小泉政権の課題は、農村に基盤を置く旧田中派の権力を排除して都市消費者を中心とした消費デモクラシーへと舵を切ることでした。そのために小泉政権は旧田中派の権力基盤であった公共事業に大なたを振るい、その集票マシンであった郵便局を民営化しようとしたのです。小泉政権の政治手法は劇場型だと評されますが、それはまさしく消費社会における商品広告の論理、つまり魅力ある記号の創出によって人々の欲望に火を付ける手法によって追求されたのです。これは農村型の古い民主主義に飽き飽きしていた都市の消費者から支持を集め、さらには地方在住の都市型の意識を持つ有権者からも一定の支持を集めました。こうして郵便局の民営化が争点となった総選挙によって旧来の自民党の田中派は壊滅的な打撃を受けたのでした[81]。こうしてケインズ主義は市場功利主義へと移行します。しかしこの転換によって旧来のケインズ主義が担っていた都市の弱者や地方の住民の利益は切り捨てられます。その「票の力」がふたたび野党に投票することによって民主党政権が誕生します。民主党政権では小沢一郎が旧田中派の権力構成、つまり地方の地盤と都市の無産者をともに取り込む従来のかたちを継承し、その票の力で旧田中派の土建国家路線を脱却する都市型の政治（新しい公共）を展望したと言えるのですが、しかしそのことの矛盾に気づかないまま、当の小沢一郎の失脚や東日本大震災によって民主党政権は展望を失い漂流することになりました。

商品需要が飽和し消費資本主義がゆきづまっていくと、物が売れず物価が下落してデフレの世の中が到来します。消費資本主義の政治は行き詰まるのです。デフレにおいては時間が経てばたつほど手持ちの貨幣の価値は上がりますから人々はお金を使おうとしなくなり、生産・消費活動はますます停滞します。

それとともに資金を貸し付ける信用が収縮していきます。信用とは要するに時間が経てば利子をつけて資金を返還してくれると信じられる見込みのことです。しかしデフレの世の中では借金した資金で長期に事業を行い、利子を上回る資金を回収してそれを返済することは至難の業となります。逆に高度経済成長のときのようなインフレ社会、つまり作るそばからばんばん物が売れて物価が上がっていく世の中であれば事業収益もほぼ確実であり、しかも時間が経てば借金の額は実質的に目減りしていきますから容易に返済が可能なのです。デフレの世の中では借金する方にも覚悟が必要で、貸し出す方も慎重にならざるを得ません。信用が収縮するというのはそういうことです。こうした経済状況に民主党政権が上手く対応できなかったことが政権交代を根付かせる障害になったと私は思っています。

デフレの世の中に対して政府は中央銀行と連携してまずは生産・消費活動を活発化させようとして金利を下げ、紙幣を増刷してきます。つまりインフレに誘導してお金が借りやすく返しやすい状況を作って生産と消費を活発にしようとするわけです。金利が下がり切ってしまった状況で中央銀行がインフレ誘導を宣言すれば、人びとの資金は預金から投資へと誘導されます。株や投資信託、債券といった金融商品に資金が流れ込み、これら金融商品は値上がりするはずです。

一般に日本銀行が金利（公定歩合）を下げれば人々は円を売ってドルを買うので為替相場は円安に振れます。しかも円安になれば日本の株価は上がり、日本円に換金するときの外貨建ての外国債券の価値も相対的に上がります。政府は投資利益に免税措置を講じ、細々とした預金をもつ人をも個人投資家へと誘導して人びとに金融による利益を分配しようとするのです。また手持ち資金がなく投資家になれない貧しい人も、投資家が潤うことによってその波及効果で経済が活発化して恩恵を受けると主張されます。

これはいわば金融デモクラシーとでも呼べる事態です。人々は投資家（ミニ資本主義者）となって金融商品が値上がりするような政策を政府に要求し、政府はこれに応えます。いうなれば日経平均株価が政府の支持率とダイレクトに関係するような事態が生じるのです。

まさにこれは安倍政権の政策です。安倍政権は安保法制や復古主義的な憲法改正などで批判を浴びていますが、しかしその本質は消費デモクラシーの行き詰まりに対して金融デモクラシーを日本ではじめて本格的に実践しようとするところにあるのです。自民党の歴史を見てみると高度経済成長を牽引した池田内閣や、土建国家路線を実践した田中派、民営化路線を突き進んだ中曽根政権や小泉政権も、そしてアベノミクスを実践する安倍政権も、その時々の経済状況に対応して良かれ悪しかれ経済デモクラシーの根幹をがっちり掌握していたがゆえに、そのときどきの国民の支持を得てきたといえます。

これに対して自民党と対立するはずの野党は、この経済デモクラシーを担い切ることができないままその補完的役割のみを果たしたと言えるでしょう。ここに日本の左翼や左派の限界があります。もし日本の左派が時々の資本主義の実相にあった経済政策を担い切ることができたとすれば、安全保障、社会福祉や労働や教育、エネルギー政策などで自民党とは異なった方向をある程度実現できたかもしれないのです。今日でいえば消費社会の限界と金融資本主義に対応した財政・金融政策をしっかりと実践し、なおかつそのうえで新しい経済と平和主義のありかたを展望し、リベラルな憲法改正や新しい家族観、グリーンエネルギー政策、教育福祉政策などを日本の左派が提案することもできたのではと思います。

しかしそうはいっても金融デモクラシーを実践するアベノミクスにはどう考えても飽和限界がありますょ。消費デモクラシーにおいて人びとの欲望に無限に応える商品展開が飽和しつつあるように、金融デモクラシーにおいても人びとの数字増大欲望に無限に応え続けることは限界があります。たとえ金利を極限まで下げて資金をいくらでも借りることができるとしても、株式相場が上昇して人々が利益を上げたとしても、その資金の使い道が飽和している以上は金融デモクラシーが経済全体を活性化することはできません。だからといって財政出動をして公共事業を拡大して需要を人為的に作り出しても、その必要性が薄ければ国民経済全体に対するその波及効果は限定的であり、税収は伸びずに財政が悪化するだけでしょう。いかなる金融政策も商品需要の飽和状態そのものをどうにかすることはできないのです。そしてなにより金融デモクラシーが求めているのが金融相場の上昇だとすれば、いつまでも相場を右肩上がりに維持するのはまったくもって不可能でしょう。この手の金融デモクラシーは一時的なカンフル剤としての効果があるとしてもその持続は困難なのです。

しかしながら金融デモクラシーにはもう一つの道もあります。それはシュムペーターが述べたようにイノベーションに信用を与えることです。シュムペーターによれば、イノベーションは既存の生産要素を再結合することによって生じます。しかしながらその既存の要素なるものは既存の生産連関の中に組み込まれて利用されているわけです。たとえば一定の能力を持った人材とか有用な産業機械といった生産要素は資本主義的な生産連関の中ではぎりぎりまで無駄を削減され、もっとも効率が上がるように配置されてフル稼働しているはずです。そうした連関の中から生産要素を抜き出し、それをまったく新しい目的のために再結合するには既存の生産連関をストップし解体しなければなりません。これには膨大なコストやリスクが伴います。企業者は既存の生産連関を最大限の効率でぎりぎりの水準で運用してますから、そうした再結合を可能とする根本的な余力を持ち合わせていないとシュムペーターは言います。

そこでシュムペーターはその力を金融に求めたのでした。銀行家は融資を通じて工場や流通、人材などの生産連関に精通しています。そうした銀行家が新しい結合のアイデアを提案したり企業家のアイデアに信用を与えたりして、その企画に融資するのです。その資金力によって企業家は既存の生産ラインを解体して新しい結合を試みることができるでしょう。もちろんそのプロジェクトが失敗に終わることもあるでしょう。したがって企業家とともに銀行家もまたそのリスクを負わなければなりません。だがこうした与信こそが金融業における企業家精神の精髄であり、リスクをとってイノベーションに賭けることが金融ビジネスの使命であるとシュムペーターは考えたのです。

シュムペーターは金融の担い手としておもに銀行を考えていたのですが、今日その担い手は既存の金融機関や政府の補助金だけでなく、インターネットなどを通じた資金公募へと広がろうとしています。ＮＰＯなどの小さな組織が新しいアイデアによって事業を始めようとするとき、ネット上で幅広く資金を募集し、それが一定額に達したらその資金を用いることができるような仕組みが形成されています。企画が魅力的で見込みがあれば、その企画の力だけで一定の資本を形成できる時代がやってきたのです。イノベーションのアイデアとその実行可能性について公衆が与信できるとすれば、それは新しい金融デモクラシーのありかたといえるでしょう。

現在の社会において需要が飽和しているとしても、それは資本主義がその増殖の手段となし得るような商品需要に限られています。むしろ商品化しにくい需要は依然として存在し、それに対する供給は不足しているのです。たとえば教育や保育、介護、医療、福祉といった人的サービス、公共交通、環境保護、地域コミュニティの維持などの公共的な需要は依然として十分に満たされていません。これらの需要を新自由主義が商品によって満たそうとしても、商品が満たしうるのはそのごく一部であって、大多数の切実な需要はそこからこぼれ落ちてしまいます。したがっていまや求められるのは私的に購入できる商品というよりはむしろ、公共的活動におけるイノベーションです。その潜在的需要を発見し、それに対応できる人員と資材を組織し、それに経済的な信用を与える多様な動きこそこれからの金融デモクラシーのあるべき姿なのです。

快楽のデモクラシーとは何か

資本主義はこれからもさまざまにそのあり方を変えて延命を図るのだと思います。しかしこれからどのように変化したとしても資本主義は一つの内的な頭打ち状態に陥っていくのではないでしょうか。資本主義は社会を動かす様々なシステムのワン・オブ・ゼムの地位に自然に落ち着いていくのだと思います。だとすればこうした資本主義にその意味を与え、それを最高善の実現のために積極的に利用する新たな経済デモクラシーの思想を準備する必要があるでしょう。それは先述したとおり快楽を目指す社交主義です。

貨幣や商品によって快楽を追求することが困難となりそこから快楽が乖離し始めると、資本主義と密着した従来型のデモクラシーは成り立ちにくくなります。つまり商品と貨幣を媒介とした政治がひとびとの主要な関心ではなくなってしまうのです。そこで追求されるのはむしろものごとや他者や自己との直接的な関係性であり、商品世界から一定程度距離を置いたコミュニケーションなのだと言えるでしょう。先ほど述べたあるべき金融デモクラシーも公共的な空間においてたんに必要の充足だけでなく、ひとびとの社交の悦びを同時に生みだすように機能すればなお素敵でしょう。

ここでデモクラシーは事柄を仲立ちとして社交の可能性を追求するかたちをとります。たとえば先に挙げた料理のデモクラシーについて考えてみましょう。美味しいものをつくるにあたっては様々な工夫が必要です。味噌汁にしても出汁をどのように取るか、どのような味噌をどのような濃度で用いるか、その選択肢は無限にあるでしょう。それは当然のことながらやり方の多様性を生み、場合によっては対立も生じるかと思われます。しかしその対立こそが対話や競合、共同的探求の可能性を切り開くわけです。

ここでは一つの行為、そしてその行為に内在するパラメータの組み合わせこそが〈ものごとの「善」とはいかにあるべきか〉に対する一つの解釈として提示されます。いうなればひとつの料理行為はベストな味噌汁のあり方に対する一つの解釈だというわけです。しかしそれは唯一のものではなくひとによって、また同じ人でもその時々によって刻々と変わりゆくものです。つまりその「善」は複数の現実化と意味解釈の可能性を持つのです。

これは料理だけでなく先に述べた教育や福祉、医療や環境保全などの活動にもあてはまります。教育とはいかにあるべきかをめぐってその場その場での相手に合わせた対人サービスを最適化するありかた、つまりサービスを提供する人もサービスを受ける人も両者の潜在的な可能性を最大限に開花させるようなコミュニケーションの可能性は複数存在すると思われます。同様にそこには育児や介護のデモクラシーを考えることもできるでしょう。その可能性をそれぞれのやりかたで現実化することがサービスにおける「善」を具体的に解釈することなのです。

その善に対する解釈行為も複数であれば、その解釈行為それ自体に対する解釈もまた複数ありうるでしょう。こうした解釈の原理的複数性は解釈における対立を生むとしても、しかしその対立はつねに解決される可能性をもっています。対立はたんに妥協されるのではなく、より高い強度を持つ地点や方法をお互いが見出そうと努力することによって自然に解消するのです。こうした競合と切磋琢磨をつうじて解釈の対立は卓越の方向性の中で解消してより高次の解釈を生むことになります。物事に深く沈潜することで「こうするともっといいよね」とよりよき方法を提案し、その工夫の数々を積み重ねれば、その過程はサービスの提供者と享受者の双方を深く動機づけ、そこに悦びの連鎖を生むでしょう。そしてその解釈プロセスの積み重ねはその人の歴史を、つまり厚みをもった人格とそのアイデンティティを作り上げていくのです。

もちろんこうした探求がつねに幸福な結果に結びつくとは限らないのですが、しかし複数性やその対立のただなかでひとは希望を抱くことはできるのです。これがポスト資本主義の時代のリビドー経済のデモクラシーだということができるでしょう。この快楽のデモクラシーにおいては、真理や正義は、利益やイデオロギーではなく、より強い強度を生むパラメータの組み合わせを対立する双方がともに見出すまさにその地点によって定義されます。お互いがワクワクし、快を感じ、その可能性を展開できると思われるものごとのあり方、行為のあり方こそが、美しくも〈正しい〉とよばれるわけです。だとすればこうしたリビドー経済における根源的な政治の任務はこうした最適状態を追究する障害を排除し、そのための社会的・経済的自由を擁護することにあるといえるでしょう。

全体主義と何が違うか

リビドー経済や快楽の観点からこのようにデモクラシーを定義すれば当然のことながら反論も予想されます。直ちに予想できるのは人々の快楽を引き出してそれを運動の原理とするような政治体制とは全体主義ではないかというものです。全体主義とはナチズムやスターリニズム、日本の戦中の国家総動員体制のように、一つの目標のために社会の全資源・全構成員を動員し、その動員にそぐわない要素を絶滅させていく政治体制のことです。戦争や革命といった要素のためにすべての資源や人員を動員すればそこには快楽など生じる余地がないように思われますが、実態は違います。民衆、つまりデモスはそうした動員に熱狂し、それに反対する人たちをみずから密告したり迫害したりしたのです。全体主義はこうしたデモスたちの政治、つまりデモクラシーとして、リビドーの強力な動員、快楽や強度をもたらします。だとすれば快楽のデモクラシーは全体主義に容易に移行してしまうでしょう。

とはいえここでいう快楽のデモクラシー、エロスの社交主義は全体主義から依然として区別可能です。というのも前者はあくまで複数性とそれにもとづく社交を前提とするからです。これに対して全体主義は複数性を認めません。国を良くするには、人々の生活を良くするにはといった〈善〉にかかわる多様な解釈を全体主義は排除し、ただひとつのものの見方のみを許しそれ以外を禁圧するのです。全体主義が真に恐ろしいのはその「正解」をも曖昧にし、どうしていいのかわからない状態に人々を陥れ、ある日突然逮捕したり処罰したりして人々にパニックを強要し、そのパニックの恐怖によって統治を行おうとすることです。したがってそこには複数性を前提とする社交は存在せず、そこを支配するのは刺激への個別の反応だけなのです。

解釈が一つしか許されないときにはものごとの可能性を開花させる見方が固定されてしまいます。全体主義はこのように視角を刷新する可能性、イノベーションの可能性を封じ込めているので、ものごとの強度や快楽は最初は強烈でも次第にジリ貧になっていきます。にもかかわらずそのジリ貧状態に人々は緊縛されるので、その状態は結局は苦痛や恐怖に転化していくのです。全体主義やファシズムはその登場期においては華々しい快楽をもたらしますが、持続力がなく、結局は密告と秘密警察という陰惨な力による支配に堕落していくほかありません。快楽や欲望追究の自由が保障された社会に対して全体主義やファシズムは長期的に対抗できません。

功利主義と何が違うか

もう一つの反論は快楽のデモクラシーは功利主義とどう違うのかというものです。快楽を基準として政策を定めるといえば真っ先に思い浮かぶのは功利主義です。古典的自由主義の社会においてごく一部の少数の特権者に富が集中し、社会の多数派が貧困に陥っていくのに対して、十九世紀のイギリスの思想家のベンサムは「最大多数の最大幸福」という思想を唱えました。彼は快楽計算という考え方を提唱して社会全体の快楽を最大化する社会の枠組みを正当化しようとしました。ベンサムはその具体的な方策として、個々人は自分の幸福の最善の判定者であるから政府や他者からの不当な干渉を排除して個々人が好き勝手にその各々の幸福を追求できるような社会システムを立法によって作り出すのがよいと主張したのです。[82]

二十世紀の功利主義はこのようないわば各人任せの態度からさらに踏み込んで、個々人の快楽量を数量化し、それを人数で掛け合わせて、社会全体の効用（快楽）の総和がより高まる場合に限って特定の政策を正当化しようとしました。たとえば高所得者から累進課税によって税金を徴収し、福祉政策によってそれを低所得者に移転する政策（立法）は、それが社会全体の幸福総量を高めるかどうかによってその成否が判定されるのです。貧しい人に一万円が実現する快楽量は高所得者に一万円が実現する快楽量より大きいと言える（限界効用逓減の法則）ので所得を移転すれば社会全体の幸福総量は増大すると考えられます。したがってこの政策を功利主義は正当化できるというわけです。

しかしこの考え方はひとつの前提の上に成り立っています。それは社会の各メンバーの快楽の感じ方、つまり効用関数が基本的に類似しているという前提です。限界効用逓減の法則に従えば、その人に資源（米）を配分するにつれて、単位資源あたりが実現する効用（たとえば米一キロがその人に生む快楽や幸福の量）は次第に低下していきます。それがどのように低下するかを示すグラフを効用関数と呼びます。この効用関数が各人の間で類似しているという前提に立つがゆえに所得の再分配が正当化されるのです。こうした快楽計算が説得力を持つのは、その効用が基本的には〈必要〉に立脚しているがゆえです。たしかに高所得者の米一キロは飢えた人の米一キロとまったく価値が違います。しかしそうした比較ができるのはカロリーが満たされれば人は食料を〈必要〉としなくなるという生理的な普遍性がそこに存在するからです。

これと並んで功利主義はメンバーそれぞれにとって各人の時間が基本的に同質だということを前提としています。この前提は精神分析のいう現実原則と深い関係を持っています。いまここで一万円を消費することを思いとどまれば、明日一万五千円を手にすることができるというとき、今日の自分と明日の自分が比較されています。その両者が基本的に同質であるときにはひとは計算して今日の一万円を我慢して、明日の一万五千円を選択するでしょう。それが可能となるのはどちらの時点においても人は同じような資源を同じように必要とするという通時的な等価性、時間の同質性の前提があるからです。高所得者のいまの時点で高い税を徴収し、それを低所得者に明日配分する政策が功利主義によって正当化されるのは、高所得者と低所得者のそれぞれにとって今の時間と明日の時間が等価であり、なおかつ両者の時間が等質であるという人間としての普遍性を前提するがゆえなのです。

これに対して「欲望」を中心とする社会においては功利主義の快楽計算はほとんど役に立ちません。

フィギュアコレクターがいかにたくさんのフィギュアを収集しているからといって、その一つのフィギュアによってコレクターに実現される快楽量が人形をまったく持っていない普通の人にとってそのフィギュアが実現する快楽量と比べて少ないとはいえないでしょう。限界効用逓減の法則がフィギュア収集に妥当しないとすれば、フィギュアの再分配も正当化できません。金銭にしても欲望ベースでそれを見る場合、自分の莫大な資産にフェティシズム的な執着をみせている守銭奴にとっての一万円の価値がごく普通の庶民にとっての一万円の価値より小さいとはいえないのです。

同様に欲望は通時的な普遍性を前提できません。今夜高級ホテルで彼女とのエロティックな時間を十万円で過ごしたいと欲望する人にとって明日十五万円を手にしても意味がないのです。欲望にはいつでも同じ資源を必要とする同じ人間という通時的な等価性がありません。だからこそ〈欲望の経済〉においても高利による消費者金融が成立します。それが通算して損失を被ることが事前に明白でも、ひとは今の欲望のために高利貸のＡＴＭから現金を引き出してしまうのです。

必要から欲望へと社会が軸足を移すにつれて快楽計算という功利主義の中枢装置が上手く働かなくなり、功利主義はその有効性を次第に低下させていきます。これに対して欲望のデモクラシーは、快楽「計算」ではなく、そのときどきの刹那の「実感」や「充実」を重視します。対象が発揮する刹那の強度、これにむきあう主体の充実を可能とする関係性、これを保障する制度を要求するわけです。

高価なフィギュアコレクションや十万円のエロティックな夜といった例え話はどうやら消費社会の欲望のようにきこえてしまいます。欲望のデモクラシーはそうした欲望をことさら否定はしませんが、しかしながらそうしたものでは満足できないのです。というのも市場で買って得られる快楽より、フィギュアを自分で作って相互に批評したり、彼女や彼氏と心身ともに持続的に生活の中で濃密に関わる快楽の方を優先するからです。

ここでは別の例として大学を考えてみましょう。大学は、市場主義的にも、功利主義的にも、また欲望のデモクラシーのもとでも、その〈善〉のありかたをそれぞれ解釈できます。大学の市場主義的な解釈とは、学生は自己の資本としての価値を高めるために、教員は金銭の対価を得るために、つまりそれぞれの利益のために対等な契約関係をつうじて授業料と学識を交換する場だというものです。

また功利主義的な解釈としては、国家のレベルでは、大学で生み出される知識や教育効果は社会全体にいずれ還元されるから、国家が大学に補助金を出して有為な人材を育成するという大学観が成立するでしょう。個人のレベルでは、学生がいま刻苦して努力するのは将来の自分の幸福のため、ひいては国家の発展のためということになるのでしょう。教員もまた学生を教育して学問を研究することが自己と社会全体に利益をもたらすがゆえにそれに従事することになります。

これに対して欲望の大学を支えるのは、知識や真理を探求して何かを作り上げていくときのそのときどきの快楽、その喜びです。ことがらと向き合い、教員や仲間たちとの関係の中で、自分の眼の前につぎつぎと新しい世界が開かれ、これまでの自分のあり方が刷新されていくワクワクとした瞬間の連続、これが欲望の大学のイメージです。これは正規の授業や演習にとどまらず学生独自の活動、寮の自治活動や学祭の実施、サークル活動全般にいえることです。解釈多様性とその切磋琢磨を通じてリビドーの最高の充実を図る、こうした快楽プロジェクトの総体こそが大学であり、この多様性と発展を擁護する社交保障こそが大学の制度だということになります。

最近では中期計画・中期目標を設定し、それを実現するため、カリキュラムの標準化、達成目標の明確化、そのためのシラバスや評価の精密化、学生による授業評価などが導入されています。そうしたいわゆる大学「改革」の方向性は、大学を一つの工場のように再編成しようとする意図によるものです。とりわけ工学系の学部に導入されているジャビーによる教育課程の標準化は、工場における品質管理をモデルとしています。大学を人材育成工場と見なし、それぞれの教育工程を標準化して精密化し、一定の品質の人材製品（たとえば建築学生）を一定の時間で一定の数だけ生産しなさいとでもいうように。これは消費社会における大学のレジャーランド化に対抗して産業社会の工場のイメージで大学を再編するものです。功利主義はもともと産業社会の産物であり、テイラーシステムに見られるように労務と生産過程を秒単位で管理し、労働と工場を極限まで効率化することが労働者と社会の幸福を結局は最大化するのだと考えています。大学を生産工場と見なす「改革」もまた、こうした功利主義の延長線上にあるものです。

これに対して目的との関係で手段を意味付けるのではなく、その場その場のいわば〈目的なき充実〉を目指すのが、快楽のデモクラシーとしての大学です。そのためには教職員や学生は自分がいかに知的に楽しむことができるかについてさまざまな創意工夫を積み重ねる必要があります。教授法から学習法、イベントの提案から対人コミュニケーションの技法、ものごとへの感度と表現技法の吟味、新しい発想とそれへの歓喜など、いわば知的快楽の諸技術を練磨し洗練させること、これがいうなれば大学の目標です。真理をめぐる知的快の持続、この強度が十分であるかどうかが欲望の大学においては中期計画のチェック項目となるのです。むろんこうした大学の探求活動は欲望に基軸を置いたこの社会と自己の人生を牽引する役割を結果的に果たすことになると思われるのです。

新自由主義とは何が違うか

最後の反論は社交主義の快楽は新自由主義のそれと何が違うのかというものでしょう。新自由主義もまた資本主義の強化を通じて快楽を実現しようとする点では同じだからです。第二章の最後のところでも述べましたが、新自由主義は物事に関わる協力関係を解体して市場と契約にもとづく私有の論理によって快を生みだそうとします。第二章では安全の保障について双方の違いを説明しました。台風の脅威に関して隣近所がその得意な技能を生かして協力するのが安全の社交主義であるとすれば、各人が損害保険に加入することで対処しようとするのが新自由主義です。困ったときには助け合うという文化、つまり社交資本を涵養するのではなく、新自由主義はむしろそれを解体して金銭的な資本を蓄積することで問題に対処しようというわけです。そうすることで資本主義はさらに生活世界に浸食し、その前線を拡大できると考えています。

これを快楽の局面に拡張すれば、物事の多様なありかたを様々な視点から発見し共有するのが社交主義のリビドー経済だといえます。そして高い快楽を約束すると称するできるだけ高額な商品を購入してそれを個人で享受するのが新自由主義のリビドー経済です。そのために新自由主義のリビドー経済は貨幣経済の量的拡大やコミュニケーションの権威主義的拡大と結びついて追求されるほかありません。それに成功した少数者には一定の快楽が約束されるのかもしれませんが、成功しなかった人は成功者を羨んで欲求不満に駆られ、さらに自分を駆り立てるか劣等感に苛まれて自分を尊敬できなくなります。成功者についてもさらなる成功者がその「上」にいるでしょうし、いつ自分がそこから転落するかもわかりませんから事情は同じなのかもしれません。

社交主義のリビドー経済はものごとや他者との直接的な交流のうちでその経済を共有して深化させ

ます。これに対して新自由主義のリビドー経済は自らを深化させるのではなく、むしろ拡大させるといえます。ここでいう深化と拡大の違いはナルシシズムのあり方に関わっています。ナルシシズムとはかつて存在したと思われる全能感を回復するために、自己の外部にリビドーを投射しそれを回収することで外部を自分のうちに取り込み、同時に自己を外部へと拡張していく運動を指しています。このとき自我はリビドーを投射している対象を自分とは別物だと思い込んでいるのですが、ギリシャ神話のナルキッソスが陥ったように、それは現状の自己を肯定してくれるという意味での自己の理想像、つまり自己の反映にすぎないのです。そこでは他者の他者性が抹消されています。人間はリビドーの投射と回収というリビドー経済を反復する存在である限りこのナルシシズムの構図からのがれることはできません。その構図を反省することはできるとしても、次の瞬間にはまた自己を肯定し価値付けてくれる存在を求めてその構図を反復するほかないのです。

新自由主義は自我のナルシシズムを傷つけることでそれを強化し拡張しようとします。自己の価値づけのメカニズムが傷つけられてしまうと、心はリビドーの欠乏、いわばリビドー飢餓の状態に陥り、強い不安に駆られて短期で最大限のリビドー蓄積を図ろうとします。心が不安に駆り立てられるとき自己の拡大を強烈に志向する自我がそこにつよく際立ちます。新自由主義のいう自由化とは社会の安全地帯のバッファを削りゆくことで自我を不安に陥れて猛り狂わせる効果を発揮します。そしてそれを動力として資本主義を再起動しようとするわけです。そこでは社交における信頼関係は壊れてしまいます。信頼関係の代わりに登場するのが、スケープゴートを設定して排他的な攻撃によって身内の同質性を観念的に確保しようとする衝動です。身近な社交関係から疎外されて孤立した経済主体がいじめの対象をつくりあげ、抽象的な観念の水準において「団結」する。このように新自由主義と排外的民族主義はいつもセットなのです。

こうしたナルシシズムの病的な状態に対して社交主義は内側から規制をかけます。つまり外部の物事を自己化して自己を拡張する代わりに、物事の内部に深く沈潜することによりその襞の細部でリビドーの投射と回収を反復し、自我をそこで弱めるのです。こうした快楽主義は物事を媒介とした他者たちとの明るくさわやかな交流や対話を実現します。こうした脱我、エクスタシーの境地を媒介として現状の自我のあり方は問い直され作り替えられるのです。これがナルシシズムの質的深化です。

ナルシシズムの量的拡張はその拡張のさなかにおいて自己を単調で空虚なものとして固定化します。そしてその空虚な自己にいかに多くのリビドーを外部から取り込むかに勝負を賭けます。取り込むものは外部の質的契機ではなく、そこにチャージされたリビドーだけなので自己の内実は空虚かつ固定されたままです。若く美しい恋人、ブランドが主宰する選ばれた顧客のためのパーティー、有名私立進学校に通学する娘、ひとが「ほう」と唸る肩書きと居住地と高級新車、値上がりする金融商品と保険等々、新自由主義の勝利者の快楽は、自己を肯定してくれる高いリビドーの商品を取り込むことで心のリビドーを増大させます。

これに対して、ナルシシズムの質的深化は、自然や他者との密接なリビドー交換を通じて自己を変容させ、外界の質的契機に自己を合わせて自己の内容を豊かにします。そして外界や他者の実質に適応したあり方へと自我をおのずから落ち着かせます。パートナーをたんに自分のリビドーの投資の対象として取り扱うのではなく、パートナーの内部に沈潜して苦楽ともどもその襞を味わいつくし、現状の自己を肯定するだけではなくそれを変容させる存在として他者を認めます。自己を変容させるそうした交流のプロセスを通じて世界総体の強度を引き出すような対話を維持することが愛のデモクラシーと呼ばれるべきでしょう。

ナルシシズムの量的拡張から質的深化への移行は、現状の資本主義が頭打ちとなるなかで資本主義を内側から相対化し、それを社交主義の色彩へとすこしずつ近づけていくことで実現されると思われます。新自由主義というしかたで資本主義とナルシシズムの拡大に向かうのか、愛と快楽の社交主義というかたちで資本主義の相対化とナルシシズムの質的深化に向かうのかは、おそらくはその岐路を自覚した人たちが自分の自然な心の動きに従うことによって決まってくるように思われるのです。

[注]

第一章

1 プラトン『ソクラテスの弁明』(久保勉訳、岩波文庫、一九六四年)、『饗宴』(久保勉訳、岩波文庫、一九六五年)などを参照。

2 旧約聖書『ヨブ記』(『旧約聖書ヨブ記』、関根正雄訳、岩波文庫、一九七一年)を参照。

3 新約聖書『ローマ信徒への手紙』、第三章、第五章、第六章などを参照。またパウロの知識人についての考え方については『コリント信徒への手紙』第一章などを参照。いずれも『新約聖書』(新共同訳、日本聖書教会、一九八七年)より。

4 パウロの隣人愛については、『ローマ信徒への手紙』十二章から十五章など。

5 仏教の最初期の経典としては、ブッダそのひとの思想を伝えるものとして、『ブッダのことば スッタニパータ』(中村元訳、岩波文庫、一九八四年)や、『阿含経典1』(増谷文雄編訳、ちくま学芸文庫、二〇一二年)などが手に取りやすい。

6 孔子の思想は『論語』(金谷治訳注、岩波文庫、一九九九年)を参照。また王道政治については『孟子』(小林勝人訳注、岩波文庫、一九六八年)とりわけ公孫丑章句上の三、一三二頁以下を参照。、理気と性の思想については「文集 語類抄」(荒木見悟訳、世界の名著『朱子 王陽明』所収、中央公論社、一九七四年)、第一章総論の一、八三頁、もしくは第五章存在の構造、一四二頁以下を参照。

7 たんなる条件反射とオペラント条件付けとの差異については、ジンバルドー『現代心理学I』(古畑和孝・平井久監訳、サイエンス社、一九八三年)第二章「適応反応」を参照。

8 フロイトの欲動の概念については、フロイト『自我論集』(竹田青嗣編、中山元訳、ちくま学芸文庫、一九九六年)に所収の論文「欲動とその運命」(一九一五)を参照。またリビドーの概念については、フロイト『エロス論集』(中山元編訳、ちくま学芸文庫、一九九七年)に所収の「性理論三編」(一九〇五)第三編第三節、一五九頁以下を参照。

9　リビドー経営についてのフロイトの論述としては、たとえば『エロス論集』に所収の「ナルシシズム入門」（一九一四）二七〇頁以下の論述がわかりやすい。

10　快感原則と現実原則については、フロイト『自我論集』に所収の「快感原則の彼岸」（一九二〇）、一一八頁以下を参照。

11　フロイトのエディプス・コンプレックスや自我理想については、『自我論集』所収の「自我とエス」（一九二三）の二三二頁以下や、『エロス論集』所収の「ナルシシズム入門」二六二頁以下にわかりやすい説明がある。

12　ルアーの概念については、ラカン『精神分析の四基本概念』（小出浩之ほか訳、岩波書店、二〇〇〇年）、たとえば四一頁を参照。

13　バルト『モードの体系　その言語表現による記号学的分析』、（佐藤信夫訳、みすず書房、一九七二年、四〇七頁以下）、なおこれに言及してモードや消費社会を論じたものとしては、見田宗介『現代社会の理論　情報化・消費化社会の現在と未来』（岩波新書、一九九六年）を参照。

14　古代日本におけるモノ論やタマ論は、『折口信夫全集3』（中央公論出版、一九九五年）に所収の「霊魂の話」を参照。また自然の威力とその現れであるモノ神については、佐藤正英『日本倫理思想史』（東京大学出版会、二〇一二年）、二九頁以下を参照。

15　プラトン『パイドン』（岩田靖夫訳、岩波文庫、一九九八年）、六三頁（７５Ｃ）。

16　想起説については『メノン』（藤沢令夫訳、岩波文庫、一九九四年）の第十五節、四七頁（８１Ｃ）以下。またイデア説と想起説との関係について述べたものとしては『パイドン』、五四頁（７２Ｅ）以下を参照。

17　エロース論と想起説の関係については『パイドロス』（藤沢令夫訳、岩波文庫、二〇一〇年）、七九頁（二四九Ｂ）以下を参照。また「死の予行練習」については『パイドン』二八頁（６３Ｅ）を参照。

18　象徴についての定義はシェリングの『芸術の哲学』三九節を参照。「普遍的なものと特殊的なものとが絶対的に区別不能なしかたで絶対的なものを特殊的なもののうちに提示することは、ただ象徴としてのみ可能である」Shelling, Philosophie der Kunst, in Texte zur Philosophie der Kunst, Reclam, 1982, S.191.　ちなみにシェリングは「特殊的なものが普遍的なものを意味するか、普遍的なものが特殊的なものを通じて直観化されているような提示のありかたはアレゴリー的である」(S. 192)と述べている。シェリングに従うなら普遍的な意味を指示する記号はすべてアレゴリーということになる。

19 アレゴリーの概念については、前出のシェリングの美学に代表されるドイツ観念論やロマン主義の系譜を引き継いで、ベンヤミンが『ドイツ悲劇の根源(下)』(浅井健二郎訳、ちくま学芸文庫、一九九九年、二九頁)においてそれを再定式化している。

20 フロイト『自我論集』所収。

21 ウェーバー『プロテスタンティズムの倫理と資本主義の精神』(大塚久雄訳、岩波文庫、一九八九年)。

22 岡田尊司による次の著作、『愛着障害 子ども時代を引きずる人々』(光文社新書、二〇一一年)、『回避性愛着障害 絆が希薄な人たち』(光文社新書、二〇一三年)を参照。

23 産業資本主義におけるこうした労働のやり方を方法論的に定式化したのがテーラーである。テーラー『科学的管理法』(有賀裕子訳、ダイヤモンド社、二〇〇九年)を参照。

24 デカルト『方法序説』(山田弘明訳、ちくま学芸文庫、二〇一〇年)とりわけ第二部を参照。

25 ラカン『精神分析の四基本概念』、八三頁。

26 「『もの』にはたらきかけて何かを『する』ことで、『こと』を生み、作るといった古くからの生成観がある」山本伸裕『日本人のものの見方―〈やまと言葉〉から考える』(青灯社、二〇一五年)、一八三頁。

27 熊沢誠『日本の労働者像』(筑摩書房、一九八一年)、六六頁を参照。

28 池上彰『そうだったのか!日本現代史』(集英社、二〇〇一年)、八九頁。また、平井陽一『三池争議―戦後労働運動の分水嶺』(MINERVA日本史ライブラリー、二〇〇〇年)によると、三池労組の職場要求のなかに「職制支配の排除」という大項目があり、そのなかに「係員の言動・態度の是正」という項目がある。八一頁参照。

29 幼児の多形倒錯、性目標倒錯、性的体制の発展段階論についてはいずれもフロイト「性理論三編」を参照。

第二章

30 アリストテレス『ニコマコス倫理学（上）』（高田三郎訳、岩波文庫、一九七一年）、第一巻冒頭部分、1094a（ページ数はアカデミー版の頁付）以下参照。

31 ロック『人間知性論』（大槻春彦訳、中央公論社『世界の名著　ロック　ヒューム』所収、一九六八年）、第二巻「観念について」第一章冒頭（八一頁）を参照。

32 ロック『統治論』（宮川透訳、同所収）、二〇八頁。

33 同、二〇八－二〇九頁。

34 同、二一〇頁。

35 同、二一五頁。

36 近藤加代子「ロック市民社会とアメリカ植民地－有限的社会と自然の無限性」（イギリス哲学研究、第二二号、二一－三五頁、一九九九年）を参照した。

37 マルクス『経済学・哲学草稿』（城塚登・田中吉六訳、岩波文庫、一九六四年）、第一草稿四節「疎外された労働」（八四頁以下）を参照。

38 マルクスの『資本論』においては、ある商品の価値は、それと交換される別の商品との関係のうちで相対的にのみ表現されるので「相対的価値形態」と呼ばれる。これに対してその別の商品は、最初の商品の価値とひとしい価値を表現しているので「等価形態」にあるとされる。『資本論』（第一巻第一分冊、大内兵衛・細川嘉六監訳、大月書店、一九六八年）。なお以下、『資本論』の頁づけは、読者の参照の便を考えてMEGA版の頁づけで表記する。六三頁。

39 商品の価値をその生産過程、つまりその労働において規定しようとしたペティーやロックをはじめとする前期古典派経済学に対して、その商品の流通過程、つまりその交換の局面において商品の価値を定めようとしたのが、オーストリア学派に属するワルラスによる限界効用理論である。ワルラスにおいては商品の価値の根拠は人間の効用評価にあったのだが、その主観的な価値評価の側面を排除して交換の事実から需要と供給と価格の均衡を実証的に観察するのがローザンヌ学派の系統に属するパレートであるといえる。パレートの一般均衡理論においては価値の実体が何に依拠するかといった議論は形而上学的なものとして排除されている。杉本栄一『近代経済学の解明（上）』（岩波文庫、一九八一年）第三章を参照。

40 マルクス『資本論』第一巻、第七章剰余価値率、第一節　労働力の搾取度の項目を参照。当該引用部分は二三一頁。

41 マルクス『資本論』第一巻の以下の記述を参照。「労働力の毎日の維持費と労働力の毎日の支出とは、二つのまったく違う量である。前者は労働力の交換価値を規定し、後者は労働力の使用価値をなしている。労働者を二四時間生かしておくために半労働日が必要だということは、けっして彼がまる一日労働するということを妨げはしない。」（二〇八頁）

42 同、第四編相対的剰余価値の生産を参照。

43 「それゆえ、剰余価値率は、資本による労働力の搾取度、または資本家による労働者の搾取度の正確な表現なのである。」（同、二三二頁）

44 ハイデガー『存在と時間（上）』（細谷貞雄訳、理想社、一九六三年）第四〇節、また下巻の五三節を参照。

45 神山健治監督作品『攻殻機動隊 STAND ALONE COMPLEX Solid State Society』（Production I.G、二〇〇六年）にはこうした情景描写がある。そこで機械に看取られて衰弱していく高齢者たちは「貴腐老人」と呼ばれる。

46 マルクス『資本論』第一巻第二四章「いわゆる本源的蓄積」を参照。

47 上里一郎監修『ボーダーラインの人々――多様化する心の病』（ゆまに書房、二〇〇五年）第二章「境界例研究の歴史」を参照。

48 松本卓也『人はみな妄想する――ジャック・ラカンと鑑別診断の思想』（青土社、二〇一五年）を参照。

49 村上春樹『国境の南、太陽の西』（講談社、一九九二年）。おしゃれなジャズバーを経営し、消費社会に組み込まれてしまった「僕」が、自分を支える安定した家庭を離れて島本さんという対象aを追いかけていくノスタルジーの物語。

50 ツヴァイク『昨日の世界I』（原田義人訳、みすず書房、一九九九年）、一二九頁以下。

51 すすきの観光協会「すすきのの歴史」（http://www.susukino-ta.jp/history/index2.html、二〇一六年三月二八日閲覧）

52 金一勉『日本女性哀史』（現代史出版会、一九八〇年）、「第六章　遊郭と女衒の世界」一四一頁以下、また森崎和江

『買春王国の女たち』（宝島社、一九九三年）を参照。

53 性労働を職業、つまり肯定的な自己アイデンティティとして主張する当事者も存在する。たとえば水嶋かおりん『風俗で働いたら人生変わったwww』（コア新書、二〇一五年）によれば、風俗嬢とは高度な技術と才能を身につけた接客業のプロであり、現代のビジネスウーマンである。

54 これについてはおびただしいルポルタージュがある。たとえば中村淳彦『売春未満－新・名前のない女たち　素人女性編』（宝島社、二〇一一年）などを参照。

55 NHK「女性の貧困」取材班『女性たちの貧困　〝新たな連鎖〟の衝撃』（幻冬舎、二〇一四年）

56 鈴木大介のルポルタージュ、たとえば『最貧困女子』（幻冬舎新書、二〇一四年）など。

57 『資本論第一巻』、五三頁。

58 同、五三頁。

59 同、五六頁。

60 社交資本とゲーム理論との関連についてはパットナムの『哲学する民主主義－伝統と改革の市民的構造』（河田潤一訳、NTT出版、二〇〇一年）第六章「社会資本と制度の成功」を参照。

第三章

61 「倹約ということは世俗に説くとは異なり、わがために物ごとを吝くするにはあらず。世界のために三つ要る物を二つにてすむようにするを倹約と言う。」『石田先生語録』（中央公論社『日本の名著　富永仲基　石田梅岩』所収、一九七二年）、二八九頁。

62 たとえば『都鄙問答』（同書所収）巻の二、二二五頁以下を参照。

63 アリストテレスの中庸論については、『ニコマコス倫理学』第二巻第六章、1106a10以下を参照。また「勇敢」については、第七章1107bを参照。

64 エウダイモニアについては、『ニコマコス倫理学』1095a10、1097a30を参照。またエネルゲイアとヘクシス、アレテー

（卓越）については、1098b30を参照。

65　「一般にあらゆる意識体験は、それ自身において、何ものかについての意識であ」る。フッサール『デカルト的省察』（船橋弘訳、世界の名著『ブレンターノ　フッサール』所収、中央公論社、一九八〇年）第十四節、二二四頁。

66　強度の概念については、ドゥルーズ／ガタリ『哲学とは何か』（財津理訳、河出書房新社、一九九七年）における「強度 intensité」の概念（三二頁）を参照。同訳書では「強度＝内包量」と訳されている。

67　「『ことば』という〈やまと言葉〉は、『もの』の世界から「事の端《は》」、「殊の端」、「異の端」として切り取られた事柄の断片のことを意味したようです。」『日本人のものの見方』七三頁。

68　〈もの〉を「つく」ことによる「ものづくり」の概念については、同、六八頁。

69　『哲学とは何か』第一章第二節「内在平面」五三頁以下、もしくはドゥルーズ『襞　ライプニッツとバロック』（宇野邦一訳、河出書房新社、一九九八年）を参照。

70　シュムペーター『経済発展の理論―企業者利潤・資本・信用・利子および景気の回転に関する一研究〈上〉』（塩野谷祐一、中山伊知郎、東畑精一訳、岩波文庫、一九七七年）、第二章「経済発展の根本現象」を参照。

71　本居宣長『紫文要領』（子安宣邦校注、岩波文庫、二〇一〇年）、九五頁。

72　本居宣長『うひ山ぶみ』（白石良夫訳注、講談社学術文庫、二〇〇九年）、一七二頁。

73　ベーコン『ノヴム・オルガヌム』（服部英次郎訳、『世界の大思想　ベーコン』所収、一九六六年）、二二一―二二二頁。

74　人間関係の調和とそこにおける美の成立については、そのもっとも古典的な表現をカントの趣味判断の概念に見ることができる。カント『判断力批判』（篠田英雄訳、岩波文庫、一九六四年）を参照。また現代の美学においても依然としてこうした調和の概念は美と深い関係を持っている。たとえば二十世紀のアメリカの哲学者デューイは、『経験としての芸術』（栗田修訳、晃洋書房、二〇一〇年）において、生物としての人間が周辺環境と調和するところに美が成立するとしている。

75　ネス『ディープ・エコロジーとは何か―エコロジー・共同体・ライフスタイル』（斎藤直輔・開龍美訳、文化書房博文社、一九九七年）二八三頁。

76　近藤麻理恵『人生がときめく片づけの魔法』（サンマーク出版、二〇一一年）がその代表作のひとつ。
77　ローマクラブ『成長の限界－ローマ・クラブ「人類の危機」レポート』（大来佐武郎監訳、ダイヤモンド社、一九七二年）参照。
78　総務省統計局「労働力調査（基本集計）平成二八年度二月分結果の概要）」、http://www.stat.go.jp/data/roudou/sokuhou/tsuki/、二〇一六年四月二八日閲覧。
79　男性扶養者の生き血をすする女性寄生者としてのタガメの概念については、深尾葉子『日本の男を喰い尽くすタガメ女の正体』（講談社＋α新書、二〇一三年）を参照。
80　アダム・スミス『国富論』（玉野井芳郎・田添京二・大河内暁男訳、世界の名著『アダム・スミス』所収、中央公論社、一九八〇年）、第二編第三章「資本の蓄積について、すなわち生産的労働と不生産的労働について」、二九八頁以下を参照。
81　安冨歩『幻影からの脱出－原発危機と東大話法を超えて』（明石書店、二〇一二年）、第三章「田中角栄主義と原子力」を参照。
82　ベンサム『道徳および立法の諸原理序説』（山下重一訳、『世界の名著　ベンサム　J・Sミル』所収、中央公論社、一九七九年）第一七章を参照。

あとがき

私にとってこの文章を書くことは二〇一一年三月に発生した東日本大震災と原発事故についての一つの総括でもありました。現在の政治的・経済的状況をみるかぎり、あれだけの大規模な破綻を経験してもこの国や世界のあり方はなにひとつ変わらないように思えてしまいます。このことに深い絶望の感覚を私は覚えてきました。

しかしその一方で、自分の学問や生活のあり方を変え、世界観や価値観を変えるようなプライベートでの転機を私は何度も経験しました。その私的な変化の過程において、表面的な政治的・経済的状況の底部で、もはや不可逆的な社会的変化が生じていることをこの身を通じて思い知ることにもなりました。自分のあり方が変わることではじめて世界における岩盤の変動に気づいたのです。

多くの場合、人間は十代後半から二〇代前半のときの経験に一生規定されるのではないかと私は思っています。ひとが成長し初めて社会を意識しはじめるときにその社会がどのようなありかたをそのひとに提示するのか、そのイメージから抜け出すのはなかなか難しいように思うのです。私は十八歳の時に熊本の高等専門学校を中退して北海道の大学に進学しました。私が北海道に行きたいと思ったのは、当時テレビで放映されていた倉本聰脚本の「北の国から」の影響を否定することができません。そのドラマは、都会で塾に通っている子どもたちに父親として何もしてやれなかったと思う黒岩吾郎が子どもたちを連れて東京を脱出し、生まれ故郷である北海道の富良野近郊の麓郷地区に移住し、そこで朽ち果てようとしていた実家のボロボロの木造住宅を自力で再生して、一から自分の力で立つことの尊さを子どもに伝えようとする物語でした。そうすることで黒岩吾郎は都会で「生かされていた自分」と決別し、もういちど「生きる自分」を取り戻そうとしたのです。

このドラマに心惹かれて北海道を私は目指したのですが、しかしそこで私が直面したのは、当時札幌にも押し寄せようとしていたバブル経済の余波でした。当時私は月額二万八千円の日本育英会奨学金で北海道大学の恵迪寮で生活していました。寮費は一万円足らずで、学食の残りものをボウル一杯百円で寮生に売り出す「エッセン解放」で食いつなぎ、残りは本代に注ぎ込む日々でした。秀岳荘の山登り用のビニール・ジャンパーを着込んだ私の目には、初めての大都会札幌で見る高層ホテルや林立する百貨店の数々、ススキノのおしゃれな飲食店で飲み食いするワンレン・ボディコンのきらびやかな女性たち、北海道神宮の表参道や裏参道に続々と展開するハイセンスな店々はまるで竜宮城のような別世界でした。「オレはこんなちゃらちゃらした奴らとは違う、なんといってもオレは哲学をやっているんだから」というコンプレックスがそのとき強烈に私の魂にビルト・インされてしまったのです。

「北の国から」に憧れていたピュアな私は哲学書を片手に山岳部に入り反原発運動に傾斜していったのですが、他方でバブル経済にコンプレックスを刻印されたドロリとした私は、運動が消失するにつれて予備校のアルバイトや学術振興会の特別研究員などで高額の給与を得るようになり、アルマーニのスーツを購入し、オープンカーに乗り、オーディオ製品を購入するようになったのです。おそろしいですね。

そうした両極に引き裂かれていた私は、一九九七年、私が三十歳の時、福岡市の大学の「環境倫理学」

のポストに就職して水俣病の講義などを担当する一方、ここぞとばかりに家を買うことを考えました。もちろん都会のマンション一択です。バブルの象徴、分譲マンションというものに憧れていたのです。給料はそれほど高くなくとも定年までの三十五年間の長大なローン返済期間があります。九九年に私は無謀にも購入費用総額で四千万円を超える百平米のマンションを住宅金融公庫の三十五年ローンで購入してしまったのです。本当におそろしいですね。

鉄筋コンクリートに囲まれた高層マンション生活に私は次第に息苦しさを感じ、どうにも耐えられなくなりました。外の車の音や人の声などが換気口より侵入し、鉄筋コンクリートの部屋に反響して増幅され、奇妙な焦燥感に囚われるのです。部屋を閉め切ってもはるか下方の外の道路で話す人の話し声が聞こえるのです。私は換気口という換気口を紙粘土で塞ぎました。また寒暖の差も激しく、冬は冬でフローリングの床が底冷えし、冷たいコンクリートの上でこたつに入っている気がしてどうにも安らぎません。しかしなんと言っても問題は夏です。部屋は最上階で、夏は夜になると加熱されたコンクリートの熱でエアコンをかけてもその冷気を突き抜けて遠赤外線で一晩かけてじっくりと焼かれるような感じがします。真夏には窓という窓にアルミホイルを張り、太陽の直射日光が室内の空気を暖めることがないようにしてもこの遠赤外線攻撃は何ともしようがありません。地面から遠く切り離され、窓の全部がアルミホイルでふさがれたこの新築の我が家を私は「宇宙船」と呼んでいました。夏休みにはできるだけの食材を買い込んで一週間ほど「宇宙船」に籠もり、毎日毎日冷やし中華を食べ、原稿を書くのです。ネットとテレビが唯一の外界との接点であり、「地球」では今こんなことが話題になっているんだなどと思っていました。私は自分の勤務先を「母船」と呼んでいました。「母船」からメールで指令がやって来ると、たいていは「宇宙船」で遠隔処理できるのですが、ときには同じ鉄筋コンクリート製の「母船」まで遊泳して会議に出たりしなければなりません。もうそのころからすこし頭がおかしくなっていたのでしょう。

しかし今から振り返ってみると問題はそうした温熱環境だけではなかったと思います。それはつまり新築マンションの部屋は完全に完成していて、建築の素人の住人には創意工夫の余地もなければ手の出しようもなかったということです。完成品をただ受け取って、穴の一つも開けずに、釘の一本も打たずに、完全に無力化されてただそこで暮らすしかなかった。この家を作った人たちとのつながりもなければ、その仕上がりをともに喜ぶ相手もいません。新品の時が価値の絶頂であとはただ古くなり価値が低下していくだけです。家と共に生きていくことが困難なのです。

私は人生を賭けて購入した「ヴィアジェ（一生）」という名前の付いたそのマンションに必死にしがみついていたのですが、私生活でもいろんなことがあり、二〇一四年についに「宇宙船」を売却しました。その売却額は購入費用の半分以下でした。わずか十五年で価値が半減していたのです。新しく購入した築六十年を超える海辺の米軍ハウスは土地付きでわずか一千万円でした。しかし私はそのハウスをレストアするにあたって素敵な人々と出会うことになったのです。古い家や店舗をリノベーションする独立した大工のウシジマさんや、廃業したスナックにひとり住み、私と同年齢でモデルの仕事を副業とする電気工事士のコヤマさん、米軍ハウスをはじめとした古い平屋の写真集などを出版するイラストレータのアラタさん、繊細なオーダーメイド家具をその場所に応じて製作する独立した家具職人のハヤシさん、私の家とおなじ地域の米軍ハウスで不思議な空間のアンティーク雑貨店MARIN FORDを経営するタガギさん、そしてとりわけ、場の古層の力を感じ取って踊る舞師のサガラさんなど、古いもの、過ぎ去ったもの、見捨てられようとしているもののうちに「よさ」を発見し、そこにもう一度命を吹き込み、それを通じてひとびとのつながりを保ち、人生を楽しんでいる人たちとの出会いです。

家は砂浜の砂の上にただの石を置いてその上に柱が立っているような文字通り砂上の楼閣です。床は傾き、いまだに雨もりします。壁はすべて合板とベニア板でできています。住み始めてわずか二年のうちに床の傾きが大きくなったような気もします。いつ潰れるのかもわからないので、建物なのに一期一会でつきあわなくてはなりません。壁や窓枠を毎日のようにペンキで塗ったり壊れた部分を修理したりしなくてはなりません。大工さんや家具職人の方々とも、一緒に物を考え、一緒に身体を動かして、そのつどのできあがりを一緒に喜んで協同していかなくてはなりません。しかし働いた分だけ家は良くなっていくのです。家に関わる労働の分だけ毎日家から報酬をもらっているようなものです。時間が経つほどよくなっていく希望のある家です。様々な創意工夫やいろんな人たちの協力のおかげで、海の家のようだった究極のぼろ屋も夏は涼しく、冬は暖かい快適な家へと仕上がりつつあります。家が傾き不安定であることは、自分の力でその家を運営しそこに住んでいるのだという力の実感を与えてくれます。住人自身が建築家であることをいつも要求されるのです。

米軍ハウスなので玄関がなくリビングキッチンからドアを開ければそこはすぐに庭です。その先には美しい松林が広がりその先は海です。博多湾を行き交う船を見ながら暮らします。いろんな人たちがひっきりなしに遊びに来て、キッチンからすぐの庭先で炭火でバーベキューをしたり、目の前の松林で散策したり、海辺の砂浜で酒を飲んだりしています。近隣の人たちも、自分が幼い頃アメリカの軍人さんが住んでいたこの家が改装されたとあって、興味をもって親切に関わってくれるのです。隣家の一人暮らしのおじさんに誘われて、彼がまわりの海で捕ってきた貝を彼の家の縁側で割って食べたりしたこともありました。平屋はまわりに開放されていて近隣の人たちとの関係がとても近いのです。

物と向き合っている人たちはとてもさわやかでした。「物がたり」をするときその顔は輝き、悦びに満ちていました。崩壊しかかった米軍ハウスをそうした人たちの助けを借りて自力で再建する経験を通じて、同様に崩壊しかかった私自身もある程度再建することができたように思います。私は自分の肉体を動かすことを通じてはじめて、肉体を動かして働く人たちのさわやかさ、人間性の高さに感銘を受けたのです。かつて十六歳の時に見た「北の国から」の黒岩吾郎の経験を、五十歳を目前としてようやく自分なりに理解できたような気がします。いま私の平屋にはいろんな人たちが遊びに来ます。大学や職場とはまったく無関係に地域で知り合った人たちです。その人たちには大学の常識はまったく通用しません。それは違和感とともにある種の解放感を感じる経験でもあります。大学とマンションでの孤立した生活ではあり得なかったことです。

硬化した理性主義や駆り立てられた資本主義が限界にきていることはもはや誰も否定することができないでしょう。そしてその限界に対応する新自由主義と排外的な民族主義の組み合わせが人間性を破壊することにも議論の余地がないでしょう。しかしそうしたありかたを批判するとき、その批判の軸となる肯定的な価値観とは何かがまさに問われるのです。それを見つめて涵養することなくしては批判自体が根無しのものとなり、批判する主体の「我」が肥大するばかりで批判はより悪しきものを引き寄せてしまうことにもなりかねません。

新しい土地へと引っ越してきた私はこころのありかたを問うスピリチュアルな教えに触れる機会にも数多く恵まれました。それはそれで大切な契機だったのですが、しかし私はそこで〈ほんとうの自分〉

や〈こころのやすらぎ〉を題目としてなおそこで自分を駆り立て、〈こんなに自分を取り戻した自分〉を広報していく自己承認ゲームが大抵は貨幣を媒介として展開されている現実に直面したのです。私の狭い経験の範囲内の実感ですが、「スピリチュアル」が好きな人たちのなかにはなぜかバブル的でゴージャスな価値観が好きな人もいるようです。

問題は物質や理性に対抗するこころや感性という図式ではありませんでした。物にこだわっている人たちがさわやかで、心や精神を大切にしているはずの人たちがビジネスゲームに熱中している。問題は物か心かではなく、ナルシシズムのあり方であり承認欲求という怪物でした。本当の意味での自己との和解とは何か、そして自分は何を基軸として生きていけばよいのか、私は自分の経験を通じて考えることを迫られました。恥ずかしながらこんにちでもいまだに私は「北の国から」と「バブル」に引き裂かれたありかたを続けているのだと思います。そうした引き裂かれた存在であるがゆえに、その引き裂かれ具合を書くこともできるのではないか、そうした私の新たな問題意識を本書で叙述したいと私は思ったのです。いかに学術的な文章でも、書くことはいつもライブです。一回かぎりの経験としてそのときに書けることを書くしかないのです。

前著、『理性の暴力~日本社会の病理学』で私が自分自身に問うていたのは〈なにゆえに私はこのように苦しいのか〉であったとすれば、この本が問うているのは〈いかにして私は希望することが許されるのか〉だといえます。この本のきっかけとなったのは、そうした希望を生きつつそれに言葉を与えたいと思っていた私に、青灯社の辻さんが声をかけていただいたことによります。その意味で辻さんには深い感謝を申し上げたく思います。

また本書が直接的に多くを負っているのは、辻さんが私に送ってくれた一冊の本でもありました。

それは山本伸裕さんの著書『日本人のものの見方〜〈やまと言葉〉から考える』（青灯社、二〇一五年）でした。やまとことばのうちに分け入りながら独自の哲学的思考をなす可能性を山本さんのこの本から私は学び、とりわけ本書の第三章において自分なりにそれを実践してみたのです。希望はつねに自分の足元にあるという意味では、ふだん私が無自覚に使用し、それと知ることなく振り回しているやまと言葉にこそもう一度目を向け、そこに孕まれている可能性に光を当てる必要があるのだと私は山本さんの本から教えられました。

岩盤はゆっくりと、しかし確実に動いているような気がします。岩盤の動きを見ようとすれば、まずは自分の足元を見るほかないのでしょう。

二〇一六年六月

古賀　徹

古賀 徹（こが・とおる） 九州大学准教授。一九六七年熊本県生まれ。北海道大学文学研究科博士課程単位取得、博士（文学）。専攻は哲学。二〇〇〇年から二〇〇一年、ドイツ・フランクフルト大学にて在外研究。主著『超越論的虚構―社会理論と現象学』（情況出版）『理性の暴力―日本社会の病理学』（青灯社）

愛と貨幣の経済学
――快楽の社交主義へ

2016年6月30日　第1刷発行

著者　古賀 徹
発行者　辻一三
発行所　株式会社青灯社
東京都新宿区新宿 1-4-13
郵便番号 160-0022
電話 03-5368-6923（編集）
03-5368-6550（販売）
URL http://www.seitosha-p.co.jp
振替　00120-8-260856
印刷・製本　株式会社シナノ

Printed in Japan
ISBN978-4-86228-088-6　C0036

小社ロゴは、田中恭吉「ろうそく」（和歌山県立近代美術館所蔵）をもとに、菊地信義氏が作成